Philippe Despoix
Ethiken der Entzauberung

Philippe Despoix

Ethiken der Entzauberung

Zum Verhältnis von ästhetischer, ethischer und politischer Sphäre
am Anfang des 20. Jahrhunderts

PHILO

Titel der Originalausgabe: Philippe Despoix, Éthiques du désenchantement,
Essais sur la modernité allemande au début du siécle
© 1995 Éditions L'Harmattan, 5–7, Rue de l'École-Polytechnique, 75005 Paris
Veröffentlicht mit Unterstützung der Maison des sciences de l'homme, Paris
und des französischen Ministeriums für Kultur
Übersetzungen aus dem Französischen: Annette Weber

Kulturwissenschaftliche Studien Band 2
Herausgegeben von Klaus Lichtblau

Copyright der deutschen Ausgabe: © 1998 Philo Verlagsgesellschaft mbH
Wormser Str. 99, D-55294 Bodenheim
Alle Rechte vorbehalten.
Ohne ausdrückliche Genehmigung des Verlages ist es nicht
gestattet, das Buch oder Teile daraus auf fotomechanischem Wege
(Fotokopie, Mikrokopie o. ä.) zu vervielfältigen.
Umschlaggestaltung PHILO: Gunter Rambow, Frankfurt a. M.
Redaktion: Jürgen Fahlbusch
Satz: Satzbüro Norbert Geldner, Frankfurt a. M.
Druck und Bindung: Nexus Druck GmbH, Frankfurt a. M.
Printed in Germany
ISBN 3-8257-0070-4

Inhalt

Vorbemerkung 7
Einleitung 8

1. Ethik der Sachlichkeit
   Max Webers entzaubernder Blick 23
   I. Politik: Webers Stellungnahme zur
      russischen Revolution 24
      Rußland und die „Chancen der Freiheit" 26
      Kritik der politischen Romantik 28
      „Liberaler Voluntarismus" 31
   II. Wissenschaft und Literatur:
       Auseinandersetzung mit Tolstoi 36
       Tolstoi als Moralist 38
       „Amoralismus" der Wissenschaft 41
       Plato Karatajews „Theodizee" 44
   III. Dostojewskische Antinomien 49
        Dostojewskis Werk als Scheideweg 50
        Gegenfiguren – Lukács und Schmitt 56
   IV. Leidenschaft des Sachlichen 59
       Erotik und Intellekt 59
       „Klarheit" als letzte Tugend 63

2. Traumspiel der Moderne
   Die Antipolitik Gustav Landauers 67
   I. „Literarische Romantik" 68
      Literarisches Engagement 69
      Philosophische Mystik 71
      Phantasie des Jugendstils 74
   II. Gesellschaftliche Sachlichkeit 78
       Zeitort Gotik 80
       „Geist" und Gesellschaft 82
       Lob des Geldes 86
   III. Von der Bühne zur Geschichte 89
        Sprachgeist 90
        Tolstoische Ethik 92
        Shakespeares Mensch 95
        Geschichte als Drama 99

3. Sachliche Ornamentik
   Leó Poppers Ethik des Materials 109
   Formgedanke 113
   Produktives Mißverständnis 116
   Schwere und Bewegung 121

		Suche nach dem „Stil"	129
		Materialgesetz und Abstraktion	132
		Inverser Platonismus	136

4. **Von der Kunstkritik zur Gnosis**
   Der junge Lukács ... 141
   - I. Metaphysik der Form ... 142
     - Die Formen der Tragödie und des Essays ... 143
     - Tragischer versus mystischer Augenblick ... 145
     - Ironie des Essays ... 148
   - II. Ethik des Dramas ... 152
     - Modernität des untragischen Dramas ... 153
     - Romance – Trauerspiel – Film ... 155
     - Ethik der Güte und Gnadendrama ... 159
   - III. Webersches Zwischenspiel ... 165
     - Negative Soziologie ... 166
   - IV. Bloch, Dostojewski und die gnostische Wende ... 170
     - Messianische Musikphilosophie ... 170
     - Philosophie der epischen Formen ... 174
     - Jenseits des Romans: Dostojewski ... 177
     - Gnostische Ethik ... 179

5. **Feuilleton und Film**
   Siegfried Kracauers Ästhetik des Mediums ... 187
   - Warten ... 189
   - Das Feuilleton als Medium ... 192
   - Tanzen, Reisen und die Mode ... 194
   - Verbotener Blick ... 196
   - Optische Signale und Reklame ... 198
   - Neue Kulte ohne Götter ... 201
   - Der Film als „Antikult" ... 205
   - Die Eisenbahn ... 209
   - Montage, Raum, „Wirklichkeit" ... 212
   - Kritik als ästhetische Soziologie ... 217
   - Die Fotografie ... 221
   - Theorie des Mediums ... 225
   - „Exterritorialität" ... 231

Literatur ... 238

Vorbemerkung

Die hier vorgelegte Schrift ist eine aktualisierte und erweiterte deutsche Fassung des zuerst in französischer Sprache erschienenen Buches des Verfassers: *Ethiques du désenchantement.* Essais sur la modernité allemande au début du siècle (L'Harmattan, Paris 1995) und geht auf eine Reihe einzelner Studien zurück, die zwischen 1987 und 1992 an der Freien Universität Berlin entstanden sind. Die Arbeit wurde in ihrer ersten Phase durch die DFG und den CNRS unterstützt.

Entscheidende Anregungen für das Verständnis Max Webers sowie des modernen Gnostizismus verdanke ich Jakob Taubes (†). Besonders wichtig war für diese Studien auch die Zusammenarbeit an der Herausgabe der Schriften Leó Poppers mit Lothar Müller. Die konstruktive Kritik der französischen Fassung durch Walter Moser hat mir hier zu notwendigen Präzisierungen verholfen.

Es sei an dieser Stelle all denjenigen gedankt, die dazu beigetragen haben, daß das Buch in der deutschen Fassung zustande kommen konnte: zunächst Hinnerk Bruhns und Petra Doetsch in Paris, die es im Rahmen des Übersetzungsprogramms der Maison des sciences de l'homme ermöglicht haben; Klaus Lichtblau in Kassel nicht nur wegen der Aufnahme des Buches in die Reihe „Studien zur Kulturwissenschaft" des Philo-Verlags, sondern auch für seine großzügige Aufmerksamkeit beim Lektorieren des Manuskripts; schließlich den Kollegen und Freunden am Institut für Allgemeine und Vergleichende Literaturwissenschaft der FU Berlin, die mich in diesem Projekt unterstützt haben, insbesondere Gert Mattenklott, Winfried Menninghaus und Hella Tiedemann.

Die Einleitung, das vierte und das fünfte Kapitel sind von Annette Weber aus dem Französischen übersetzt und vom Verfasser revidiert worden. Den übrigen Kapiteln lagen Erstfassungen auf deutsch vor. Die Korrekturarbeit des Manuskripts hat Susan Fuchs durchgeführt. Mein besonderer Dank gilt nicht zuletzt Anna Gara-Bak, die beim „Gegenlesen" immer einleuchtende Vorschläge hatte.

Einleitung

> „Ethik und Ästhetik sind eins."
> *Ludwig Wittgenstein*[1]

Das vorliegende Buch unternimmt einen Querschnitt durch eine Reihe theoretischer Werke vom Anfang des 20. Jahrhunderts, um eine Denktypologie des Verhältnisses von ästhetischer, ethischer und politischer Sphäre in den ersten Debatten über die Modernität im deutschsprachigen Raum zu entwerfen. Die Figuren im Mittelpunkt der folgenden Studien – Max Weber, Gustav Landauer, Leó Popper, Georg Lukács und Siegfried Kracauer – gehören zu zwei aufeinanderfolgenden Generationen, geboren im letzten Drittel des 19. Jahrhunderts; sie waren in erster Linie „Essayisten", die in den großen intellektuellen Zentren Mitteleuropas Budapest, Wien, München, Heidelberg und Berlin gewirkt haben. Ihre essayistische Produktion verweist nicht nur auf den großen theoretischen Bruch, der sich mit dem Werk Nietzsches vollzogen hatte, sondern auch in besonderer Weise auf den diskursiven Raum, der in der Zeit um die Jahrhundertwende zwischen neu gegründeter Soziologie und zeitgenössischer Kunstkritik entsteht.

Trotz ganz unterschiedlicher Interessensbereiche und Denkrichtungen reflektieren die fünf Autoren, um die die Kapitel dieses Buches zentriert sind, vor allem die ästhetischen Konsequenzen einer zuerst ökonomisch und technisch wahrgenommenen Moderne, die nach 1870 in Deutschland und Österreich-Ungarn zu raschem Durchbruch gekommen war. Aus dieser Reflexion heraus entwickelte jeder von ihnen eine eigene „Ethik", die gleichwohl als Antwort auf die Auflösung der traditionellen sozialen Formen zu lesen ist, auf das, was Max Weber als „Entzauberung der Welt" bezeichnete.

---

[1] L. Wittgenstein, *Tractatus logico-philosophicus* (1921), Frankfurt/M. 1960, §6.421.

Es soll hier anhand der theoretischen Arbeiten der genannten Denker der Diskurs einer „philosophischen Moderne" rekonstruiert werden, dies aber weniger im Sinne eines normativen Projekts als in dem einer immanenten selbstreflexiven Dimension im Prozeß der Ausdifferenzierung der einzelnen kulturellen Wertsphären selbst. Gewiß ist eine solche Moderne nicht erst auf die Jahrhundertwende um 1900 zu datieren, sondern reicht wesentlich weiter in der Zeit zurück. Die scharfe Reaktion der deutschsprachigen Intelligenz auf den überhasteten Modernisierungsprozeß in Mitteleuropa erscheint hier insofern als besonders verstärkter Widerhall eines Phänomens, das sich in Westeuropa seit dem Ende des 18. Jahrhunderts feststellen läßt. Die Generation der Intellektuellen, die an dieser Stelle in Betracht kommt, mußte nicht nur den Verlust des religiösen Glaubens, sondern zugleich – in säkularisierter Form – den der in der Aufklärung verankerten Gewißheiten bewältigen. Die starke Resonanz, die die Frühromantik dabei wieder fand, erstaunt in diesem Zusammenhang nicht. Ein großer Unterschied besteht jedoch zu der Zeit um 1800, denn als Folge der industriell-technischen Revolution hatte sich die Autonomisierung der Wertbereiche der Ästhetik, der Religion, der Politik und des wissenschaftlichen Wissens entscheidend radikalisiert.

Mit der Auswahl der behandelten intellektuellen Typen wurde zunächst nach strukturellen Eigentümlichkeiten der einzelnen Wertediskurse in diesem Prozeß gesucht. Ausschlaggebend für den Aufbau des Buches war hierin, daß die Protagonisten von einer analogen Problemlage ausgingen, zugleich aber voneinander grundsätzlich abweichende Antworten entwickelten. Ein weiteres Kriterium war dabei die Unterschiedlichkeit der ästhetischen Bereiche, von denen aus sie ihre Reflexion entfalteten; denn aus diesen verschiedenen und dennoch komplementär aufeinander bezogenen Ausgangspunkten ergab sich auch die Singularität ihrer jeweiligen Position in der intellektuellen Landschaft der Zeit. Versucht wurde somit, eine für diese Epoche relevante Denkkonstellation zu zeichnen. In diesem Sinne wären die vorliegenden Studien etwa wie ein Mosaik zu lesen, dessen Gesamtmuster erst durch die Nebeneinanderstellung der unterschiedlichen Fragmente sichtbar wird.

Welches ist das Untersuchungsfeld der hier im Vordergrund stehenden Essayisten, welcher Art ist ihre Beziehung zum ästhetischen Bereich, der hier vorrangig von Interesse ist? Gustav Landauers Aufmerksamkeit galt in dieser Hinsicht vor allem dem Theater als Bühnenkunst. Er war nicht nur ein philosophischer und politischer Essayist, sondern auch Kritiker und Mitbegründer der Berliner *Neuen Freien Volksbühne* in den neunziger Jahren des 19. Jahrhunderts, und als solcher hatte er in entscheidendem Maße teil am Aufschwung des neuen modernen Theaters. Die „ästhetische" Vision von Dramatikern wie Hofmannsthal, Strindberg und Georg Kaiser, zu deren Erstrezeption Landauer weitgehend beitrug, findet in der tolstoisch gefärbten „antipolitischen" Haltung, die seine Tätigkeit bis in die Zeit der Münchner Räterepublik charakterisiert, einen entsprechenden Kontrapunkt.

Von Budapest aus versuchte sich der Kritiker Leó Popper an einer Theorie der bildenden Kunst, die als wahrhafte „Ethik" des Materials das Gegenstück zur Sprachkritik darstellt, die der Wiener Karl Kraus im Bereich des Schrifttums entfaltete. Die Volkskunst an der europäischen Peripherie und die moderne französische Kunst, Maillol, Rodin und Cézanne, stehen im Mittelpunkt seiner wenigen Essays, in denen sich schon um 1910 eine erste Theorie der Abstraktion abzeichnet.

Der junge Essayist Georg Lukács, ein enger Gesprächspartner Poppers, wandte sich nach verschiedenartigen Versuchen, eine Theorie des modernen Dramas zu formulieren, während des Ersten Weltkrieges den epischen Formen zu. Die Singularität des Flaubertschen Romans und die Überwindung dieser „problematischen" Form in Richtung eines neuen dramatischen Epos bei Dostojewski, der damit als Prophet einer anderen, erlösten Welt erscheint, sind die wichtigsten Momente seiner *Theorie des Romans*. Die ästhetische Reflexion erweist sich aber bei Lukács als „ironisches" Medium einer unausgesprochenen „ethischen Theologie", die – hierin sehr nahe an Ernst Blochs *Geist der Utopie* – den Kern einer eschatologischen Geschichtsphilosophie bildet. Man weiß, wie die Lukácssche *Theorie des Romans* nichtsdestotrotz zum Schlüsseltext für die Anfänge der „Kritischen Theorie" insbesondere bei Walter Benjamin und Theodor W. Adorno wurde.

Siegfried Kracauer, der in den zwanziger und dreißiger Jahren den beiden letzteren nahestand, fand nach Anfängen im Bereich der Soziologie seine Berufung als Kulturredakteur der *Frankfurter Zeitung* und wurde dort zu einem der wichtigsten Filmkritiker der Weimarer Republik. Die Affinität des Films zur spezifisch großstädtischen Prägung der sinnlichen Wahrnehmung macht für ihn dieses Medium zum bevorzugten Gegenstand der Gesellschaftsanalyse. Nach einer eher skeptischen Phase wurde Kracauer zum bedingungslosen Anwalt der Andersartigkeit des Films gegenüber den klassischen Künsten, und seine spätere Würdigung des neuen Mediums während des amerikanischen Exils, die *Theorie des Films*, erweist sich als eine „Ethik der Sichtbarkeit", die konsequent mit jeder Geschichtsphilosophie bricht.

Mit ihrer Reflexion über die zeitgenössische Umgestaltung ästhetischer Formen skizzieren diese fünf Essayisten nicht nur eine Analyse der Dynamik einer außer Kontrolle geratenen Gesellschaft, die zur Katastrophe des Ersten Weltkrieges und später zum Faschismus führte, sondern sie suchen zugleich mögliche „Normen" für eine Welt, die in ihren Augen jede Beziehung zur Tradition verloren hatte. Aus der Sicht Max Webers verdeckte in der Tat die für die Moderne charakteristische Ästhetisierung eine im höchsten Grade „ethische" Problematik; und genau darin lag auch der Ausgangspunkt seiner methodologischen Kritik. Der Soziologe schlug seinerseits weniger eine ausgearbeitete Theorie der Kunst vor – außer im Falle der Musik – als vielmehr eine Reflexion über die zunehmende Spannung zwischen den einzelnen Wertsphären, insbesondere zwischen dem Bereich des Ästhetischen, der – man denke an l'art pour l'art – immer selbständiger wurde, und demjenigen des Religiösen, der die ethischen Vorstellungen weiterhin wesentlich prägte. In diesem Sinne gehört Weber auch ganz in das diskursive Gefüge, dem hier das Erkenntnisinteresse gilt. Denn erst mit Blick auf die verschiedenen Kunstbereiche wie Theater, bildende Kunst, Literatur, Film sowie auf die jeweiligen Diskurse, die von der Kunstkritik bis zur Soziologie jene zu ihrem Gegenstand machen, wird die Neubestimmung des Verhältnisses zwischen Kunst und theoretischen Wissensformen dieser Zeit gleichwohl erkennbar.

Eines der auffallendsten Elemente der hier untersuchten Rezeption besteht in der Polarisierung der Aufmerksamkeit, die im deutschsprachigen Raum den angrenzenden Kulturen entgegenbracht wird: nach Westen gegenüber Frankreich, das zunächst fast allein die Umwandlung der bildenden Kunst zu symbolisieren scheint; nach Osten gegenüber Rußland, das – wohl zusammen mit dem skandinavischen Norden – den wesentlichen Anteil an der modernen literarischen Erneuerung für sich in Anspruch nimmt. Hingegen spielt die angloamerikanische Kultur hier allenfalls eine nebensächliche Rolle. In der Bedeutung solcher strukturellen „Kulturtransfers" liegt der wichtigste Grund, weshalb sich die folgenden Studien nicht auf eine bloße Hermeneutik der einzelnen Werke beschränken, sondern zugleich versuchen, deren „theoretische Topographien", das heißt: den jeweiligen Produktionsort und das intellektuelle Milieu, die ihren kulturellen Kontext bilden, mitzuskizzieren.[2]

Während Max Weber schon als „Klassiker" moderner Theoriebildung gilt, bleiben die anderen hier dargestellten Denker im Kern ihres Werkes teils noch verkannt: das gilt für Kracauer, dessen Feuilletonarbeiten oder Filmkritiken weiterhin nicht zur Form modernen Philosophierens gezählt werden, aber auch für den frühen Lukács, für Leó Popper oder Landauer, deren Werke in vollem Umfang noch nicht wieder zugänglich sind.[3] Aus dem essayistischen Schaffen dieser Denker wird hier jeweils ein „theoretisches Porträt" entworfen. Da-

---

[2] Darum sind in jeder dieser Topographien auch Figuren und Positionen enthalten, die, sei es über ihre Nähe oder Opposition, direkt zum Entstehungsfeld dieser Werke gehören – insbesondere: Ernst Bloch, Karl Kraus, Alois Riegl, Georg Simmel und Carl Schmitt.

[3] In der Siegfried Kracauer-Ausgabe ist nur eine knappe Auswahl seiner Feuilletons nachgedruckt (vgl. ders., *Schriften, Bd. 5. Aufsätze (1915-1965)*, 3 Bde., Frankfurt/M. 1990) und der Band, der die Filmkritiken vereinigen soll, immer noch nicht publiziert; ferner ist der erste Band der *Georg Lukács Werke* (*Frühschriften I. Progressiver Idealismus*), der die hier behandelten Texte enthalten soll, seit über zehn Jahren in Vorbereitung, ohne daß sein Erscheinen vorauszusehen ist; Leó Poppers wichtigste Essays wurden zwar wiedergedruckt (vgl. ders., *Schwere und Abstraktion*, Berlin 1987), eine breitere Rezeption seines kleinen Œuvres steht aber noch aus; erst mit großer Verspätung hat auch die Edition der *Gustav Landauer Werkausgabe* (9 Bde.) begonnen, deren Band 3 bisher als einziger erschienen ist; vgl. ders., *Dichter, Ketzer, Außenseiter*. Essays zu Literatur, Philosophie, Judentum, Berlin 1997.

bei soll an jene Methode erinnert werden, die Benjamin dem materialistischen Historiker zuschrieb und deren Darstellungskunst darin besteht, ein bestimmtes Werk aus einem Lebenswerk, ein bestimmtes Leben aus seiner Epoche herauszusprengen.[4] Nach einem Bericht Gershom Scholems soll das Büchlein *Die Revolution* von Gustav Landauer zu den entscheidenden Lektüren der Lehrzeit Benjamins gehört haben.[5] Und zweifellos könnte hier kein Werk deutlicher nach einer „Rettung" in Sinne Benjamins rufen als das noch fast verschüttete Œuvre Landauers, als die Tätigkeit eines Mannes im Bereich der Künste und der politischen Kultur, dessen Leben und Tod (1870-1919) mit der wilhelminischen Ära zusammenfallen. Dennoch ist die hier erprobte Methodik nicht allein einer intellektuellen Geschichte verpflichtet. Auf das Risiko einer methodologischen Spannung hin wurde in diesen Studien vielmehr versucht, sich an den Schnittpunkt von „theoretischer Biographie" und „historischer Diskursanalyse" zu stellen. Denn gerade das Verhältnis der hier analysierten Autoren zur Wertsphäre, die ihr Diskurs eigentlich legitimiert, war Ausgangspunkt, um zu fassen, was an diesen Werken einen für die Denkformen idealtypischen Charakter haben könnte.[6]

Der hier gemeinten Verschränkung von Wertediskurs und theoretischem Denken entspricht die besondere Aufmerksamkeit, die dem Phänomen des „Essayismus" entgegengebracht wurde. Dabei ging es nicht nur darum, den historischen Übergang vom philosophischen

---

[4] Vgl. W. Benjamin, „Über den Begriff der Geschichte", in: ders., *Illuminationen*, Frankfurt/M. 1977, S. 260.

[5] Vgl. G. Scholem, *Walter Benjamin*. Die Geschichte einer Freundschaft, Frankfurt/M. 1975, S. 19.

[6] Die hier behandelten Autoren wurden – unabhängig vom Grad ihrer „Kanonisierung" – vor allem deshalb gewählt, weil ihre Werke von einem singulären Standpunkt zeugen. Unter den intellektuell nahestehenden Denkern hätte ich auch Georg Simmel oder Ernst Troeltsch, Fritz Mauthner oder Martin Buber, Adolf Loos oder Karl Kraus, Ernst Bloch oder Theodor W. Adorno, Béla Balázs oder Walter Benjamin zentral darstellen können. Sie wären nicht weniger „repräsentativ" für ihre Zeit, aber sie hätten nicht jenen Ausnahmecharakter innerhalb des Wertediskurses besessen, der für mich in diesem Zusammenhang wichtig war.

System zum soziologischen oder ästhetischen Essay zu dokumentieren, sondern ebensosehr die Verschiebung von der akademischen Welt hin zu der der Zeitschriften und Zeitungen städtischer Öffentlichkeit als Medium der Theoretisierung von Modernität festzuhalten. In kulturgeschichtlicher Hinsicht gilt der Essay im deutschsprachigen Raum oft als Synonym für eine jüdische Form der Intellektualität. Diese Charakterisierung erweist sich jedoch als zweideutig in genau dem Maße, wie den Juden in Deutschland jede akademische Karriere praktisch verschlossen blieb und sie somit für ein intellektuelles Dasein auf die Welt der Zeitschriften verwiesen waren. Mit der Ausnahme Max Webers waren alle hier vorgestellten Essayisten Juden; und auch wenn sie die unterschiedlichsten Beziehungen zur jüdischen Tradition unterhalten, ist dies grundlegend von Belang für ihr Denken.

Daß Max Weber an diesem Ort als Essayist gilt, mag vielleicht verwundern. Dies zu bestreiten aber hieße zu vergessen, daß der Soziologe den wesentlichen Teil seiner Arbeiten außerhalb der akademischen Institutionen schrieb und daß sein Spätwerk schlechthin, die Religionssoziologie, nichts anderes als die Sammlung seiner „Vergleichenden religionssoziologischen Versuche" darstellt. Trotz aller Bemühungen der späteren Rezeption, sein Werk in systematischer Hinsicht zu rekonstruieren, ist Weber nichts fremder als ein Denken in Systemen. Und in der Tat weist bei allen der hier dargestellten Figuren die Wahl des Essays als theoretische Praxis auf eine – wenn auch manchmal gerade negative – Affinität zur Moderne, die als Epoche der „transzendentalen Obdachlosigkeit" betrachtet wird. Sie bezeichnet auf jeden Fall eine Schreibweise, für welche die Frage wichtiger als die Antwort, das vorläufige Experiment ausschlaggebender als die endgültige Gewißheit ist.

Adorno wird in seinem Text *Der Essay als Form* an den entscheidenden Platz erinnern, der, an der Seite Simmels und Benjamins, dem jungen Lukács beim Durchbruch dieser theoretischen Position zukommt.[7] Zusammen mit Leó Popper sah tatsächlich der frühe

---

[7] Vgl. Th. W. Adorno, „Der Essay als Form", in: ders., *Noten zur Literatur*, Frankfurt/M. 1981, S. 9 ff.

Lukács im Essay die Möglichkeit einer autonomen Denkform, einer Mittlerfunktion zwischen Kunst und Philosophie. Daß er sich nach seiner Wendung zum Marxismus immer mehr von einer solchen Sichtweise entfernte, erklärt, warum im Unterschied zu den anderen Autoren hier nur der frühe Lukács – und nicht der Virtuose des philosophischen Systems des Spätwerks – untersucht wurde. Denn letzterer gehört zu einer anderen theoretischen Konstellation. Näher an unserer Zeit hat Michel Foucault in seiner späten Phase die Tradition des Essays wieder aufgegriffen und ihn als moderne Form des Philosophierens schlechthin bezeichnet: als Arbeitsform des Denkens an sich selber. Als Versuch einer Verwandlung seiner selbst im Spiel der Wahrheit wäre der Essay der „lebende Körper" einer philosophischen Kunst der Existenz.[8] Dies scheint *a fortiori* für jede Ästhetik der Modernität zu gelten.

Das moderne Zeitalter wird Max Weber zufolge durch einen „Polytheismus der Werte" gekennzeichnet. Eine seiner genauesten Formulierungen für die Besonderheit des Konflikts zwischen der Sphäre der Kunst, der religiösen Ethik und des Wissens findet sich in dem berühmten Vortrag *Wissenschaft als Beruf*: „Wenn irgend etwas, so wissen wir es heute wieder: daß etwas heilig sein kann nicht nur: obwohl es nicht schön ist, sondern: *weil* und *insofern* es nicht schön ist, – in dem 53. Kapitel des Jesaiasbuches und im 22. Psalm finden wir Belege dafür; – und daß etwas schön sein kann nicht nur: obwohl, sondern: in dem, worin es nicht gut ist, das wissen wir seit Nietzsche wieder, und vorher finden wir es gestaltet in den ‚Fleurs du mal', wie Baudelaire seinen Gedichtband nannte; und eine All-

---

[8] Vgl. M. Foucault, *L'usage des plaisirs*. Histoire de la sexualité, Bd. 2, Paris 1984, S. 14 f.: „L' ‚essai' – qu'il faut entendre comme épreuve modificatrice de soi-même dans le jeu de la vérité et non comme appropriation simplificatrice d'autrui à des fins de communication – est le corps vivant de la philosophie, si du moins celle-ci est encore maintenant ce qu'elle était autrefois, c'est à dire une ‚ascèse', un exercice de soi, dans la pensée." (dt. Übers.: *Der Gebrauch der Lüste*. Sexualität und Wahrheit 2, Frankfurt/M. 1986, S. 16).

tagsweisheit ist es, daß etwas wahr sein kann, obwohl und indem es nicht schön und nicht heilig und nicht gut ist".[9]

Dieser Abschnitt, der eine extrem verdichtete Zusammenfassung der Weberschen Diagnose der Moderne darstellt, weist eindeutig darauf hin, daß die schon traditionell gegebene Spannung zwischen der Sphäre des Ästhetischen und des Religiösen sich noch zur radikalen Negation und zum wechselseitigen Ausschluß steigert. Gewiß bilden hier der Weltkrieg, die russische Revolution und ihre Auswirkungen in Mitteleuropa den erneuten apokalyptischen Kontext, vor dessen Hintergrund die „Lieder des Gottesknechts" des Deutero-Jesaia wieder verständlich werden. Denn im vierten dieser Lieder kündigt sich bereits die Ethik des Leidens und der Häßlichkeit an, die ihre endgültige Formulierung im paulinischen Christentum findet. Mit der Figur des Gottesknechtes erscheint an dieser Stelle zum ersten Mal in der biblischen Tradition als heilig und erlösend der, der *nicht* schön ist.[10] Hierin liegt die radikal „antiästhetische" Position, die – im Unterschied zur „anästhetischen" des traditionellen Judentums – in den Augen Nietzsches zum Skandal des Christentums wurde. Der epochalen Umkehrung der antiken Ideale, für die das Gute und das Schöne gleichbedeutend waren, durch die neue Religion des Mitleidens war der Philosoph mit seinem programmatischen Wort der Notwendigkeit einer erneuten „Umwertung der Werte" entgegengetreten.[11]

In dem Maße, wie sie sich als Gegenposition zur christlichen Religion gibt, interpretiert Weber die Haltung Nietzsches selbst als paradigmatisch für die Moderne. Denn die Abwesenheit jedes „Hei-

---

[9] M. Weber, „Wissenschaft als Beruf" (1919), in: ders., *Gesammelte Aufsätze zur Wissenschaftslehre*, Tübingen 1968, S. 603 f.

[10] Vgl. Jesaia 53 (1-6); ferner: J. Taubes, „Die Rechtfertigung des Häßlichen in urchristlicher Tradition", in: *Poetik und Hermeneutik*, München 1972, Bd. III, insb. S. 181: „Jesaia 53 bleibt in der antiken Kirche das wichtigste Zeugnis für den ‚häßlichen' Christus." Wieder in: ders., *Vom Kult zur Kultur*. Bausteine zu einer Kritik der historischen Vernunft, München 1996, S. 114 ff.

[11] Vgl. hier v.a. F. Nietzsche, *Der Antichrist*, §51, und [Paulus] 1. Kor. 1 (27 f.).

landes", der die Präsenz Gottes erneut bekunden könnte, bestimmt für ihn das Zeitalter; und die Form, die in der Opferung des Erlösers „Häßliches" und „Heiliges" miteinander verband, bleibt zwar bewahrt, aber ihre Bedeutung kehrt sich um. Sie verlagert sich von der religiösen in die künstlerische Sphäre: Wo das Abscheuliche der Kreuzigung die väterliche Güte sicherte, werden nun das „Profane", ja die Profanierung des Heiligen bis zum „Bösen" zum Garanten des „Ästhetischen". Hier offenbart sich die verdeckte theologische Bedeutung des modern Profanen und Häßlichen, als deren Symbol Weber das Werk Baudelaires gilt. Jenseits des Guten und Schönen findet das Wissen für den Soziologen letztlich seine Bedingungen darin, daß es sich jeder Legitimierung aus irgendeiner der anderen Wertsphären widersetzt. Anhand einer solchen Analyse zeichnen sich die möglichen Figuren ab, nach welchen sich die Bereiche des Ethischen, des Ästhetischen und des Wissens typologisch aneinanderfügen könnten.

Besitzt diese Sicht einen erkenntnistheoretischen Wert, so ließen sich die Konsequenzen des Verlusts Gottes und der Entzauberung der Welt an drei singulären Achsen entlang artikulieren. An die Stelle des väterlichen Schöpfungsgottes, der die moderne Welt verlassen hat oder unfähig ist, in ihr seine Allmacht zu bestätigen, tritt zunächst das Versprechen eines neuen Erlösergottes, der diese Welt vom Gesetz des bösen Demiurgen befreien soll. Als Metapher der Ablehnung der Moderne schlechthin kündigt sich eine solche Erlösung vom Gesellschaftlichen für den jungen Lukács und den jungen Bloch auf programmatische Weise im literarischen Werk Dostojewskis an. Dostojewski, der an Gott glaubt, aber durch die Stimme Iwan Karamasoffs dessen Schöpfung zurückweist, ist für Lukács vielleicht schon der Homer oder Dante dieser befreiten Welt und verspricht für Bloch die alleinige Wirklichkeit des Seelenreiches: „die Stiftung in integrum *aus* dem Labyrinth der Welt".[12] Als theologischer Index einer „*gnostischen*" Geschichtsphilosophie überde-

---

[12] Vgl. G. Lukács, *Die Theorie des Romans* (1916), Darmstadt – Neuwied 1971, S. 137; und: E. Bloch, *Geist der Utopie* (1923) Frankfurt/M. 1973, S. 342 (meine Hervorhebung).

terminiert bei ihnen eine „religiöse" Ethik – die sie paradoxerweise in ihrem Engagement für den Kommunismus leiten wird – die Erneuerung der künstlerischen und literarischen Formen. Die Kunst erscheint hier lediglich als Vorahnung einer chiliastischen Botschaft, von der sie ihr ganzes Dasein erhält.

In der entgegengesetzten Richtung läßt sich der Tod des christlichen Gottes als Wiedergeburt der Götter und Dämonen der Antike darlegen – darauf spielt der Ausspruch des Tizian bei Hofmannsthal an: „es lebt der große Pan".[13] Diese weitere Denkfigur bildet eine „polytheistische" oder „pantheistische" Verwandlung der neuzeitlichen Ideale: Allein in der ästhetischen Bewältigung der neuen unpersönlichen Mächte, die sich – wie die Technik – mit unkontrollierter Gewalt behaupten, wird eine „normative" oder „befreiende" Potentialität erahnt. Hierin liegt wohl das Apriori, innerhalb dessen Landauer, Popper oder Kracauer – und zwar vorrangig im Bereich „visueller" Künste: Bühne, Plastik, Malerei, Film – ihre Kritik entfalten. Diesen Autoren könnte man den Begriff des *„Panästhetismus"* zuschreiben. Denn in der für die Moderne typischen „Ästhetisierung" des Alltagslebens nehmen sie ein neuartiges Wertungspotential wahr, das eine tiefe Zäsur zu den vorhergehenden Epochen bedeutet. Die Materialästhetik der neuen künstlerischen Formen und Medien – die „Abstraktion" in der Malerei und der dem Film inhärente „Realismus" bilden dabei die äußersten Pole – motiviert bei ihnen eine ethische Reflexion, die sich jeder Grundlegung geschichtsphilosophischer Art entzogen hat.

Die letzte mögliche singuläre Achse dieser Konstellation entspricht der eigenen Weberschen Ethik der Entzauberung: Die Abwesenheit Gottes, der Mangel an jeder Art von Gewißheit, ist für die europäische Moderne ein „Schicksal", das es als solches zu ertragen gilt. Keine „universelle" Norm läßt sich für ihn von den religiösen Erneuerungsversuchen oder von den zeitgenössisch aufkommenden ästhetischen Werten ableiten. Die Umwälzung der künstlerischen Formen vermag deshalb keinen Ersatz für die Entgötterung der Welt

---

[13] Vgl. H. Hofmannsthal, „Der Tod des Tizian" (1892), in: ders., *Sämtliche Werke III*, Dramen 1, Frankfurt/M. 1982, S. 42.

anzubieten, weil diese aus der Sicht des Soziologen einzig durch eine sachliche Praxis der Verantwortung vielleicht noch zu beherrschen wäre. Für seine Tugend der unbedingten „Sachlichkeit" gibt es keine Evidenz der Beziehungen zwischen dem ästhetischen, ethischen und politischen Bereich mehr – dies zu erkennen gilt als Bedingung der Möglichkeit des soziologischen Wissens. Sein *„prinzipieller Skeptizismus"* macht den Ausnahmecharakter der Position Webers aus, die ihn idealtypisch sowohl dem „Gnostizismus" der Revolutionäre als auch dem „Ästhetismus" der Kritiker entgegensetzt.[14]

Drei idealtypische Antworten auf den Tod des Gottes der abendländischen Geschichte ragen hier also heraus und werden der weiteren Reflexion dargeboten: die einer notwendigen Neutralität gegenüber den Sphären der Kunst und der ethisch-religiösen Werte als Erkenntnisprinzip; die der Reduzierung des literarischen und künstlerischen Formwandels auf die Ankündigung einer religiös verstandenen Kulturerneuerung; zuletzt die der Entdeckung von möglichen „Normen" zur Bewältigung moderner Wirklichkeit in einer immanenten Ästhetik der neuen Materialien und Medien. In der Gegenüberstellung der „theoretischen Physiognomien" des vorliegenden Buches sollen diese drei „extremen" Typen an Konturen gewinnen. In diesem Sinne haben die folgenden fünf Denkporträts gewiß etwas einseitiges: denn immer

---

[14] Stellt im „gnostischen" Typus das Ästhetische den Vorwand des ins Politische umschlagenden Ethischen dar, so markiert dagegen im „pan-ästhetischen" Typus das Ästhetische bereits die ethische Form des Politischen. Es wurden hier Verwandtschaften offenbar zwischen der Bevorzugung der „visuellen" Künste und einer genuin „ästhetischen" Argumentation einerseits und zwischen der Privilegierung literarischer – insbesondere epischer – Formen und einer grundsätzlich „ethisch-religiösen" Argumentation andererseits. Dies schien noch bestärkt zu werden durch die Korrespondenz zwischen der Heterogenität der Materialien der Weberschen Soziologie – deren Spannbreite von den Gründungstexten der Weltreligionen bis hin zu den profansten wirtschaftlichen Gebräuchen geht – und ihrer Weigerung, einer gegebenen Wertsphäre ein besonderes Recht einzuräumen. Die genannten Affinitäten – hinter denen sich der alte Konflikt zwischen der Schrift als Träger des „Gesetzes" und dem Bild als Göttersimulakrum wiederfindet – müßten gleichwohl an einem umfangreicheren und differenzierteren Textkorpus aufgezeigt werden.

wieder wurde innerhalb des jeweiligen Gesamtwerkes das besonders beachtet und hervorgehoben, was relevant für die Wertsphäre war, von der aus ein jeder dieser Denker argumentierte. Beim jungen Lukács schien uns ein reiner Diskurs des Ethischen zu begegnen, dagegen einer des radikal skeptischen Wissens bei Weber, ferner die verschiedenen Facetten eines genuin ästhetischen Diskurses bei Landauer, Popper und Kracauer. Zweifellos bildet hier die Figur der „Entzauberung" die apriorische Einheit, die dieser Konstellation zugrunde liegt; und die „Gespenster" des eschatologischen Diskurses, die in unterschiedlicher Form in allen drei Typen offenbar werden, scheinen diese Kohärenz noch zu bestätigen. Bildete die Matrix der Säkularisierung den gemeinsamen Ausgangspunkt der hier behandelten Werke, so war dabei doch wesentlich, die Divergenz der möglichen Modalitäten im theoretischen Umgang mit dem Einsturz der religiösen Gewißheit aufzuzeigen: das mögliche Festhalten am Glauben *trotz* des Verlusts – hier als „gnostische" Lösung bezeichnet –, den Verlust als *irreversiblen* Mangel zu ertragen und daraus die Bedingung von Erkenntnis zu machen – die „skeptische" Lösung –, schließlich sich vom Verlust durch eine *notwendige* Trauerarbeit, die „ästhetische" Formen annimmt, zu befreien – was hier „Panästhetismus" genannt wurde. Die somit gezeichneten Singularitäten von strukturellen Wertediskursen mögen sich hier mit einem bestimmten Moment der einzelnen Werke decken, entscheidender war aber, daß jene erst innerhalb eines konstruierten Gefüges von Oppositionen ihren Sinn erhalten. Denn gerade in diesem Konstruktionsvorgang lag der Versuch, eine für die Moderne bedeutsame Konstellation zu entwerfen.[15]

Im Zeitraum der zwei Generationen, die dem Angriff Nietzsches

---

[15] So scheint sich die theoretische Konstellation, die aus dem christlichen Denken hervorgegangen ist, und die Karl Löwith als „Wissen-Glauben-Skepsis" bezeichnet hat, für das Zeitalter der Moderne zu bestätigen und zugleich zu verschieben: das Wissen würde sich, unter der Form der Kritik, in Ästhetik verwandeln; der Glaube radikalisierte sich in ethische Theologie und revolutionäre Gnosis; während die Skepsis die philosophische Grundlage für eine ganz atheistische wissenschaftliche Forderung würde. Vgl. K. Löwith, „Wissen, Glaube und Skepsis" (1956), in: ders., *Sämtliche Schriften 3*, Stuttgart 1985, S. 197 ff.

auf die traditionelle Philosophie folgen, sieht man nicht nur die Grundlagen der Soziologie feste Gestalt annehmen; der theoretische Bruch mit dem „Historismus", der das späte 19. Jahrhundert prägte, wird bereits vollzogen und das Begriffsinstrumentarium der späteren „Kritischen Theorie" ist im Entstehen. Schon seit der Jahrhundertwende also zeichnen sich die Umrißlinien dessen ab, was die Frankfurter Schule im Angesicht der Nazi-Barbarei unter dem Titel *Dialektik der Aufklärung* formulieren wird. Tatsächlich findet man in diesem zentralen Werk des 20. Jahrhunderts alle Spannungsmomente wieder, die zwischen den hier herausgearbeiteten theoretischen Haltungen bestehen: die Radikalisierung der Weberschen These der Entzauberung der Welt und des neuen Polytheismus der Werte zur Diagnose einer „Rückkehr der Vernunft zum Mythos"; den Kulturpessimismus, der eindeutig die Spuren einer „gnostischen" Geschichtsphilosophie trägt; und schließlich die privilegierte Stellung der Kunst, die als letzte Zufluchtsstätte einer Vernunft gilt, deren Ideale gescheitert sind.[16] In den hier dargelegten Typen – insbesondere dem „panästhetischen" – wird man jedoch auch Elemente auffinden, die den Rahmen der negativen Geschichtsphilosophie der „Kritischen Theorie" überschreiten und sogar in Frage stellen. Darin liegt das nicht geringe Motiv dafür, die Bedeutung der unterschiedlichen Positionen, unter deren Konstellation diese Theorie Gestalt angenommen hat, neu zu bewerten. Inwiefern das theoretische Gefüge, das im folgenden gezeichnet wird, dem Denkwandel europäischer Modernität jenseits des deutschsprachigen Kulturraums einen Verständnisrahmen verleihen könnte, bliebe noch in komparatistischer Perspektive zu untersuchen.

---

[16] Vgl. Th.W. Adorno, M. Horkheimer, *Dialektik der Aufklärung.* Philosophische Fragmente (1947), Frankfurt/M. 1988, S. 9 ff.

1. Ethik der Sachlichkeit
Max Webers entzaubernder Blick

Der Hauptgegenstand der Weberschen Forschungen ist die Bedeutung religiöser oder sozialpolitischer Ethik für die Lebensführung historischer Menschentypen. Dieser Fragestellung wegen hat Max Weber die Soziologie, die neue wissenschaftliche Disziplin, zu deren Gründung er um die Jahrhundertwende wesentlich beiträgt, als seine „Berufung" betrachtet. Daß aber die Soziologie „bindende Normen und Ideale" für die eigene Zeit ermitteln könnte, lehnte er zugleich aufs strengste ab. Sich zwischen möglichen Ethiken, den „letzten Werten", zu entscheiden, könne keine Aufgabe der Wissenschaft sein. Man möge nicht mißverstehen: wissenschaftliche „Wertfreiheit" gilt in erster Linie als Abgrenzung der ethischen Sphäre von positivistischen Fachwissenschaften, die Wertungen von ihrem spezifischen Standpunkt aus ableiten wollten. Immer wieder hat Weber gegen die übliche „Kombination von ethischem Evolutionismus und historischem Relativismus" gekämpft, und sein Spott an den Nationalökonomen, die ihr Fach „zur Dignität einer ‚ethischen Wissenschaft' auf empirischer Grundlage zu erheben" versuchten, ist bekannt.[1] In der Forderung, jeden Wertstandpunkt zu suspendieren, liegt der Kern seiner Position: „Intellektuelle *Rechtschaffenheit*" sei die eigentliche Tugend des Forschers.

Der entsprechende Gestus in der Politik hieß für den Soziologen: *Sachlichkeit*. „Verantwortliches Handeln verbunden mit strenger Sachlichkeit", diese Auffassung vom Politischen hat Weber in nuce anhand der ersten revolutionären Ereignisse in Rußland entwickelt.[2] In den dortigen gesellschaftlichen Auseinandersetzungen

---

[1] Vgl. „Die ‚Objektivität' sozialwissenschaftlicher und sozialpolitischer Erkenntnis" (1904), in: *Gesammelte Aufsätze zur Wissenschaftslehre*, 3. Aufl., Tübingen 1968 [= *WL*], S. 148.

[2] Vgl. v.a. „Rußlands Übergang zur Scheindemokratie" (1917), in: *Gesammelte Politische Schriften*, 3. Aufl., Tübingen 1971 [= *PS*], S. 202; ferner: ebd., *PS*, S. 103.

sah er einen Kampf für die „letzten Chancen der Freiheit" der europäischen Kultur. Auch hier sind für ihn Verantwortung und zweckmäßige Hingabe an eine „Sache" im Sinne einer strengen Trennung der politischen von der ethisch-religiösen Sphäre gedacht.

Ganz ähnlich im Bereich der Ästhetik. Die Loslösung der Kunst von der Religion hat sich nach dem Soziologen in der Moderne soweit vollzogen, daß jene nun vordergründig zu den individuellen Werten gehört. Die neue Kunst sei nicht mehr in der Lage, sozialuniverselle Gültigkeit zu beanspruchen, denn das ästhetische Urteil fußt nun auf die *intimste* Erfahrung – und in diesem Sinne ist die Sphäre der Kunst mit diesem anderen „arationalen" Bezirk, der Erotik, zu vergleichen.

Sicherlich stellt die Absage an jeden gesinnungsethischen Rekurs in der Politik, der Wissenschaft oder der Kunst das Singuläre in der Haltung des Soziologen dar. Inwiefern und in welcher Form aber politische Sachlichkeit, intellektuelle Rechtschaffenheit sowie ästhetische Intimität möglicherweise verbunden sind, bleibt konstitutiv für die Frage nach einer Weberschen „Ethik". In der Konstruktion dieser verschiedenen – auf die jeweiligen Wertsphären bezogenen – Facetten seiner „ethischen" Position, könnte es bei dem Atheist Max Weber, dem Theoretiker des Polytheismus der Werte, doch eine letzte Tugend geben, einen zu explizierenden Gebieter seiner „Sache". Es wird im folgenden der Versuch unternommen, dieses unter Berücksichtigung seiner langen Auseinandersetzung mit der russischen Kultur, insbesondere mit ihren Schriftstellern freizulegen.

I. Politik: Webers Stellungnahme zur russischen Revolution

1903, im Alter von 39 Jahren, hat sich Max Weber aufgrund einer seit sechs Jahren andauernden „Nervenkrankheit" von seinem Lehrstuhl für Nationalökonomie an der Heidelberger Universität beurlauben und in den einstweiligen Ruhestand versetzen lassen. Nachdem er zum „Privatgelehrten" wurde, hat sich seine Arbeitsfähigkeit so eindeutig verbessert, daß er das nächste Jahr in der Lage war, zusammen mit Werner Sombart und Edgar Jaffé die Herausgabe einer Fachzeitschrift für soziale Gesetzgebung und Statistik zu übernehmen. Die Umbenennung des Organs in *Archiv für Sozial-*

wissenschaft und Sozialpolitik – das neben der *Année Sociologique* zur bedeutendsten soziologischen Zeitschrift der Epoche heranwachsen wird – gibt unmittelbare Auskunft über das neue Webersche Programm. Den Vorrang sollten nicht mehr enge Fächer wie Rechtslehre oder Nationalökonomie haben, sondern eine fachübergreifende „Wissenschaft vom menschlichen Kulturleben", die „Objektivität" der Erkenntnis anstrebt. Aufgabe der Zeitschrift wurde von der – mit dem programmatischen „Objektivität"-Aufsatz eröffneten – ersten Nummer an, eine „Sozialphilosophie" zu entwickeln, die der Deutung *leitender Wertideen* dienen müsse.[3] Gegen den Anspruch totalisierender Wissenschaft sollte sie zugleich „die spezifische Dignität der ethischen Imperative" bewahren.[4]

Was Weber mit sozialwissenschaftlicher Darlegung historischer Wertvorstellungen einer gegebenen Kultur meinte, hat er am Beispiel der puritanischen Ethik in den folgenden zwei Bänden des *Archivs* deutlich gemacht. Mit der klassisch gewordenen Schrift *Die protestantische Ethik und der ‚Geist' des Kapitalismus* liegt die allererste Studie einer umfassenden typologischen Religionssoziologie, einer *vergleichenden* „Wirtschaftsethik der Weltreligionen" vor, die das Gepräge des Spätwerks, nämlich – das Wort ist nicht zufällig nach der literarischen Vorlage Goethes gewählt – die Frage nach möglichen „Wahlverwandtschaften" zwischen geistig-religiösen Gebilden und materiell-praktischer Lebensführung, schon enthält.[5]

---

[3] Vgl. „Die ‚Objektivität' ...", *WL*, S. 150 f.; und ferner: ebd., S. 180: „Transzendentale Voraussetzung jeder *Kulturwissenschaft* ist *nicht* etwa, daß wir eine bestimmte oder überhaupt irgendeine ‚Kultur' *wertvoll* finden, sondern, daß wir Kultur*menschen* sind, begabt mit der Fähigkeit und dem Willen, bewußt zur Welt *Stellung* zu nehmen und ihr einen *Sinn* zu verleihen." Zur Problematisierung der Weberschen „Kulturphilosophie" vgl. die außerordentliche Synthese von Johann P. Arnason, „Kultur und Rationalität", in: ders., *Praxis und Interpretation*, Frankfurt/M. 1981, S. 111 ff.

[4] „Die ‚Objektivität' ...", *WL*, S. 148.

[5] Vgl. „Die protestantische Ethik und der ‚Geist' des Kapitalismus" (1904-05), in: *Gesammelte Aufsätze zur Religionssoziologie I* (1920), 8. Aufl., Tübingen 1986 [= *RS I*], S. 83: „Zunächst [wird] untersucht, ob und in welchen Punkten bestimmte ‚Wahlverwandtschaften' zwi-

Rußland und die „Chancen der Freiheit"

Gewiß resultiert die wissenschaftliche Aufmerksamkeit Webers für die protestantische Ethik unter anderem auch aus der kulturellen Konfrontation mit Amerika, das er 1904 bereist hat. Weniger bekannt ist hingegen, daß der Soziologe zur selben Zeit ein starkes politisches Interesse für die – erste – russische Revolution entwickelte. Innerhalb einiger Wochen soll er soweit Russisch gelernt haben, daß er die dortige Presse lesen konnte. Nach den Berichten seiner Frau Marianne Weber lebte er sich in die „Kultur des russischen Volkes ein und verfolgt[e] monatelang in atemloser Spannung das russische Drama".[6] Heidelberg bot sich als Standort in außerordentlicher Weise an. Die Heidelberger Universität war in dieser Zeit nicht nur die liberalste, sondern die internationalste der deutschen Hochschulen. Der Soziologe Paul Honigsheim, eines der aufmerksamsten Mitglieder im Kreis um Marianne und Max Weber, hat beschrieben, wie alle Repräsentanten nationaler Minoritäten dort präsent waren, nicht zuletzt die Russen: „in allen Spielarten vertreten, von griechisch-orthodoxen Mystikern bis zu den linkesten Narodniki, welche nicht mehr länger warten wollen, vielmehr lieber heute als morgen die Revolution gestartet hätten."[7] Weber war in der Tat ein aufgeschlossener Beobachter der unterschiedlichsten Grundhaltungen anderer Kulturen, und

---

schen gewissen Formen des religiösen Glaubens und der Berufsethik erkennbar sind. Damit wird zugleich die Art und allgemeine *Richtung*, in welcher infolge solcher Wahlverwandschaften die religiöse Bewegung auf die Entwicklung der materiellen Kultur einwirkte, nach Möglichkeit verdeutlicht." Vgl. ferner: „Die ‚Objektivität' ...", *WL*, S. 192, sowie: „Die Wirtschaftsethik der Weltreligionen. Einleitung" (1915/1920), *RS I*, S. 256 f.

[6] Vgl. Marianne Weber, *Max Weber*. Ein Lebensbild (1926), München 1989 [= *Lebensbild* ...], S. 342.

[7] Vgl. P. Honigsheim, „Max Weber in Heidelberg" in: R. König, J. Winckelmann (Hg.), *Max Weber zum Gedächtnis*, Köln – Opladen 1963, S. 161; vgl. ferner: H. Treiber, „Die Geburt der Weberschen Rationalismus-These: Webers Bekanntschaft mit der russischen Geschichtsphilosophie in Heidelberg", in: *Leviathan*, 1991, H. 3, S. 435 ff., sowie: ders., K. Sauerland (Hg.), *Heidelberg im Schnittpunkt intellektueller Kreise*, Opladen 1995.

insbesondere der slawischen. Er schien sogar ein gewisses Wohlwollen – oder zumindest Achtung – gegenüber den russischen Revolutionären „wegen ihrer Todesbereitschaft" zu empfinden.[8] Er wird sie als den Typus des „Gesinnungsethikers" bezeichnen – ein Typus, für den er zu dieser Zeit bei den Deutschen noch keine Entsprechung zu finden weiß. Die Begegnung mit solchen Revolutionären muß tatsächlich von bleibendem, symbolischem Eindruck für den Soziologen gewesen sein, folgt man dem Witz, den er damals häufig erzählt haben soll: „Wenn er jemals wieder gesund werde und ein Seminar abhalten, so nehme er nur Russen, Polen und Juden auf, aber keine Deutschen; ein Volk, das niemals seinem Monarch den Kopf vor die Füße gelegt hat, sei kein Kulturvolk."[9]

Das Produkt dieser „Leidenschaft" für die russische Kultur und Politik ist eine gewaltige „Chronik" der revolutionären Ereignisse von etwa 600 Seiten, die 1906 als zwei Teilstudien in den nächsten Bänden des *Archivs* erscheinen. Der erste Teil trägt den für die Zeitschrift ungewöhnlichen, weil fast zu journalistisch anmutenden Titel: *Zur Lage der bürgerlichen Demokratie in Rußland*. Obwohl 1905 Webers Interesse für Rußland vor allem sozialpolitisch bestimmt ist, wird in dieser Chronik in strenger Kontinuität mit dem historisch-wissenschaftlichen Aufsatz über den Geist des Kapitalismus die Diagnose einer „zunehmenden Unfreiheit" in der Moderne verschärft wiederholt: „[es sei doch] lächerlich, dem heutigen Kapitalismus, wie er nach Rußland importiert wird und in Amerika besteht, ... Wahlverwandschaften mit ‚Demokratie' oder gar mit ‚Freiheit' zuzuschreiben, während die Frage nur lauten kann: wie sind, unter seiner Herrschaft, alle diese Dinge überhaupt auf die Dauer ‚möglich'."[10]

---

[8] P. Honigsheim, „Max Weber in Heidelberg", a.a.O., S. 169.

[9] Ebd., S. 172; erst später wird Weber auch die deutschen Syndikalisten und Pazifisten als „Gesinnungsethiker" bezeichnen, siehe unten Teil II und III.

[10] „Zur Lage der bürgerlichen Demokratie in Rußland" (1906), in: *Max Weber Gesamtausgabe* [= *MWG*], Abt. I, Bd. 10 (Zur Russischen Revolution von 1905), S. 270.

Man weiß, daß Weber die historische Entwicklung moderner Freiheit in einer einmaligen Konstellation begründet sieht: in der überseeischen Expansion, der Eigenart der ökonomisch-sozialen Struktur des frühkapitalistischen Westeuropa, der Eroberung des Lebens durch die Wissenschaft und last but not least: in den aus der protestantischen Gedankenwelt geborenen Wertvorstellungen. Eben darin, weil diese Konstellation historisch nicht wiederholbar sei, findet seine Arbeit über Rußland erst ihren Sinn, nämlich: ob und unter welchen Bedingungen Individualismus und Freiheit für die abendländische Kultur *noch* denkbar seien? Die Tatsache, daß Rußland endgültig in den Lauf der spezifisch europäischen Entwicklung getreten war, könnte praktisch auf eine „letzte" Gelegenheit zum Aufbau freier Kulturen hinweisen. Ein solche Aufgabe erscheint dem Soziologen nur möglich, solange die Welt noch nicht ökonomisch „voll" und intellektuell „satt" ist.[11] Ob eine neue Konstellation – die Verwertung von großen Binnengebieten verbunden mit dem entschlossenen Willen einer Nation –, die der Erneuerung von Freiheiten zugutekommt, noch hervorzubringen ist, entscheide sich 1905 mit der revolutionären Bewegung in Rußland. Hier, mit dem Augenmerk auf diese Problemstellung, liegt der tiefere Grund, weshalb Weber, über alle nationalen Interessen hinweg, mit großer Anteilnahme auf den russischen Befreiungskampf und seine Träger – gleich welcher politischen Richtung – zu blicken vermochte.

Kritik der politischen Romantik

Man sieht, wie die frühen Weberschen Schriften zu Rußland wohl zum Teil als „politisches" Komplement zu den „wissenschaftlichen" Kapitalismus-Studien konzipiert sind. Eine solche thematische Verbindung von historischen Fragestellungen – wie der nach der Singularität der Verkettung von Umständen, die zum abendländischen Rationalismus führte – mit aktuellen politischen Problemen gehört zu Webers systematischen Zügen.[12] Für ihn spielt hier

---

[11] Vgl. ebd., S. 272 f.

[12] Am Beispiel Ostpreußen hat Wilhelm Hennis aufgezeigt, wie notwendig es sei, Webers frühe „politische" Arbeiten über „die ländliche

Rußland die Rolle eines existierenden „Fundus", eines Experimentierfeldes für eine noch mögliche „freie" Lebensführung, die sich dem „stahlharten Gehäuse" der modernen Kultur entziehen könnte –[13] eine Art Gegenprobe zur westlichen Entwicklung. Eine solche „Sozialphilosophie" der Aktualität markiert eine scharfe Scheidung von der „Historischen Schule", sei es innerhalb der Geschichte oder der Ökonomie, aus deren methodischen Kontext Weber sich löst. Mit ihm erreicht die Spaltung des Neo-Kantianismus in eine „Analytik der Wahrheit" und eine „Ontologie der Gegenwart" – nach den Worten Michel Foucaults – schon einen entscheidenden Punkt.[14]

Unbestritten ist, daß für Weber Wissenschaft und Politik getrennte – wenn auch sich ergänzende – Sphären bleiben müssen. Sein entmythologisierender Blick dient im politischen Bereich der Verantwortlichkeit, der Idee einer „Verantwortung vor der Zukunft", die er als wesentlichste Eigenschaft des Politikers formulieren wird.[15] Insbesondere im zweiten Teil seiner Chronik *Rußlands Übergang zum Scheinkonstitutionalismus* wird die Frage der Verantwortung der russischen Nation Gegenstand einer Konstruktion für die „letzten Chancen der Freiheit". Da „niemals ein Freiheitskampf

---

Arbeiterverfassung Ostelbiens" in Zusammenhang mit seiner Studie zur „Römischen Agrargeschichte" zu lesen; vgl. ders., *Max Webers Fragestellung*, Tübingen 1987, S. 81.

[13] Vgl. „Die protestantische Ethik ...", *RS I*, S. 203.

[14] Vgl. M. Foucault, „Qu'est-ce que les Lumières?" (1984), in: *Dits et écrits 1954-1988*, IV, Paris 1994, S. 687: „Dans sa grande oeuvre critique Kant a fondé cette tradition de la philosophie qui pose les conditions sous lesquelles une connaissance vraie est possible et à partir de là ... tout un pan de la philosophie moderne ... s'est développé comme l'analytique de la vérité. Mais il existe ... un autre mode d'interrogation critique ... Il s'agira de ce que l'on pourrait appeler une ontologie du présent. On peut opter pour une philosophie critique qui se présentera comme une philosophie analytique de la vérité en général, ou bien pour une pensée critique qui prendra la forme d'une ontologie de l'actualité; c'est cette forme de philosophie qui, de Hegel à l'École de Francfort en passant par Nietzsche et Max Weber, a fondé une forme de réflexion dans laquelle j'ai essayé de travailler."

[15] Vgl. „Politik als Beruf" (1919), *PS*, S. 549.

unter so schwierigen Verhältnissen geführt worden sei wie der russische", schreibt Weber, müßte dafür jeder Deutsche, „der einen Rest Idealismus seiner Väter in sich fühlt, tiefe Sympathie besitzen."[16] Über die eigene „einfühlende Phantasie" als Form des Fremdverstehens hinaus geht hier die Herangehensweise des Soziologen, wie auch sonst in seinem Werk, auf Nietzsches Interesse zurück. Schon der Philosoph hatte in Rußland „den Gegensatzbegriff zu der erbärmlichen europäischen Kleinstaaterei" erblickt, und vor allem die einzige Macht, die im Gegenteil zum Westen „jene Instinkte hat, aus denen Zukunft wächst".[17] Die Ermahnung an die Deutschen, mit welcher Weber den zweiten Teil seiner Chronik der russischen Ereignisse beendet, klingt in der Tat wie ein buchstäbliches Echo auf Nietzsches Befund nach: „Wir unsererseits sollten, bei aller Notwendigkeit ... doch nicht vergessen, daß wir der Welt das Unvergänglichste in jener Epoche gegeben haben, als wir selbst ein blutarmes Volk waren, und daß ‚satten' Völkern keine Zukunft blüht."[18]

Jedoch führt Webers eindeutiger Respekt vor der „russischen Idee" keineswegs zu deren Billigung. Nicht an *was* ein russischer Revolutionär glaubt, sondern *daß* er glaubt, imponiert ihm. Wofür er ethische Hochachtung hat, kann er zugleich aus politischen Gründen bekämpfen. Seine Schriften zu Rußland weisen insgesamt eine eindeutige Kontinuität in der Abwehr des Slawophilen-Einflusses auf. Wenn er darüber hinaus „Kritik" übt, sei es an den russischen Liberalen, Sozialdemokraten oder Narodniki, geschieht dies ausschließlich

---

[16] „Rußlands Übergang zum Scheinkonstitutionalismus" (1906), in: *MWG* I/10, S. 678.

[17] Vgl. F. Nietzsche, *Götzendämmerung*, §39; zu Webers Nietzsche-Lektüre vgl. v.a. W. Hennis: „Die Spuren Nietzsches im Werk Max Webers", in: *Max Webers Fragestellung*, a.a.O., S. 167 ff.; ferner: C. Colliot-Thélène, *Max Weber et l'histoire*, Paris 1990, S. 51 ff. und H. Tyrell, „Religion und ‚intellektuelle Redlichkeit'. Zur Tragödie der Religion bei Max Weber und Friedrich Nietzsche", in: *Sociologia Internationalis*, 1991, H. 2, S. 159 ff.

[18] „Rußlands Übergang zum Scheinkonstitutionalismus", *MWG* I/10, S. 679.

im Sinne dessen, was später als Eigenschaft des Sachlichen definiert wird. Verantwortung, Trennung des politischen Handelns von rein ethischen Beweggründen, Ablehnung der „Neigung" des Russentums zur politischen Romantik sind seine Leitmotive.

Den spezifischen Glauben an eine ethisch-religiöse Eigenart politischer Aufgaben betrachtet Weber als „Hauptfrevel". Schon 1905, und nicht erst gegen Ende des Weltkrieges, gehörte für ihn Politik in erster Linie zum Komplex der zweckmäßigen Herrschaftstechnik und nicht zu dem des „moralischen" Gebots. Interessant bleibt dabei, daß er die verbreitete radikale Ablehnung der „Erfolgsethik" bei den russischen Streitern auf politischem Gebiet auf der Folie der dortigen religiösen Kultur deutet: „es tritt [bei ihnen], weil alle anderen als die ethischen Werte ausgeschaltet sind, unbewußt jener biblische Satz wieder in Kraft, der am tiefsten die Seele nicht nur Tolstois, sondern des russischen Volkes überhaupt geprägt hat: ‚Widerstehe nicht dem Übel'. Der jähe Wechsel zwischen stürmischer Tatkraft und Ergebung in die Situation ist die Folge der Nichtanerkennung des ethisch Indifferenten als existent oder doch als möglichen ‚Wertes', welche dem Panmoralismus der Solowjowschen ‚Heiligkeit' ebenso wie der rein ethisch orientierten Demokratie eignet."[19] Dem Sinne nach wird diese Formulierung zum Leitfaden einer Argumentation, der sich bis zu Webers letzten Vorträgen über Politik durchzieht. Die ethisch-religiöse Sphäre muß von der der Wissenschaft getrennt werden, wie *auch* vom politischen Handeln: am Gegenteil festzuhalten, wie so viele der russischen Demokraten, zeuge von Mangel an politischem Sinn überhaupt. Unbedingte Sachlichkeit – sogar bei der Auseinandersetzung mit den „Liberalen" – klingt hier als Duktus der Weberschen Kritik schon an.

„Liberaler Voluntarismus"

Besonders empfindlich ist Weber, der stets bereit war, sich für die bedrohte Freiheit anderer einzusetzen, der Nationalitätenfrage gegenüber. Demgemäß verfolgte er während der revolutionären Er-

---

[19] „Zur Lage der bürgerlichen Demokratie in Rußland", *MWG* I/10, S. 124.

eignisse auch die Behandlung der „polnischen Frage". In seiner Opposition zum extremen Nationalismus der Slawophilen stößt Weber nicht nur auf das Programm des Liberalen Struve,[20] sondern auch auf die Ideen des früh gestorbenen ukrainischen Historikers und Demokraten Dragomanow. Dessen Ideale der Kulturselbständigkeit und demokratischen Selbstverwaltung sowie dessen Werdegang vom Sozialisten zum nationalen Demokraten liegen ihm nahe. Weil Dragomanow den strikten Revolutionarismus abgelehnt und für die Notwendigkeit des Zusammenschlusses der Bauern und Arbeiter mit den „plebejischen" bürgerlichen Kulturträgern gegen den Adel und die Autokratie plädiert hatte, kommen seine programmatischen Ansätze am weitesten den Weberschen Vorstellungen von politischer Verantwortlichkeit entgegen. Große Skepsis ruft hier bei Weber die Tatsache hervor, daß Dragomanows genuine Idee einer Zerlegung Rußlands in „Länder" (mit Autonomie für die baltischen Provinzen, Polen, Weißrußland, Ukraine, Transkaukasien ...) als Garantie der neu errungenen Freiheit bei den Liberalen keine Unterstützung gefunden hatte.[21]

---

[20] Der von Struve vorgelegte „Entwurf für eine Verfassung Rußlands als konstitutioneller Monarchie" dient im ersten Teil der Weberschen Chronik als Anlaß zur Beurteilung der russischen politischen Entwicklung insgesamt (vgl. *Loi fondamentale de l'Empire Russe*. Projet d'une constitution russe élaboré par un groupe de la Ligue de l'Affranchissement [constitutionalistes-démocrates russes]. Préface de Pierre Struve, Paris 1905, sowie: *MWG* I/10, S. 81). Petr Berngardovic Struve (1870-1944), Ökonom und Politiker, sog. „Legaler Marxist" in den 90er Jahren und seit 1904 Herausgeber der Zeitschrift *Osvobozdenic*, spielte eine führende Rolle als Mitglied des Zentralkomitees der konstitutionellen Demokraten. Aufgrund dessen Bekenntnis zum „sozialliberalen" Standpunkt vermochte es Weber, in ihm einen „natürlichen Gesprächspartner", vielleicht sogar eine Parallelfigur zu Friedrich Naumann auf russischem Boden zu sehen.

[21] Dies gehört zu den wichtigsten Punkten der Weberschen Kritik am „Entwurf" Struves; vgl. *MWG* I/10, S. 145 ff. Michail Petrovic Dragomanow (1841-1895), ukrainischer Historiker und Politiker, der u.a. die Rolle des Protestantismus als Komplement des politischen Liberalismus hervorhob, wurde 1875 von der Universität Kiew entlassen und war ab 1889 Professor in Sofia. Weber bezieht sich auf *Istoriceskaja Pol'sa i velikorusskaja demokratija* (Das historische Polen und die

Nicht weniger problematisch erscheint Weber die „Naivität", die er bei den um Struve gruppierten Liberalen wahrzunehmen glaubt, in bezug auf das Verhältnis von Staat und Kirche. Der Soziologe warnt vor der Illusion, die orthodoxe Kirche werde jemals nach Art der römischen Kirche zur Vertreterin von Freiheitsrechten gegen die Macht des autokratischen Polizeistaats avancieren. Das religiöse Fundament der „Selbstherrschaft" könne nicht unterschätzt werden, „weil die Geschichte den gebildeten Russen nicht wie den Franzosen zum Feinde, noch wie den Engländer zum Anhänger seiner Kirche erzogen hat, sondern zu ‚absoluter Gleichgültigkeit'."[22] Stifterin von Freiheitsvorstellungen – das heißt immer bei Weber: von Individualismus – wird die russische Kirche im Gegensatz zum westlichen Christentum nicht werden können: denn das Fehlen einer einheitlichen Jurisdiktionsgewalt nach Art des Papsttums sowie eines innerweltlich orientierten Mönchtums mit einer systematischen Rationalisierung der Askese, richten für ihn von vornherein die Möglichkeit selbst eines gemeinsamen Kampfes der Orthodoxie und eines modernen Liberalismus zugrunde.[23]

Wie schwierig – aufgrund Rußlands Situation – die Durchführung eines *modernen* Programms sei, sieht Weber mit seltener Deutlichkeit. Denn dort sind alle Entwicklungsstadien ausgeschaltet, die im Westen starke ökonomische Interessen besitzender Schichten in den Dienst der bürgerlichen Bewegung stellten, und der russische Freiheitskampf werde sich weder auf genuin materielle Interessen, noch auf – in der Kultur verankerte – ideelle Wertvorstellungen stützen können. So gering aber die Chancen einer bürgerlichen Demokratie auch sein mögen, Weber besteht geradezu darauf, jede sich bietende Möglichkeit zu nutzen, um der Romantik

---

großrussische Demokratie, 1881) sowie auf dessen Verfassungsentwurf für ein föderales Rußland: *Vol'nyj Sojuz – Vil'na Spilka* (Die Freie Assoziation, 1884); vgl. u.a. M. Koszul, „Catholiques, orthodoxes et protestants: Mykhajlo Drahomanov et la question religieuse en Ukraine", in: D. Beauvois (éd.), *Les confins de l'ancienne Pologne*, Lille 1988, S. 183 ff.

[22] „Zur Lage der bürgerlichen Demokratie in Rußland", MWG I/10, S. 161 f.

[23] Vgl. ebd., S. 163.

oder der Passivität Widerstand zu leisten. Man kann in dieser „fiktiven" Forderung einen ersten Entwurf der Weberschen Position sehen, dessen, wofür Wilhelm Hennis sehr überzeugend den Ausdruck „liberaler Voluntarismus" vorgeschlagen hat – ein Begriff, der als Gegenpol zu jedem Typus von „Staatssozialismus" verstanden werden soll.[24] Es liegt auf der Hand, daß jede Annäherung an diese Position in der zeitgenössischen politischen Landschaft Rußlands völlig fehlte.

In der „romantischen Illusion" lag für Weber in der Tat die größte Gefahr, und er kritisierte sie nicht nur bei den Sozialrevolutionären, sondern zunächst auch an den radikalen Tendenzen innerhalb der Sozialdemokratie.[25] Der Soziologe unterschied wohl zwischen „gemäßigten" und „radikalen" Sozialdemokraten – nämlich zwischen der um Plekhanov und der um Lenin gruppierten Fraktion. Der leninistischen Gruppierung *Vperjod* hat er Sektierertum in dem Maße vorgeworfen, wie sie jedes Zusammengehen mit der bürgerlichen Demokratie ablehnte und es zu ihrer Pflicht erklärte, die Liberalen bei den Arbeitern systematisch zu diskreditieren. Noch schärfer aber hat er ihre unwiderlegbare Neigung zu politischer Romantik abgelehnt, welche in „Putschismus" in dem Moment münden werde, wo sie sich für einen Generalstreik einsetzt.[26] Hierin entdeckte er nicht nur ein

---

[24] Das Oxymoron „liberaler Voluntarismus" hat Hennis als Parallele zu Tocquevilles „strange liberalism" eingeführt; vgl. ders., *Max Webers Fragestellung*, a.a.O., S. 222.

[25] Es bleibt bis heute unverständlich, daß die Polemik gegen die Sozialdemokratie aus den in den *Gesammelten Politischen Schriften* aufgenommenen Teilen seiner russischen „Chronik" ausgeschieden wurde, als hätte der Herausgeber den Eindruck erwecken wollen, Weber habe sich ausschließlich mit den Liberalen auseinandergesetzt, vgl. J. Winckelmann, „Vorwort zur zweiten Auflage", in: *PS*, S. XXXIII.

[26] Vgl. „Zur Lage der bürgerlichen Demokratie in Rußland", *MWG* I/10, S. 181 ff. Webers Auseinandersetzung gipfelt in der Kritik an dem vom sog. Verband der Verbände erwogenen bewaffneten Aufstand sowie dessen Projekt einer konstituierenden Versammlung, die für ihn eine „Diktatur der Masse und die Schaffung eines monströsen zentralen Revolutionstribunals" bedeuten würde, vgl. ebd., S. 183. Nicht weniger scharf wird er jedoch im zweiten Teil seiner Chronik die neue Verfassung und die Dumawahlen als Scheinkonstitutionalismus verurteilen.

Produkt des sogenannten „Zweiseelencharakters" des Marxismus, sondern zugleich ein Kennzeichen slawophiler Einflüsse: so meint Weber, der Revolutionarismus und die Gegnerschaft zu den „Entwicklungsgesetzen" liege insbesondere bei Alexander Herzen „dem spezifischen russischen Sozialismus seit seinen Vätern – als Nachwirkung bestimmter Hegelscher Gedanken – zugrunde".[27]

Die Webersche Chronik der russischen Ereignisse konnte nicht lückenlos sein: trotz aller Schwierigkeiten, Informationen und Zeitungen zu bekommen, bewahren seine Darstellung des revolutionären Rußlands sowie seine mahnenden Ausführungen zur dortigen Entwicklung eine eindrucksvolle Erkenntniskraft. Schon 1905 prognostiziert Weber, daß in einer Welt, wo keine moderne Freiheit auf nicht-bürgerlicher Basis möglich ist, der russische Befreiungskampf um die Demokratie in Unfreiheit umschlagen und neue „Gehäuse der Hörigkeit" gebären könnte. Er weist dabei immer wieder auf die fatale Vermischung von ethischen und politischen Motiven hin: „Bei der ‚sozialrevolutionären' Intelligenz [ist] dem romantischen Radikalismus ..., seines dem ‚Staatssozialismus' nahestehenden Charakters wegen, der Sprung ins autoritäre und reaktionäre Lager äußerst leicht. Die relative Häufigkeit der rapiden ‚Mauserung' äußerst radikaler Studenten in höchst ‚autoritäre' Beamte braucht durchaus nicht angeborene Eigenart oder schnöde Brotkorberei zu sein ... Es ist der pragmatische Rationalismus dieser Richtung überhaupt, welcher nach der im Dienst der absoluten sozialethischen Norm stehenden ‚Tat' lechzt und, zwischen der ‚schöpferischen' Tat von ‚oben' und von ‚unten' hin- und herschwankt, daher bald reaktionärer, bald revolutionärer Romantik verfällt."[28] Dieses Urteil, dann auf die Bolschewisten angewandt, wird Weber bis in seine späteren Analysen hinein beibehalten. Vom kommunistischen Experiment wird er in seinem Vortrag *Der Sozialismus* behaupten, es sei „auf dem heutigen Status der bürgerlichen Gesellschaft nicht nur ein Unsinn, sondern ein Frevel gegen das marxistische Dogma [der

---

[27] Ebd., S. 169.

[28] Ebd., S. 231.

Entwicklungsgesetze]".²⁹ Wohlverstanden: es sei nicht nur das der Marxisten, sondern das allgemeine Schicksal, ein solches Entwicklungsdogma bejahen zu müssen. Webers „Voluntarismus" wird hier vor dem Hintergrund des eigenen Befunds vom Kapitalismus als „schicksalsvollster Macht" des modernen Lebens eindeutig temperiert.³⁰ Aber genau diese skeptische Seite seines Denkens scheint die Bedingung dafür zu sein, daß er die grundlegenden Antinomien der russischen Revolution mit dringlicher Klarheit voraussehen kann: „[sie werde] – sagt er 1918 in dem erwähnten Vortrag – allergünstigstenfalls eine Annäherung der politischen Verfassung an die von der Demokratie gewünschte Form bringen, das entzöge sie dem Sozialismus durch die wirtschaftlich reaktionären Folgen, die sie haben müßte."³¹

II. Wissenschaft und Literatur: Auseinandersetzung mit Tolstoi

Webers Verhältnis zur Kunst kommt weniger in seinem wissenschaftlichen Werk zum Ausdruck als im Rahmen seiner Privatbeziehungen und des Kreises, den er mit seiner Frau in Heidelberg organisiert. Obwohl er es beabsichtigte, hat Weber keine ausgearbeitete Kunstsoziologie hinterlassen.³² Es wäre dennoch verfehlt, in ihm eine Gestalt zu sehen, die kaum Empfänglichkeit oder Interesse gegenüber Kunst besaß. Als Bruchstück der geplanten Kunstsoziologie hat er einen bedeutenden Text über die „rationalen und sozio-

---

[29] „Der Sozialismus" (1918), in: *MWG* I/15 (Zur Politik im Weltkrieg), Tübingen 1984, S. 631.

[30] Vgl. „Vorbemerkung" (1920), in: *RS I*, S. 4.

[31] „Der Sozialismus", *MWG* I/15, S. 632.

[32] Diese Teilsoziologie sollte die Kunstformen unter zwei komplementären Gesichtspunkten betrachten: dem der Veränderungen in Material und Technik und dem der spezifischen Prozesse ästhetischer Wertung. Zum ersten gehört die Entwicklung des Kunstmittels als Gegenstand einer empirischen Kunstgeschichte oder -soziologie, zum zweiten das ästhetische Interesse selber – als ihr Apriori –, das als Gegenstand einer „Kulturphilosophie" konstruiert wird; vgl. „Der Sinn der ‚Wertfreiheit' der soziologischen und ökonomischen Wissenschaften" (1917), in: *WL*, S. 519 ff.

logischen Grundlagen der Musik" sowie parallele, wenn auch knappe, Ausführungen über die Architektur und die bildenden Künste niedergeschrieben.[33] Und auch wenn sich in seinen Schriften keine unmittelbare theoretische Äußerung zur Literatur findet, hat der Soziologe wohl die Frage nach dem Dichterischen anhand der heiligen Texte der „Weltreligionen"[34] sowie der Reflexion moderner Großstadterfahrung mehrfach gestreift.[35]

Darüber hinaus bestätigen nicht wenige Briefstellen Webers besonderes Gespür für moderne Lyrik. In der Intimität des persönlichen Austausches kommt er gelegentlich dazu, eine vergleichende Formanalyse der Poesie Stefan Georges und Rainer Maria Rilkes zu skizzieren, deren Genauigkeit den professionellsten Literaturkritiker beeindrucken müßte.[36] Reflektiert der Soziologe die deutschsprachige Dichtung seiner Zeit, so konzentriert sich seine literarische Aufmerksamkeit doch eher auf die zeitgenössische skandinavische – Ibsen, Björnson, Strindberg –, noch stärker aber auf die russische Literatur. Man weiß, daß insbesondere Tolstoi und Dostojewski zu den

---

[33] Vgl. ebd., S. 520 f.; ferner: „Vorbemerkung", *RS I*, S. 2 f.; vgl. auch: „Religionssoziologie", in: *Wirtschaft und Gesellschaft*, 3. Aufl., Tübingen 1947 [= *WG*], §11, und: „Zwischenbetrachtung", *RS 1*, S. 554 f.; sowie: *Die rationalen und soziologischen Grundlagen der Musik* (1912/1921), Tübingen 1972.

[34] Zum charakteristischen Unterschied der abendländischen Kultur im Bereich der literarischen Produktion vgl. *RS I*, S. 3; über die Poesie der alten Prophetie vgl. u.a. „Die Wirtschaftsethik der Weltreligionen. Das antike Judentum" (1917/1920), in: *Gesammelte Aufsätze zur Religionssoziologie III* (1921), 7. Aufl., Tübingen 1983, [= *RS III*], S. 305.

[35] Vgl. u.a. Webers Redebeitrag anläßlich des ersten Soziologentags: „Diskussionsrede zu W. Sombarts Vortrag über Technik und Kultur" (1911), in: *Gesammelte Aufsätze zur Soziologie und Sozialpolitik*, Tübingen 1924, S. 449 ff.: „Ich glaube, daß eine Lyrik, wie etwa die Stephan Georges: – ein solches Maß von Besinnung auf die letzten, von diesem durch die *Technik* unseres Lebens erzeugten Taumel uneinnehmbaren Festungen rein künstlerischen Formgehalts gar nicht errungen werden konnte, ohne daß der Lyriker die Eindrücke der modernen Großstadt, die ihn verschlingen und seine Seele zerrütten und parzellieren will, – und mag er sie für sich in den Abgrund verdammen, – dennoch voll durch sich hat hindurchgehen lassen."

[36] Vgl. *Lebensbild ...*, S. 463 f.

Autoren gehören, deren Prosa im Heidelberg-Kreis mit Vorliebe diskutiert wurde: wenn auch weniger als spezifisch literarischer Gegenstand denn als Anlaß für systematische Auseinandersetzungen über Probleme der Ethik und mystischen Religiosität.[37] Während für Weber durchweg die *Form* die Eigenheit des Poetischen ausmacht, scheint sein Interesse an den großen russischen Romanen zunächst von „ethischen" Inhalten geleitet gewesen zu sein.

Tolstoi als Moralist

Die Konfrontation mit Tolstoi, den der Soziologe vergleichsweise spät rezipiert hat, spielt hier eine ganz entscheidende Rolle.[38] Wie im Fall Nietzsches hat Weber den russischen Schriftsteller in erster Linie als Moralist gelesen. Nicht nur in Gesprächen oder Briefen erscheint Tolstoi als Hauptpartner einer gewichtigen Auseinandersetzung, auch in vielen seiner Schriften und Reden läßt der Soziologe ihn zu Wort kommen und tritt mit ihm in Dialog. Von der Chronik der ersten russischen Revolution bis hin zu den späten Münchner Vorträgen zu Wissenschaft und Politik als Beruf wird der russische Schriftsteller nahezu ohne Ausnahme ins Feld geführt, wenn es darauf ankommt, den Typus des gewaltlosen „Gesinnungsethikers" zu vergegenwärtigen.

Der moralischen Gestalt des alten Mannes nach seiner religiösen „Bekehrung" in den Jahren 1880-82 bringt Weber dabei die gleiche Achtung wie dem frühen Autor von *Krieg und Frieden* entgegen. Er hat *Auferstehung* vor 1905 gelesen und findet den Roman

---

[37] Zu Tolstoi und Dostojewski als Vorbild intellektueller Religiosität vgl. auch: *WG*, S. 296.

[38] Die deutschsprachige literarische Rezeption Tolstois fand 1889 mit Paul Ernsts Monographie *Leo Tolstoi und der slavische Roman* in Berlin ihren publizistischen Ausgangspunkt. Viele deutsche Autoren dieser Generation – wie z.B. Lou Andrea-Salomé und Rainer Maria Rilke – reisten sogar nach Petersburg, um den alten Schriftsteller mit einem Besuch zu ehren. Der Verleger Eugen Diederichs in Jena bot schon ab 1901 eine Gesamtausgabe in 19 Bänden an; dazu, sowie zu Webers Tolstoi-Lektüre vgl. Edith Hanke, *Prophet des Unmodernen*, Tübingen 1993, insb. S.168 ff.

„großartig" trotz „seiner lastenden Schwere und der Utopie seiner Tendenz".[39] Als typischer Repräsentant der russischen Kultur erweckt Tolstoi so weit Webers Interesse, daß er über seine Gestalt sogar ein Buch plante. Das Projekt ist 1908 in dem Briefwechsel mit Robert Michels erwähnt. Die ab 1912 regelmäßig geführten Diskussionen mit György Lukács und Ernst Bloch, die ihre Faszination für das Russentum im Heidelberger Kreis ausbreiten, geben einen weiteren Anstoß für die geplante Schrift. Das Buch sollte kein akademisches werden, sondern „alle Niederschläge innerlichster Erfahrung aufnehmen", in Zusammenarbeit mit seiner Frau und seiner Mutter, Marianne und Helene Weber entstehen und ihnen gewidmet werden.[40] Die Absicht blieb unausgeführt, aber die darin vorgesehenen Themen werden später mehrfach, insbesondere in dem mitten im Krieg geschriebenen Aufsatz *Zwischen zwei Gesetzen* sowie im Vortrag *Wissenschaft als Beruf*, wiederaufgegriffen.[41]

Was Weber mit Tolstoi verbindet, ist sein ungezähmter Individualismus. Alle überindividuellen Gebilde sind Gegenstand der Tolstoischen Verhöhnung in dem Moment, wo sie irgendeinem einzelnen ein Opfer auferlegen. Eine ganz ähnliche Haltung vertritt Weber auf ethischem Gebiet: lehnte ein Autor oder eine Gruppe die Anerkennung des Wertes der Individuen ab, so fand er in dem Soziologen einen Gegner – der in Heidelberg benachbarte George-Kreis konnte es erfahren. Wie sehr er die Poesie Georges schätzte, so sehr hat Weber die Mischung aus geheimnisvoller Geistigkeit und künstlichem Sehertum, wie sie in der Konstellation seines Zirkels zum Ausdruck kam, geächtet. In den George-Anhängern, deren Gruppe er als Vorbild „emotionaler Vergemeinschaftung" und

---

[39] Brief an Helene Weber vom 13. oder 14. Apr. 1906, in: *MWG* II/5 (Briefe 1906-1908), Tübingen 1990, S. 75; zum „Apolitismus" Tolstois in seinem Roman *Auferstehung* vgl. *PS*, S. 110.

[40] Vgl. *Lebensbild ...*, S. 474.

[41] Vgl. Brief an Robert Michels vom 4. August 1908, in: *MWG* II/5, S. 15 f.; und v.a.: „Zwischen zwei Gesetzen" (1916), in: *MWG* I/15, S. 93 ff.

als „Sekte" darstellte, konnte Weber keinen „ethischen Typus" erkennen.[42]

Dagegen erscheint dem Soziologen Tolstoi in seiner konsequenten Verteidigung des Individuums als der Mann, der bis zu den äußersten moralischen Folgerungen geht. Seine Botschaft der Gewaltlosigkeit soll allein kraft des eigenen Beispiels siegen. „Gesinnungsethiker" heißt hier, daß er in jener Botschaft das Ziel und zugleich das Mittel seiner Handlung sieht. Daß Tolstoi am Ende seines Lebens auf jede Art weltlicher Güter verzichtet und sich von der Welt absondert, hat – mit seiner ganzen Generation – nicht zuletzt Weber selbst beeindruckt. Diese Tat wird der Soziologe während des Krieges in den Kontroversen mit den Pazifisten, die sich auf Tolstoi *politisch* berufen wollen, immer in Erinnerung bringen, als konsequente Folge jeder Ethik der Gewaltlosigkeit: „Das Evangelium möge man aus [den politischen] Erörterungen draußen lassen – oder: Ernst machen. Und da gibt es nur die Konsequenz Tolstois, sonst nichts. Wer auch nur einen Pfennig Rente bezieht, die andere zahlen müssen, wer irgendein Gebrauchsgut besitzt oder ein Verzehrgut verbraucht, an dem der Schweiß fremder, nicht eigener, Arbeit klebt, der speist seine Existenz aus dem Getriebe jenes liebeleeren und erbarmungsfremden ökonomischen Kampfs ums Dasein, den die bürgerliche Phraseologie als ‚friedliche Kulturarbeit' bezeichnet."[43]

Der letzte Rückzug des russischen Schriftstellers, „als er ans Sterben ging", galt Weber in der Tat als einzige Möglichkeit, der Gesinnung der Bergpredigt eine Würde zu verleihen, und bestätigte, wie sehr diese sich doch nur als eine individuelle und vor allem *elitäre* Ethik praktizieren läßt. Als religiöser „Virtuose" steht Tolstoi auf der Seite der „exemplarischen Prophetie" – für den Soziologen ein typisch östliches Phänomen. Der Inhalt seiner Botschaft ist eigentlich „akosmisch", der Gott der Liebe und der Gewaltlosigkeit, den sie ankündigt, ist der modernen Welt fremd. So konnte Weber

---

[42] Vgl. u.a. *Lebensbild* ..., S. 464 f.; über Webers Verhältnis zum George-Kreis vgl. E. Weiler, *Max Weber und die literarische Moderne*, Stuttgart – Weimar 1994, S. 61 ff.

[43] „Zwischen zwei Gesetzen", *MWG* I/15, S. 97.

diesem neuen Aufflammen einer gewaltfreien Moral keine innerweltliche, direkt politische Kraft zuerkennen. Daher transzendierte für ihn der prophetenhafte Anspruch der Tolstoischen Gesinnung in keiner Weise seine Kunst als Essayist und Schriftsteller.

„Amoralismus" der Wissenschaft

Webers direkteste Konfrontation mit Tolstoi findet in *Wissenschaft als Beruf* statt. Auf die Hauptfrage des Vortrags, ob die Entzauberung der Welt durch Wissenschaft noch einen Sinn für das Individuum einräume, antwortet er *verneinend*, indem er Worte des russischen Schriftstellers zitiert. Als könnte man hier eine Linie der Kulturdiagnose von Kierkegaard über Tolstoi bis hin zu Weber ziehen, wird als Kriterium des Lebenssinns die Bedeutung des Todes in den Blick genommen. Die moderne Welt richtet der Soziologe in der Tat mit der Tolstoischen Frage: ob nun *„der Tod* eine sinnvolle Erscheinung sei oder nicht"? Anders als in den traditionellen Lebensformen scheint der Tod in der Moderne mit dem Merkmal absoluter Sinnlosigkeit versehen. Denn der Mensch moderner Kultur, führt Weber aus, „kann ‚lebensmüde' werden, aber nicht: lebensgesättigt."[44]

Die Lebensmüdigkeit und das Verschwinden eines sozialgebundenen Sterbens hatte schon Rilke 1910 ästhetisch verarbeitet und als Grundbestimmung des Zeitalters bezeichnet. „Der Wunsch, einen eigenen Tod zu haben, wird immer seltener", schreibt er in den *Aufzeichnungen des Malte Laurids Brigge*, die ursprünglich in einer Begegnung mit Tolstoi enden sollten: „Man stirbt, wie es gerade kommt; man stirbt den Tod, der zu der Krankheit gehört, die man hat – denn seit man alle Krankheiten kennt, weiß man auch, daß die verschiedenen letalen Abschlüsse zu den Krankheiten gehören und nicht zu den Menschen; und der Kranke hat sozusagen nichts zu tun ..."[45]

---

[44] Vgl. „Wissenschaft als Beruf" (1919), in: *WL* 594 f.; eine solche kulturkritische Linie ließe sich z.T. bis zum jungen Lukács und bis Heideggers „Sein zum Tode" weiterführen.

[45] R.M. Rilke, *Die Aufzeichnungen des Malte Laurids Brigge* (1910), in: ders., *Sämtliche Werke VI*, Frankfurt/M. 1966, S. 714; Rilke war im übrigen auch ein aufmerksamer Kierkegaard-Leser.

Daß der Tod, einst auch symbolisches Ereignis, zum reinen biologischen Zerfall wird, bildet einen der Haupteffekte wissenschaftlicher Rationalisierung, und Weber weist bereits darauf hin, daß die moderne Medizin als Technik den Wert des Lebens als solchen nicht mehr berücksichtigen kann.

Das Urteil des Soziologen, Kenner und Verehrer der Rilkeschen Dichtung, fällt ähnlich und unrevidierbar aus. Es enthält das ganze Paradoxon eines Mannes, der sein gesamtes Leben der Forschung gewidmet hat: „Wissenschaft" gibt auf die Frage nach dem Sinn des Lebens keine Antwort. Aus dieser Erkenntnis heraus läßt sich jedoch noch keine individuelle Ethik ableiten, denn: „Wissenschaft läßt sich nur auf ihren letzten Sinn deuten, den man dann ablehnen oder annehmen muß, je nach der eigenen letzten Stellungnahme zum Leben".[46] Diese Deutung ist eben Hauptgegenstand der Weberschen „Kulturphilosophie", bleibt aber *heterogen* zur Stellung, die jeder für sich mit einem klaren Entweder-Oder entscheiden muß: entweder diesen Sinn ablehnen, das heißt: akosmistische persönliche Lebensführung, „mein Reich ist nicht von dieser Welt' – Tolstoi ..."; oder annehmen, und das heißt: „Kultur", uneingeschränkte „Anpassung an die soziologischen Bedingungen aller Technik" bis hin zum „Verzicht auf alle Ideale!"[47] Webers eigene Entscheidung ist eindeutig. Weil er fremd jedem Akosmismus gegenüber steht und die Welt bedingungslos bejaht, muß er bereit sein, die Folgen ihrer Entzauberung in Kauf zu nehmen, mit anderen Worten: bewußt auf jedes transzendente Ideal zu verzichten.

Man sieht, wie sehr diese dezidierte Kulturbejahung jenseits der Sinnfrage kontrapunktisch zur Tolstoischen Position entwickelt wird. Weber bringt tatsächlich in seinem Dialog mit dem russischen Schriftsteller die Pointe seiner Diagnose der Moderne zum Einsatz, nämlich die Frage des Atheismus. Der Soziologe kann und will weder an einen überweltlichen Gott noch an einen „oberen Wert" glauben. Das Zeitalter des weltgeschichtlichen Monotheismus ist

---

[46] „Wissenschaft als Beruf", *WL*, S. 599.

[47] Vgl. den schon zitierten Brief an R. Michels vom 4. Aug. 1908, *MWG* II/5, S. 615 f.

unwiderruflich dahin, nach ihm folgt eine Zeit des Polytheismus der Werte, die miteinander – ganz wie die alten Götter – ringen. Wie für Weber in der zeitgenössischen Kunst keine Monumentalität mehr möglich erscheint, welche nicht in Kitsch verfällt, so auch im Bereich des Religiösen. Ist ein „intimer" Glaube in der abendländischen Moderne keineswegs ausgeschlossen, so wirkt doch keine religiöse Gabe über das Individuelle oder das Sektenhafte hinaus. Der Glaube kann auf die von der Wissenschaft unlösbare Frage: „was sollen wir tun", ebenfalls keine Antwort mehr geben.

Dies ist genau der Sinn der bekannt gewordenen – hier wider Tolstoi gewendeten – Formel: „Der Prophet, nach dem sich so viele unserer jüngsten Generation sehnen, ist eben *nicht* da."[48] Es gehört zu den wichtigsten Voraussetzungen der Position Webers, daß von der entzauberten Welt kein monistisches Bild wiederherstellbar ist. Und seine ganze „Ethik" besteht wohl darin, dieses als Bestand anzunehmen. Man kann es als eine Herausforderung seiner gewählten Lebensführung auffassen und daran ablesen, daß er, um diese unbedingte Bejahung zu charakterisieren, das Wort „sittliche Leistung" gebraucht.[49] Nichts mehr entspricht im modernen Kampf der Wertsphären dem alten Götterpantheon als Ausdruck eines Gleichgewichts zwischen konträren Kräften. Daher ergibt sich die Zuspitzung der Alternative zwischen radikal individueller, weltflüchtiger Ethik und nüchterner „Rechtschaffenheit" in der Wissenschaft – oder auch: politischer Sachlichkeit.

Nicht einmal die Theologie vermag hier eine Vermittlungsinstanz zu leisten, in einer Zeit, in der die Gottheiten die Form unpersönlicher abstrakter Kräfte angenommen haben. Weil sie den einzigen Wissensbereich darstellt, der zur Voraussetzung hat: die Welt hat einen Sinn –, muß „die Spannung zwischen der Wertsphäre der ‚Wissenschaft' und des religiösen Heils unüberbrückbar" bleiben.[50] So ist die Theologie auch nicht in der Lage, ein Pendant zu

---

[48] „Wissenschaft als Beruf", *WL*, S. 609.

[49] Vgl. ebd., S. 603.

[50] Ebd., S. 611.

den alten kosmogonischen Erzählungen zu bilden und den reziproken Druck moderner wirtschaftlicher, politischer, ästhetischer und religiöser Bereiche auszugleichen oder zu rationalisieren. Und gerade weil die Modernität keinen souveränen Gott anerkennt, kann Weber im voraus die Unmöglichkeit jeder – insbesondere „politischen" – Theologie ohne bewußtes Opfer des Intellekts demonstrieren, nämlich: die Notwendigkeit eines credo *quia* absurdum, um noch glauben zu können – um eine ethische Rationalität der Welt zu affirmieren.[51]

Plato Karatajews „Theodizee"

Auf den ersten Blick mag es verwundern, wie stark in der Weberschen Auseinandersetzung mit Tolstoi das ästhetische Urteil im Hintergrund bleibt. Gewiß liegt es in der Logik der Soziologenhaltung, die „ethische" Diskussion und die „ästhetische" auseinanderzuhalten. Dennoch gibt Weber einen indirekten Hinweis auf seine eigene literarische Einschätzung, wenn er im erwähnten Vortrag die radikale Entgegensetzung Tolstois zwischen dem Dasein des traditionellen Bauern und dem des modernen Menschen, dessen Tod sinnlos erscheint, in Erinnerung ruft und sagt: „Überall in seinen späten Romanen findet sich dieser Gedanke als Grundton der Tolstoischen Kunst."[52] Der Soziologe scheint hier nahezulegen, daß der russische Autor gegen Ende seines Lebens den rein „ästhetischen" Bereich verlassen und eine „ideologische" Literatur geschrieben hat. Er ist sich durchaus dessen bewußt, daß die Tolstoische Ethik, die zuerst ausschließlich im Medium seiner Prosakunst Ausdruck fand, in der Folge der religiösen Krise des Schriftstellers eine grundlegende Umwertung erfahren hat. Am Ende steht sie der Kunst als eigenem Wert feindlich gegenüber. Tolstois polemische Pointen gegen L'art pour l'art, gegen Nietzsche oder seine heftige Kritik an Shakespeare liefern dafür reichliche Beweise.[53]

---

[51] Ebd., S. 611 f.

[52] Vgl. ebd., S. 595.

[53] Vgl. v.a. L. Tolstoi, *Was ist Kunst?*, Jena 1911.

Diese Spannung innerhalb des Tolstoischen Werkes drückt in paradigmatischer Weise die ganze Paradoxie des für Weber so bedeutsamen Konflikts politischer, religiöser und ästhetischer Werte aus. Unter diesem Gesichtspunkt läßt sich wohl begreifen, daß in *Politik als Beruf* gerade eine *literarische* Gestalt Tolstois dem Soziologen dazu dienen kann, die „exemplarische Prophetie" als Typus angemessen darzustellen: „Die großen Virtuosen der akosmistischen Menschenliebe und Güte, mochten sie aus Nazareth oder aus Assisi oder aus indischen Königsschlössern stammen, haben nicht mit dem politischen Mittel: der Gewalt, gearbeitet, ihr Reich war ‚nicht von dieser Welt', und doch wirkten und wirken sie in dieser Welt, und die Figuren des Platon Karatajew und der Dostojewskischen Heiligen sind immer noch ihre adäquatesten Nachkonstruktionen."[54] Als Nebenfigur im vierten Buch von *Krieg und Frieden* ist Karatajew einer der gefangenen Bauern, deren Leben Pierre Besuchow eine Zeitlang teilen muß. Dem begegnet der Romanheld in der Gestalt eines eindrucksvollen Erzählers. Unkundig des Lesens und Schreibens, halb Christ, halb Heide, weiß Karatajew durch seine volkstümlichen Sprüche und Erzählungen seine Hörer zu bannen. Eher als sein Leben als solches – er entspricht keinem Typus des Heiligen –, erscheint seine Kunst des spontanen Vortragens außerordentlich. Und tatsächlich sind in dem Roman alle bezeichnenden Momente der Begegnung mit Karatajew an den Erzählvorgang selbst gebunden.

Die „Parabel" des unschuldigen Kaufmanns, die letzte Geschichte, die Karatajew am Vortag seines Todes vorträgt, steht wie ein Symbol dafür ein. Es geht um einen Kaufmann, der für ein Verbrechen, das er nicht begangen hat, ins Zuchthaus gesteckt wurde. Das wesentliche Moment dieser Geschichte beginnt, wo sich die Gefangenen gegenseitig ihr Leben zu erzählen anfangen: „‚Ich, meine lieben Brüder', sagte [der Kaufmann], ‚leide Strafe für meine Sünden und für die Sünden der Menschheit. Ich habe keinen Menschen gemordet und habe kein fremdes Gut genommen; ich habe immer meinen bedürftigen Mitmenschen von dem Meinigen gegeben. Ich

---

[54] „Politik als Beruf", *PS*, S. 557.

war Kaufmann ... und besaß großen Reichtum.' So und so, und er erzählte ihnen, wie alles hergegangen war, alles der Reihe nach. ‚Ich beklage mich nicht über mein Schicksal', sagte er. ‚Gott hat mich heimgesucht. Nur um meine Frau und die Kinder tut es mir leid', sagte er. Und da brach der alte Mann in Tränen aus. Nun traf es sich zufällig, daß unter den Anwesenden auch eben jener Mensch war, der den [Gefährten des Kaufmanns] ermordet hatte. ‚Wo ist das gewesen, Großväterchen?' sagte er. ‚Wann, in welchem Monat?' So fragte er ihn über alles aus. Und da wurde ihm weh ums Herz. Er ging so auf den alten Mann zu, und auf einmal, baff, warf er sich ihm zu Füßen. ‚Um meinetwillen bist du ins Unglück geraten, lieber Alter', sagte er. ‚Ich sage die reine Wahrheit, Kinder', sagte er, ‚dieser Mann leidet völlig unschuldig. Ich selbst ... habe jene Tat begangen und dir, während du schliefst, das Messer unter den Kopf geschoben. Verzeih mir, Großväterchen, ... um Christi willen' ... Und da sagte der alte Mann: ‚Gott wird dir verzeihen; wir sind alle vor Gott Sünder', sagte er. ‚Ich leide für meine Sünden.' Und er weinte bitterlich. Und denke dir, mein lieber Falke sagte Karatajew: dieser Mörder zeigte sich selbst bei der Obrigkeit an ... Er legte ihnen alles dar; sie schrieben ein Papier und schickten es an den gehörigen Ort ... Die Sache ging bis zum Zaren. Endlich kam ein Befehl ...: der Kaufmann solle freigelassen werden ... ‚Wo ist der alte Mann, der unschuldig bestraft worden ist?' ... Da suchten sie nun. Karatajews Unterkiefer zitterte. Aber Gott hatte ihn schon erlöst; er war gestorben."[55]

In dieser von Karatajew zuletzt erzählten Parabel muß Weber wahrscheinlich den angemessenen Ausdruck einer paradoxen „Theodizee" der Tolstoischen Gesinnung gesehen haben. Das Leiden – sowie auch im ganzen Roman: die Greuel des Krieges – ist zwar hier Hauptgegenstand der Erzählung, wird aber niemals auf einer theologischen Ebene bewertet. Denn das „Heil" ist jenseits der menschlichen Gerichtsbarkeit und „nicht von dieser Welt". Aber auch zwischen dem Leid des unschuldigen Kaufmanns und ei-

---

[55] L. Tolstoi, *Krieg und Frieden* (Übers. Hermann Röhl), Frankfurt/M. 1982, Bd. IV, (III. Teil, §XIII), S. 224 ff.

ner möglichen „gemeinschaftlichen" Erlösung wird jede kausale Beziehung abgestritten. Anstelle einer rationalisierenden Theodizee des Leidens, wie sie im jüdischen und dann im christlichen Messianismus gipfelt,[56] tritt hier eine individuelle und „arationale" des Lebens. Der Kaufmann willigt in sein Schicksal als Ausdruck der göttlichen Bestimmung ein. „Das Leben lieben heißt Gott lieben", diese bedingungslose Bejahung des Geschehens macht die „virtuose Ethik" des Platon Karatajew aus.[57]

Man weiß, wie später im Roman in den entscheidenden Augenblicken seiner weiteren Existenz Pierre die Aussprüche Karatajews wieder ins Gedächtnis kommen. Der „Held", der Pläne zur Ermordung Napoleons ersonnen und alle Grade der Verzweiflung durchschritten hatte, erfährt eine innerliche Wiedergeburt, als er seine erlebte Kriegsgeschichte Natascha vollständig erzählt. Erst durch eine noch unbewußte Angleichung an den „Erzähler" kann er Karatajew zu seinem Vorbild machen, und zweifellos ist – literarisch gesehen – diese „Bekehrung" die glaubwürdigste im Werk Tolstois. Entscheidend bleibt hier, daß erst die Erfahrung des Karatajew *als* „Erzähler" Pierre befähigte, das Leben zu bejahen. „Exemplarisch" ist seine Figur insgesamt weniger als „religiöser Virtuose", der durch seine Lebensführung ein Heil jenseits dieser Welt verkündet, denn als narrative Instanz, die dem gesamten literarischen Vorhaben Tolstois in *Krieg und Frieden* zugrundeliegt. Die Inszenierung des Karatajew macht genau das Moment aus, durch welches die Tolstoische Alternative zur offiziellen Geschichtsschreibung – wohl das erklärte Ziel des Werkes –[58] zu einer adäquaten *formalen* Ausführung gelangt.

Denn so wie die „Liebe" Karatajews „distanziert und ohne Mitleid" – hier im Unterschied zu den „Dostojewskischen Heiligen" – dargestellt wird, so kann die Parabel vom unschuldigen Kaufmann nicht auf die symbolhafte, das heißt: die religiöse Wirkung eines

---

[56] Vgl. u.a. *RS I*, S. 244, ferner: *RS III*, S. 7 und S. 384 ff.

[57] Vgl. L. Tolstoi, *Krieg und Frieden*, a.a.O., §XV.

[58] Vgl. ebd., Epilog, II. Teil.

Menschentodes hin organisiert werden.[59] In *Krieg und Frieden* setzt das spezifisch „Ästhetische" am Erzählen ein: der Schrecken vor der Gewalt wird in diesem Roman *als solcher* behandelt, und der Effekt dieses literarischen Verfahrens ist auch ein „kathartischer", eine „innerweltliche Erlösung" von der außeralltäglichen Erfahrung, die die Greuel des Krieges darstellen. Anstelle eines als ethisch interpretierten *Sinns* muß man hier viel eher von der vorrangigen Wirkung der künstlerischen *Form* sprechen – einer Erzählweise, die einen großen Teil der modernen Epik charakterisieren wird. Auffällig ist, daß jene Erzählkunst mit dem Pantheismus des frühen Tolstoi in dem Maße einhergeht, als er sich dem transzendenten Gott des strengen Monotheismus entgegenstellt.[60] Aus der Notwendigkeit religiöser Sinngebung entlassen, kann das Erzählen sich zur immanenten Erinnerung des Erfahrenen entfalten. „Sein *ganzes* Leben erzählen zu können", wäre in der Tat die Maxime des Erzählers: Walter Benjamin – ein aufmerksamer Leser Webers – wird daraus in seinem Essay über Leskow die Konsequenzen für die Literaturtheorie ziehen.[61]

---

[59] Das Verhältnis Karatajews zu den sog. „Dostojewskischen Heiligen" – wie z.B. dem Starez Sossima (vgl. *RS II*, S. 223), dem großen Vorbild des Alioscha Karamasoff –, die Weber ebenfalls heranzitiert, ist eines der strukturellen Komplementarität. Man kann zeigen, daß in *Die Brüder Karamasoff* die dialogische Beziehung zwischen Iwan und Alioscha ästhetisch sowie auch religiös Punkt für Punkt dem Prinzip des Tolstoischen „Erzählers" Karatajew entgegengesetzt ist. Folgende Oppositionen lassen sich insbesondere feststellen: Erzähltes vs. Dialog; teilnahmslose Liebe vs. identifikatorisches Mitleid; Bekehrung zum Leben vs. Scheitern derselben und Wahn; kathartische Erinnerung von erlebter Gewalt vs. Einsatz des Opfers; letztlich: Pantheismus vs. Gnostizismus.

[60] Dem entspricht nicht nur Webers plastisches Bild vom Wertkonflikt als einem modernen Kampf der Götter, sondern auch, seitens der Literaturwissenschaft, Erich Auerbachs These, nach welcher sich stilistisch gesehen genuin epische Tradition und alttestamentliche Berichtweise gegenüberstehen; vgl. ders., *Mimesis* (1946), Bern 1967, insb. S. 10.

[61] Vgl. W. Benjamin, „Der Erzähler. Betrachtung zum Werk Nikolai Leskows", in: *Illuminationen*, Frankfurt/M. 1977, S. 410; zur Nähe zwischen Tolstoi und Leskow vgl. S. 394.

Daß Weber, um einen Idealtyp der virtuosen Religiosität zu konstruieren, gerade die Romanfigur Tolstois auswählt, die einen vollkommenen Typus ästhetisch-literarischer Tätigkeit darstellt, faßt in besonders plastischer Weise seine eindringliche Wahrnehmung der komplexen Beziehung – Affinität und Spannung zugleich – zwischen ästhetischer und ethischer Sphäre zusammen. Es macht aber darüber hinaus ganz deutlich, welches Erkenntnispotential Weber implizit der fiktionalen Literatur zuschreibt.

III. Dostojewskische Antinomien

Schärfe in der Typologisierung, die Klarheit über gegebene Situationen schafft, sowie Respekt vor dem großen Gegner sind die prägnanten Eigenschaften Webers. Solche Vorzüge sind selten in Krisenzeiten, und das mag der Grund sein, weshalb sich immer wieder junge Intellektuelle um ihn gesammelt haben. In den Heidelberger Kreis kamen nicht nur künftige Soziologen wie Robert Michels, Paul Honigsheim oder Philosophen wie Franz Rozenzweig, György Lukács und Ernst Bloch; nach Ausbruch des Krieges und vor allem in der Folge der von Eugen Diederich 1917 organisierten Lauensteiner Tagung über „Sinn und Aufgabe der Zeit", bei der Weber anwesend war, haben sich auch junge Pazifisten und Sozialisten dem Kreis angeschlossen.

Die Erwartung, die die Begegnung mit Weber in ihnen belebte, hat der Dichter Ernst Toller in seiner Autobiographie mit starken Worten wiedergegeben: „Die Jugend klammert sich an Max Weber, seine Persönlichkeit, seine intellektuelle Rechtschaffenschaft zieht sie an. Er haßt alle Staatsromantik, er attackiert ... die deutschen Professoren, die vor lauter Gespinsten die Wirklichkeit nicht sehen ... ‚Zeigt uns endlich den Weg, rufe ich, die Tage brennen und die Nächte, wir können nicht länger warten'. Aber niemand zeigt den Weg ... So bleibt nur eines: das Geschenk menschlicher Beziehung, bleibt Richard Dehmel, bleibt Max Weber."[62]

Man weiß, daß die Gruppe pazifistischer Studenten, die sich um

---

[62] E. Toller, *Eine Jugend in Deutschland* (1933), Hamburg 1963, S. 57 f.

Toller organisierte, auf Webers Zustimmung zu einem Aufruf für den Frieden und sogar auf seine mögliche Führerschaft hoffte. „Es enthüllt sich die kämpfende Natur dieses Gelehrten", schreibt Toller, „mit Worten, die seine Freiheit, sein Leben gefährden, entblößt er die Schäden des Reichs. Im Kaiser sieht er das Hauptübel, er nennt Wilhelm II. einen dilettierenden Fatzken. ,Wenn der Krieg zu Ende ist', sagt er, ,werde ich den Kaiser so lange beleidigen, bis er mir den Prozeß macht, und dann sollen die verantwortlichen Staatsmänner gezwungen werden, unter Eid auszusagen'. Bei diesen scharfen Worten wird den Jungen klar, was sie von Weber scheidet. Sie wollen mehr als den Kaiser treffen, anderes als nur das Wahlrecht reformieren, ein neues Fundament wollen sie bauen ..."[63] In der Tat: der Soziologe führte abermals wieder Tolstoi ins Feld, und mit dem Argument: entweder den Grundsatz der Bergpredigt, also Verzicht auf jede Form der Gewaltsamkeit – oder aber Klarheit darüber, daß in einer Welt, die sich durch dieses Gesetz nicht gestalten läßt, der Krieg nur eine unter anderen Kampfformen sei, lehnte er die Leitung einer solchen Gruppe ab.[64] Als aber die von revolutionären Hoffnungen beseelten Studenten für den Generalstreik zu agitieren begannen und dabei Toller verhaftet wurde, hat Weber – trotz, oder besser: gerade *wegen* politischen Mißklangs – seine Befreiung bewirkt. Ein tatsächlicher Grundzug des Soziologen, denn Ähnliches wird er noch bei den Prozessen von Neurath und Toller im Gefolge der Münchner sowie von Lukács im Gefolge der ungarischen Räterepublik wiederholen.

Dostojewskis Werk als Scheideweg

Zeichnet Weber Tolstoi als ethischen Typus aus, so deshalb, weil er die zeitgenössische Ausnahmefigur darstellte, die die Ethik der Gewaltlosigkeit konsequent auf sich nehmen konnte. Doch gerade über die Labilität dieser gesinnungsethischen Position und deren Bedeutung als Grenzfall ist der Soziologe sich sehr wohl bewußt.

---

[63] Ebd., S. 58.

[64] Vgl. *Lebensbild* ..., S. 614.

Sie steht nicht nur der Kunst, sondern ebenso insgesamt der Politik feindlich gegenüber und findet gerade im Weltkrieg bei den radikalen Pazifisten ihren Umschlagspunkt. Konfrontiert mit der universalen Kriegsgewalt sucht zwangsläufig die „akosmistische Liebe" eine innerweltliche Kraft zu gewinnen und auf die diesseitige Welt unmittelbar einzuwirken. Erst in einem solchen extremen Zustand der Ausweglosigkeit drängt Tolstois ethischer Exemplarismus zur Politik. An diesem Punkt zeigt Weber – in berühmt gewordenen Sätzen –, wie sich anarchistisches Christentum mit mythischer Gnosis berührt. „In der Tat – sagt er in *Politik als Beruf* – hat [die Gesinnungsethik] logischerweise nur die Möglichkeit: jedes Handeln, welches sittlich gefährliche Mittel anwendet, zu *verwerfen*. Logischerweise. In der Welt der Realitäten machen wir freilich stets erneut die Erfahrung, daß der Gesinnungsethiker plötzlich umschlägt in den chiliastischen Propheten, daß z.B. diejenigen, die soeben ‚Liebe gegen Gewalt' gepredigt haben, im nächsten Augenblick zur Gewalt aufrufen, – zur letzten Gewalt, die dann den Zustand der Vernichtung *aller* Gewaltsamkeit bringen würde."[65]

Ausnahmsweise rekurriert Weber an dieser Stelle seines Vortrags nicht wie sonst auf Tolstoi, sondern führt einen anderen Kontrahenten ein: „Der Gesinnungsethiker erträgt die ethische Irrationalität der Welt nicht ... Jeder, der Dostojewski kennt, erinnert sich der Szene mit dem Großinquisitor, wo das Problem treffend auseinandergelegt ist. Es ist nicht möglich, Gesinnungsethik und Verantwortungsethik unter einen Hut zu bringen oder ethisch zu dekretieren: welcher Zweck *welches* Mittel heiligen solle ..."[66] Diese Worte trägt Weber vor Studenten Anfang 1919 während der Bayerischen Räterepublik vor. Warum aber nun Dostojewski? Die agonale Situation zwischen dem schweigenden Jesu und dem Großinquisitor der von Iwan erdichteten Legende in *Die Brüder Karamasoff* resumiert für den Soziologen den unversöhnlichen Charakter jedes rein ethischen Ideals gegenüber aller – auf Institutionalisierung zielenden – verantwortlichen Politik.

---

[65] „Politik als Beruf", *PS*, S. 553.

[66] Ebd., S. 553.

Das Tolstoische Ideal einer Absonderung zur gewaltlosen Gemeinschaft fällt genau in dem Maße, wie der Weltkrieg sich verbreitet. Und die letzte Entscheidung für einen solchen „Ethiker" muß dann notwendigerweise die Form einer radikalen Alternative annehmen: entweder Verzicht auf die eigenen Ziele und sich dem Tod widerstandslos zu ergeben, oder Aufgabe der innersten Gesinnung und Aufruf, sich gewalttätig der Gewalt zu widersetzen.

Einige Wochen nach der Weberschen Rede haben sich angesichts der antirevolutionären Offensive gegen die Münchner Republik Figuren wie Ernst Toller und Gustav Landauer, die sich kurze Zeit an deren Führung vorfinden, genau vor dieses Problem gestellt gesehen. Diese Revolutionäre, die zuerst gegen Terrorismus und Gewalt mit Tolstoi argumentiert hatten, konnten nicht anders, als zur Selbstverteidigung aufzurufen. Man möge nicht irgendeine Inkonsequenz psychologischer Art darin sehen: sich der Verantwortlichkeit zur Verteidigung im Augenblick der gegenrevolutionären Gewalt zu entziehen, wäre – das Wort ist von Weber – „würdelos". Denn nur in solchen geschichtlichen Ausnahmemomenten ist die Realität der – von Dostojewski so durchdringend inszenierten – Antinomie von Gesinnungs- und Verantwortungsethik *empirisch* gegeben.

Weit entfernt, primär auf ein ästhetisches Problem zu verweisen, ist mit der Weberschen Anspielung auf Dostojewski natürlich der andere wichtige Ausgangspunkt der ethischen Diskussionen der Zeit gegeben. Unter diesem Gesichtspunkt hatte schon Weber in seiner Religionssoziologie dem Einfluß Dostojewskis und Tolstois auf die russische Intelligenz und insbesondere auf die „asketische oder akosmistische Lebensführung" der Revolutionäre eine entscheidende Rolle zugeschrieben.[67] Wann immer aber in den intellektuellen Debatten über Moralgesinnung Dostojewski an die Stelle Tolstois tritt, nähert man sich dem Umschlagspunkt, in dem das Liebesgesetz durch den innerweltlichen letzten Gewaltkampf für die Freiheit ersetzt wird. Es liegt trotz „tiefen Übereinstimmun-

---

[67] Vgl. u.a. *WG*, S. 295 f.

gen" zwischen Tolstoi und Dostojewski auf ethischem Gebiet an ihrem entscheidenden Gegensatz im Hinblick auf das Problem der Notwendigkeit des Bösen. Am „Dämonismus" Dostojewskis – an der faustischen Arbeit des Negativen, die er unter anderem in Auseinandersetzung mit dem ihm nahestehenden Theologen und Hegel-Leser Solowjow neu formulierte – läßt sich die Opposition der zwei Autoren, welche ebenso ästhetische Konsequenzen trägt, besonders feststellen. Denn wo die akosmistische Güte des Erzählers Karatajew keinen Gegenpol im Tolstoischen Roman besitzt, stellt der Dämonismus des Atheisten Iwan Karamasoff das notwendige Pendant, ja die Herausforderung für den Glauben seines Bruders Alioscha, ganz ähnlich wie die „politische" Position des Großinquisitors für die nur „ethische" des Jesu in der zitierten Parabel dar.

Einen der reinsten Typen des von Weber gemeinten chiliastischen Umschlags verkörpert der langjährige Teilnehmer des Heidelberger Kreises György Lukács. Anzunehmen ist sogar, daß der Soziologe in seiner Rede den jungen ungarischen Philosophen viel gezielter apostrophiert als die Münchner literarische Boheme. Lukács hatte sich gegen Ende des Weltkrieges in der Tat für die politische Gewalt entschieden, war in den Dienst der Ungarischen Revolution getreten und zum Kommunisten geworden. Am wichtigsten ist hier, daß er die moralische Berechtigung für seinen Entschluß und sein Handeln – wenn auch ex negativo – ausdrücklich bei Dostojewski gefunden hatte.[68]

Obwohl Dostojewski ein durchaus konservativer Denker war – politisch stand er den Slawophilen nahe –, scheint sein moralischer Weg von der religiösen Orthodoxie als Verwirklichung der Liebesgemeinschaft zum gewalttätigen Revolutionarismus zu führen. Lukács stellt hier lediglich ein extremes Beispiel eines relativ geläufigen Phänomens innerhalb der mitteleuropäischen – insbesondere jüdischen –[69] Intelligenz dar. Ob politischer Gegensinn oder ästhetisches Mißverständnis: dies gehört nach Ausbruch des Weltkrieges

---

[68] Vgl. G. Lukács, „Der Bolschewismus als moralisches Problem" (1918), in: ders., *Taktik und Ethik*, Darmstadt – Neuwied 1975, insb. S. 33; siehe auch unten Kap. 4.

[69] Vgl. *WG*, S. 296.

zum Charakteristikum der Rezeption Dostojewskis, welcher damals der nach Goethe am meisten gelesene Schriftsteller im deutschsprachigen Mitteleuropa war.[70]

Paul Honigsheim hat mehrfach darauf hingewiesen, daß viele der politischen Entscheidungen der jungen Generation ihre Vorgeschichte in den Diskussionen des Weber-Kreises um Dostojewski haben: „kein Gespräch an den Sonntagnachmittagen, an dem nicht nach einiger Zeit [sein] Name gefallen wäre", schreibt er im Rückblick auf seine Zeit in Heidelberg.[71] Zu den bedeutsamsten „Dostojewskianern" des Zirkels, die den russischen Autor „leibhaftig präsent" gemacht haben sollen, zählte neben Bloch in der Tat Lukács. Man weiß, daß Lukács – damals vermutlich der wichtigste Diskussionspartner Webers – unter dem Schock des Krieges seine *Theorie des Romans* (1916) als Einleitungskapitel einer jedoch nie zu Ende geführten Dostojewski-Monographie schrieb. Von diesem Projekt sind Notizen erhalten, die eine der radikalsten Spuren „ethischer Gnosis" des Jahrhunderts dokumentieren.[72]

Nach Abbruch einer theoretischen Ästhetik, die in vielem Weber verpflichtet war, hat Lukács darin eine „Religionsphilosophie" entworfen, in der er die gnostischen Züge Dostojewskis radikalisiert. Die „Helden" des russischen Schriftstellers, wie Sonja, Mychkin oder Alioscha, macht er zu Verkündern einer „ethischen Demokratie", einer neuen Gemeinschaft der Güte und der Brüderlichkeit jenseits des Rechtes und der Gerechtigkeit. In den Notizen wird die religiöse russische Gemeinde als Topos der Theokratie eines neuen, zu erwartenden Gottes rekonstruiert: als Entwurf einer Religion ohne Kirche, die eine „Rettung vor der westlichen Zivilisation" bieten könnte. Für Lukács kündigen die Dostojewskischen Figuren als Träger einer neuen Ethik diese befreite Welt an, und zwar insbesondere Alioscha Ka-

---

[70] Vgl. hier insbesondere L. Löwenthal: „Die Auffassung Dostojewskis im Vorkriegsdeutschland" (1934), in: ders., *Schriften 1*, Frankfurt/M. 1980, S. 188 ff.

[71] P. Honigsheim, „Erinnerungen an Max Weber", in: *Max Weber zum Gedächtnis*, a.a.O., S. 241.

[72] Vgl. G. Lukács, *Dostojewski Notizen und Entwürfe*, Budapest 1985.

ramasoff, von dem man weiß, daß er in der geplanten Fortsetzung des Romans zum revolutionären Terroristen mutieren sollte. Der Terrorist verkörpere die „messianische" Sendung des Verbrechers, und sein moralisches „Opfer" sei eben Zeichen der bevorstehenden innerweltlichen Erlösung.[73]

Die fragmentarischen, doch entzifferbaren Thesen der Lukácsschen Dostojewski-Notizen kann man als reines Negativ der Weberschen Analyse der Rationalisierung der Welt lesen. Mit der anschließenden politischen Entscheidung Lukács' wird die Position Webers in ihrem Kern – daß heißt: die Entzauberung als Schicksal annehmen zu *müssen* – radikal umgewertet. So ist es auch nicht erstaunlich, daß die Reaktion des Soziologen auf das neue Vorhaben Lukács' extrem distanziert gewesen ist.[74] An diesem Punkt hatte sich der junge Gelehrte, dem Weber zur Habilitation in Heidelberg verhelfen wollte, einer anderen Figur des Kreises zugewandt: Ernst Bloch. Von einem solchen eschatologischen Wahn „im Sinne Dostojewskis" findet man in der Tat in Blochs *Geist der Utopie* (1918) – gerade an der Stelle, wo die Parabel des Großinquisitors kommentiert wird – ein deutliches Echo: „doch lebt in Iwan [Karamasoff] und uns eine Kraft, ... die nach Dostojewskis unerhört tiefsinnigem Satz an Gott glaubt, aber seine Welt ablehnt und das Endresultat, den panlogischen Gerichts- und Versöhnungstag nicht minder".[75]

---

[73] Vgl. ebd., S. 62 sowie S. 81: „Die Atheisten (Stawrogin, Iwan) verkünden immer D[ostojewki]s Anschauungen"; vgl. ferner: F. Fehér, „Am Scheideweg des romantischen Antikapitalismus", Teil III, in: A. Heller u.a., *Die Seele und das Leben*, Frankfurt/M. 1977, insb. S. 308.

[74] Vgl. Brief vom 14. Aug. 1916, in: G. Lukács, *Briefwechsel 1902-1917*, Stuttgart – Budapest 1982, S. 372: „Auf Grund dessen, was Sie uns damals von den prachtvollen Bausteinen Ihrer Ästhetik vorlasen, habe ich [Lasks] Ansicht widersprochen. Weil Ihr plötzliches Abschwanken zu Dostojewski – jener Ansicht ... Recht zu geben schien, haßte ich diese Ihre Arbeit und hasse sie noch"; vgl. auch: E. Karádi, „Ernst Bloch und Georg Lukács im Max Weber-Kreis", in: J. Mommsen, W. Schwentker (Hg.), *Max Weber und seine Zeitgenossen*, Göttingen – Zürich 1988, S. 689 ff.

[75] E. Bloch, *Geist der Utopie* (1918), Frankfurt/M. 1971, S. 440 f.; vgl. 2. Fassung (1923), Frankfurt/M. 1973, S. 340.

Gegenfiguren – Lukács und Schmitt

Daß dieses Kapitel „revolutionärer Gnosis", welches die Botschaft Jesu gegen den alttestamentlichen Schöpfergott wendet und im russischen Volk den neuen kollektiven Messias der Geschichte erblickt,[76] in einer Auseinandersetzung über Dostojewski mit dem Atheisten Weber geschrieben wurde, erhellt einige Aspekte von dessen intellektueller Persönlichkeit. Bekämpft Weber zunächst jeden politischen Chiliasmus, so weist er jedoch auf ethischem Gebiet einen grundsätzlichen Antiinstitutionalismus auf, was eine mögliche Verbindung mit den jungen „Eschatologen" erlaubt. Um aber das Spannungsfeld in seiner ganzen Breite wahrzunehmen, ist es hier notwendig, die Position „konservativer" Mitstreiter Webers wie Carl Schmitt einzubeziehen. Als überzeugter Katholik und messianisch angehauchter Theoretiker der Gegenrevolution hat der Jurist Schmitt die ethische Notwendigkeit von Institutionen zum Grundsatz seines Denkens erhoben. Dies mag erklären, weshalb er – trotz einer tiefen Verehrung für den Soziologen – die Parabel des Großinquisitors ganz anders als Weber selbst interpretiert und Dostojewski eindeutig zum potentiellen Stifter des Anarchismus macht. In *Römischer Katholizismus und politische Form* (1923) wird Iwans Gedicht als die radikalste Auflehnung dargestellt, die jemals gegen Rom versucht wurde:[77] „Dostojewskis Großinquisitor bekennt, den Versuchungen des Satans gefolgt zu sein, in vollem Bewußtsein, weil er weiß, daß der Mensch von Natur böse und niedrig ist, ein feiger Rebell, der eines Herren bedarf, und weil nur der römische Priester den Mut findet, die ganze Verdammnis auf sich zu nehmen, die zu solcher Macht gehört. Hier hat Dostojewski mit großer Gewalt seinen eigenen, potentiellen Atheismus in die römische Kirche projiziert. Für seinen im Grunde

---

[76] Diesen Typus Botschaft von einem neuen Gott, der diese Welt erlösen muß, deutet Jacob Taubes im Zeichen eines „modernen Marcionismus", vgl. ders. (Hg.), *Gnosis und Politik*, München – Paderborn 1984, S. 9 ff.

[77] Vgl. C. Schmitt, *Römischer Katholizismus und politische Form* (1923), Stuttgart 1984, S. 5.

anarchistischen – und das ist immer atheistischen – Instinkt war jede Macht etwas Böses und Unmenschliches ... Eine dunkle, weitverbreitete Stimmung empfindet die institutionelle Kälte des Katholizismus als böse und Dostojewskis gestaltlose Weite als wahres Christentum. Das ist so flach ... wie unchristlich die Vorstellung ist, daß Christus zwischen seinem Erdendasein und seiner glorreichen Wiederkunft am jüngsten Tage noch ein oder mehrere Male, sozusagen experimentierend, unter den Menschen erscheinen könnte."[78] Aus der Schmittschen Überzeugung, nach welcher keine christliche Religion jenseits der kirchlichen Institution existieren kann, ergibt sich die genuin politische Funktion des Römischen Katholizismus. Gegen Dostojewski selber, dessen Inszenierung des schweigenden Jesu als antichristlich gedeutet wird, versucht Schmitt, den Großinquisitor als Schlüsselfigur seiner „Staatsphilosophie der Gegenrevolution" zu retten. Hier, im Schatten des Großinquisitors, ist schon die Rechtfertigung der Dikatur als einziger politischer Lösung für eine Epoche ohne „Legitimität" zu erkennen, die später bei Schmitt zur verheerenden Kompromißbereitschaft mit dem Naziregime führte.

Die Affinität und Symmetrie zur Position von Lukács in dessen Dostojewski-Fragment – das Schmitt nicht kennen konnte – hat etwas Frappierendes. Lukács, der Repräsentant der künftigen Revolutionäre des Weber-Kreises, tritt zuerst für den schweigenden Jesu ein, den Gottmenschen, der den Teufel ablehnt – und somit jede „Jehovaische" Institutionalisierung –, bevor er zum politischen, und daß heißt: gewalttätigen, Kommunismus überwechselt. Carl Schmitt, dessen *Politische Theologie* (1922) Max Weber gewidmet ist, bekennt sich dagegen zum Großinquisitor als einzigem Retter des Christentums insofern, als dieser für alle die Last der Verantwortung auf sich nimmt. Wie Iwan denkt Schmitt, der Mensch könne die Freiheit nicht ertragen, und legitimiert daraus den Katholizismus als universelle Bürokratie und die Gewalt als Grundlage politisch-religiöser Souveränität.

---

[78] Ebd., S. 54 f.; vgl. ferner: C. Schmitt, *Politische Theologie* (1922), Berlin 1979, S. 74.

Lukács versus Carl Schmitt: Allein deren polar entgegengesetzte Positionen erlauben es, der Weber-Rezeption in ihrem ganzen Spannungsfeld gewahr zu werden. Sie wird von Extremen bestimmt, und die Deutung der Großinquisitor-Parabel erscheint paradigmatisch, um dies zum Ausdruck zu bringen. Im Gegensatz zu seinen näheren Mitstreitern lehnt Weber es gerade als Diagnostiker des Wertpolytheismus ab, sich zu einer der in Iwans Gedicht inszenierten Positionen zu bekennen. Dafür würdigt er die Form der dramatischen Polyphonie, die Kraft der Antinomie, die Dostojewski – mit dem Kuß Alioschas – nicht diskursiv auflösen kann. Gerade die radikale Aporie zwischen dem wiederkehrenden Jesu, der kein neues Wort zu seiner Botschaft der Liebe hinfügen kann, und dem Inquisitor, der die ethische Schuld auf sich nimmt, um eben diese Botschaft zu verwirklichen, imponiert Weber in ihrer unaufhebbaren Gegenseitigkeit. Hier, um des Wertungsentzugs willen, rückt der Soziologe Weber lediglich in die Nähe des Künstlers, nicht des politischen Polemikers Dostojewski.

Vor diesem Hintergrund wird es möglich zu begreifen, daß der Weber-Kreis sich weder zur intellektuellen Schule noch zur politischen Gefolgschaft ausweiten konnte. Keiner der engen Kontrahenten war Webers kühler Einstellung eines „resignierten Voluntarismus" innerlich gewachsen. Sie waren ethisch-dezisionistisch – entweder jüdisch-messianisch oder katholisch – gesinnt, nichts war ihnen fremder als die Forderung nach politischer Sachlichkeit oder geistiger Rechtschaffenheit. Folgt man Honigsheim, sei die Tatsache, daß in dem Kreis um Weber vielmehr Gegengestalten als Gesinnungsgefährten auftraten, „in dem dualistischen Element zu suchen, das schließlich den beiden so antihegelschen Weltanschauungen zugrunde liegt und es dem puritanischen menschlichen Helden immer noch eher ermöglichte, mit jenen apokalyptischen Metaphysikern zusammenzugehen, als mit Menschen, welche die Welt für vernünftig erklärten und welche in allem, was sich auf ihr abspielte, einen Sinn erblickten".[79]

---

[79] P. Honigsheim, „Der Max Weber-Kreis in Heidelberg", in: *Kölner Vierteljahrshefte für Soziologie*, 1926, H. 3, S. 284.

Sowohl Lukács' als auch Carl Schmitts spätere Entwicklung, die beide – sich nach links und rechts in der politischen Landschaft wendend – die Webersche Position gänzlich verlassen werden, indem sie sich in der Tat mit Hegel versöhnen und die Welt für rational erklären, wird dieses Urteil bestätigen.[80] Trotzdem, auch bei der „schroffsten Polemik", ist ein Moment der Gemeinsamkeit mit dem eigenen Opponenten bei Weber nicht zu verkennen. So wie bei dem Künstler Dostojewski die Figur des Aliosha ohne den dialogischen Partner Iwan unvorstellbar und in dessen Gedicht der Großinquisitor ohne die Epiphanie des schweigenden Jesu undenkbar ist, so bedarf der strenge atheistische Wissenschaftler Weber ebenfalls der größten Spannung mit den letzten Glaubenden der entzauberten Welt, um die Antinomien von Ethik und Sachlichkeit darlegen – und damit in aller Deutlichkeit auf die Untrennbarkeit von Sinngebung und Gewalt hinweisen zu können.

IV. Leidenschaft des Sachlichen

Erotik und Intellekt

Gehört Webers Konstruktion zufolge politisches Handeln – wie nun mehrfach angedeutet – zum Bereich der reinen Verantwortung, so bleibt es der Sphäre der Gesinnung gegenüber heterogen. Beide Sphären sind aber *zugleich* komplementär; verbunden sind sie durch die Idee der Sachlichkeit. Der Terminus „Sachlichkeit" wurde vor allem in der zeitgenössischen Ästhetik und Kunstkritik verwendet, um einen neuen Typus des „abstrakten Realismus" im Bereich der

---

[80] Als Kommunist macht Lukács in der sehr Hegelschen Konstruktion von *Geschichte und Klassenbewußtsein* (1923) das Proletariat zur „messianischen Klasse" des Weltgeschehens; ein paar Jahre später wird er die Schmittsche Kritik der politischen Romantik selber würdigen, vgl.: G. Lukács, „Carl Schmitt: Politische Romantik, II. Aufl." (1928), in: ders., *Frühschriften II*, Neuwied 1968. C. Schmitt seinerseits wird sich in seiner schonungslosen Kritik der Demokratie u.a. auf Hegel stützen; vgl. ders., *Die geistesgeschichtliche Lage des heutigen Parlamentarismus* (1923), Berlin 1969, S. 58f und 67 ff.; zur Kritik der Sachlichkeit vgl. ferner: *Römischer Katholizismus und politische Form*, a.a.O., S. 23 ff.

bildenden Kunst zu charakterisieren. Er wird später – noch bevor sich die Neue Sachlichkeit als Kunstrichtung der zwanziger Jahre entfaltet – auch die Adäquatheit von Form und Funktion in der Architektur und im Kunstgewerbe bezeichnen.[81] Bei Webers Gebrauch des Begriffs „Sachlichkeit" ist eine Form des Handelns gemeint, das sich ausschließlich und zweckmäßig nach einem a priori gegebenen Wert richtet.

Dabei umfaßt die Webersche Sachlichkeit nicht nur zielgerichtete Effizienz und Praktikabilität in der Durchsetzung; mit ihr meint der Soziologe zugleich: „leidenschaftliche Hingabe an eine ‚Sache', an den Gott oder Dämon, der ihr Gebieter ist".[82] Ganz wissentlich erweist sich für Weber die Verantwortung als die Kehrseite eines sich Hingebens, d.h. eines Begehrens. Keine praktische Verantwortlichkeit wäre ohne diese „göttliche Besessenheit" – die *mania* der alten Griechen – konzipierbar. Um jedoch jede Art von Erregung oder Frivolität, die Merkmale der politischen Romantik, zu überwinden, muß die nötige „heiße Leidenschaft" – die als Grundlage von „Charisma" überhaupt gesehen werden muß – durch „die kühle Sachlichkeit" der kantischen Ethik temperiert werden. Alle anderen Auffassungen nennt Weber „dilettantisch", sie münden im Bereich der Politik in das, was Kitsch für die Kunst beinhaltet.

Sich in den Dienst einer Sache zu stellen, die Beziehung zum höchsten Wert als der eines kontrollierten Besessenseins, zeichnet der Soziologe in seinen Reden oft mithilfe einer Metaphorik aus der höfischen Kultur: die ritterliche Liebe zur Dame. Webers „Gebieter" ist hier eindeutig weiblich konnotiert. Der Form nach handelt es sich hier, wie in der kantischen Ethik, um ein Begehren, dessen Gegenstand prinzipiell nicht erreichbar ist. Der sachlich-rationale Politiker verhält sich zu seiner Sache wie ein „Ritter" zu seiner

---

[81] Vgl. v.a. J. Meier-Graefe, *Cézanne*, München 1910; sowie: H. Wölfflin, *Kunstgeschichtliche Grundbegriffe*, München 1915, insb. Kap. V; der Ausdruck „Neue Sachlichkeit" ist 1925 von G. F. Hartlaub anhand der Ausstellung *Magischer Realismus* in Mannheim eingeführt worden. Ins Alltägliche übertragen kommt das Ideal der Sachlichkeit der Idee der „Materialgerechtigkeit" nahe.

[82] Vgl. „Politik als Beruf", *PS*, S. 545.

Dame, und zwar in Absetzung zum kurzzeitigen „Liebhaber" oder dem institutionell verpflichteten „Ehemann". Er allein trägt vor ihr die Verantwortung für sein Handeln; im Gegensatz zu jedem „verantwortungslosen Genießen" liebt er sie, *indem* er ihr dient. Dadurch kann er seine Liebe prüfen und zugleich die Intimität der Gebieterin gewinnen.[83] Für den politisch Handelnden, der allein im Dienst seines Wertes steht, ist Engagement im Sinne von Sachlichkeit gewiß eine glaubende, aber stark „männlich" gemäßigte Liebe. So bringt Weber unter Berufung auf die Tugend höfischer Ritterlichkeit eine der seit Plato zentralsten Figuren der okzidentalen Intellektualität erneut ins Spiel: den durch eine strenge Ethik der Entsagung gezügelten Eros.

Auffällig ist in diesem Zusammenhang, daß Leidenschaft und Temperierung die genau komplementären Eigenschaften eines der Haupttypen der Weberschen Herrschaftssoziologie bilden. In der abstrakten Figur des „gewählten Führers" hat Weber das bedeutende Moment der „Veralltäglichung des Charismas" konstruiert, die einzige wesentliche Möglichkeit seiner antiautoritären Umbildung – durch formelle Anerkennung. Gleichzeitig entwirft der Soziologe vermutlich ein virtuelles politisches Selbstporträt: das der Rolle, die er Ende des Krieges in der deutschen Politik hätte spielen wollen. Als Pendant zur alten Ritterlichkeit wird Sachlichkeit hier heißen: die unentscheidbare und zwecklose Frage der Kriegsschuld für die Vergangenheit durch die der „Verantwortung vor der Zukunft" zu ersetzen.[84] Den führenden Politiker, der eine solche Verantwortung auf sich nehmen könnte, muß man sich als den paradoxen Typus eines „entzaubernden" Propheten vorstellen.

In der Tat scheinen im „gewählten Führer" die zum Teil konträren

---

[83] Dies korrespondiert im übrigen z.T. mit der implizit praktizierten „Erotik" Webers, die geschlechtliche und intellektuelle Liebe grundsätzlich trennt: dazu vgl. vor allem den Brief an Marianne Weber vom März 1914, in: *Lebensbild ...*, S. 499 f., sowie Günther Roths einleitenden Essay: „Marianne Weber und ihr Kreis", ebd., insb. S. XLIII ff.; vgl. ferner: K. Lichtblau, *Kulturkrise und Soziologie um die Jahrhundertwende*, Frankfurt/M. 1996, S. 315 ff.

[84] Vgl. „Politik als Beruf", *PS*, S. 545.

Gaben des alten Propheten und des modernen Politikers zu verschmelzen: Charisma *und* Sachlichkeit, Autorität *und* Hingabe, Macht der Rede *und* Augenmaß, verbunden mit der Fähigkeit zum stillen Handeln. Erst in diesem Idealtypus wird eine Koinzidenz von Gesinnung und Verantwortung denkbar. Man weiß, daß die Form der „plebizitären Führer-Demokratie" die politische Antwort Webers sowohl auf die Revolution als auch auf die universelle Bürokratisierung war. Ein mögliche Projektion oder gar ein Vorbild „totalitärer" oder „faschistischer" Führerschaft in einem solchen Begriff zu sehen, wäre fehl am Platz.[85] Der Soziologe Weber, dem „jeder Personenkult ein Greuel ist",[86] konstruiert ganz im Gegenteil den „gewählten Führer" als letzte Figur einer „Aufklärung", die ihre eigene Dialektik schon erkannt hat. Dem Glauben, „daß die ‚Vernunft' des Einzelnen, falls ihr freie Bahn gegeben werde, ... die relativ beste Welt ergeben müsse", also den Idealen des klassischen Liberalismus hat er ironisch „die charismatische Verklärung der ‚Vernunft', die ihren charakteristischen Ausdruck in ihrer Apotheose durch Robespierre fand", gegenübergesetzt.[87] Im „Demagogen" können sich Vernunft und Mythos auf ganz verschiedene Weise berühren. Weber geht es gerade darum, eine Alternative zur hierokratischen Tendenz von Herrschaft überhaupt – einschließlich der okzidentalen Variante – zu denken. Gebiert der moderne Entzauberungsprozeß durch Wissenschaft und Technik immer neue Mythen, so bedarf der Aufklärungsmythos selbst der Rationalisierung: im Zeichen einer solchen „Dialektik" tritt bei Weber die notwendige, aber kontrollierte Anerkennung des Charismas – als Konsequenz von Sachlichkeit – auf.[88]

---

[85] Vgl. u.a. W. Mommsen, *Max Weber. Gesellschaft, Politik und Geschichte*, Frankfurt/M. 1974, insb. S. 64 f., sowie W. Hennis' Kritik dieser Position in: ders., *Max Webers Fragestellung*, a.a.O., S. 37.

[86] P. Honigsheim, „Der Max-Weber-Kreis in Heidelberg", a.a.O., S. 287.

[87] *WG*, S. 817.

[88] Das letzten Endes politische „Scheitern" Webers ist vielleicht gerade auf diese unbedingte Sachlichkeit zurückzuführen. In einer Zeit, die nach neuen Mythen verlangte, mußte eine Politik des konzessionslosen „Abbaus von Illusionen" unwirksam bleiben; über „Charisma" als wichtigstes Merkmal der Weberschen Kulturtheorie vgl. W. Hennis, *Max*

„Klarheit" als letzte Tugend

Weber erzählte oft in Gesprächen, er hätte selbst „keinen Oberwert": „Stellen Sie sich einmal vor, an der Decke meiner Studierstube hängen Geigen, Pfeifen und Trommeln, Klarinetten und Harfen. Bald tönt das eine Instrument, bald das andere. Die Geige spielt, das ist mein religiöser Wert. Dann klingen Harfe und Klarinette, und ich fühle meinen Kunstwert. Dann tönt die Trompete, das ist mein Freiheitswert. Und mit den Lauten von Pfeifen und Trommeln fühle ich den Vaterlandswert. Die Posaune weckt die verschiedenen Gemeinschaftswerte, Solidarität. Manchmal haben sie Dissonanzen. Und nur begnadete Menschen vermögen daraus eine Melodie zu machen, die Propheten, Staatsmänner, Künstler, die mehr oder weniger charismatischen Menschen. Ich bin ein Gelehrter, der Erkenntnisse auch für den Gebrauch arrangiert. Meine Instrumente stehen in Büchergestellen, doch diese Instrumente ‚tönen' nicht. Daraus läßt sich keine lebendige Melodie machen" – so die Antwort, die der Soziologe dem damaligen Studenten Hans Staudinger gab, als dieser Weber nach seinem letzten Wert fragte.[89] Dienen die Vorstellungen von Sachlichkeit in der Politik oder von intellektueller Rechtschaffenheit in der Wissenschaft keiner souveränen Macht? Webers Erwiderung ist zum Teil ironisch, denn er weiß wohl um sein eigenes Charisma: nur, daß er sich ausdrücklich verbietet, es einer einzigen der Wertsphären zur Verfügung zu stellen. Entscheidend in diesem Dialog ist die Tatsache, daß die Instrumente für den Gelehrten nur *fiktiv* spielen: Allein so läßt sich ein Sinn der entsprechenden Töne deuten. – Die Instrumentenmetapher dokumentiert an dieser Stelle nicht nur Webers Interesse für die Musik, sie ist hochsymbolisch in bezug auf die besondere Bedeutung der Dissonanz in der okzidentalen Musik sowie auf deren zeitgenössische „atonale" Ausrichtung. Die eisige Betrachtungsweise und vor allem die unendliche Distanz zum Gegenstand bilden den be-

---

Webers Wissenschaft vom Menschen, Tübingen 1996, S. 85 f., und v.a. J.P. Arnason, *Praxis und Interpretation*, a.a.O., S.140 ff, insb. S. 149.

[89] Dieser Dialog ist erst von Hennis nach dem Manuskript von H. Staudingers Erinnerungen zitiert worden in: *Max Webers Fragestellung*, a.a.O., S. 195 f.

wußten Preis der „Objektivität von Erkenntnis". Auch hier stehen sich Wissen und Leben unversöhnlich gegenüber.

Nichts anderes aber als ein „schrankenloses Erkennenwollen" liegt dem Weberschen Wertungsentzug zugrunde. Denn die „Tugend", die der Soziologe kultiviert, ist innerweltliche Askese im Dienst des „Willens zur unbedingten Wahrhaftigkeit", und sein verborgener *daimon* heißt „Klarheit": Klarheit im Sinne von Konsequenz. Karl Löwith, vermutlich der gerechteste Interpret Webers der darauffolgenden Generation, hat seinen Willen zur Klarheit treffend „dämonisch" genannt. Ein solcher Wille ist dämonisch, denn er hat zur „Voraussetzung, daß wir nicht in der Wahrheit sind".[90] Eine Hingabe zur Klarheit in einer Welt, über welche die finsterste Nacht als Schicksal herrscht: dies ist die Pointe der Weberschen Paradoxie. Sie fußt zum größten Teil auf puritanischen Vorstellungen, die den Menschen sich selbst ausgeliefert lassen: „Das ‚Grandiose' des Kalvinismus besteht darin, daß er die ‚im religiösen Sinn' im Grunde kleinlich wirkenden Versuche, Gott in die Karten zu gucken, abschneidet und seine unerforschlichen Ratschlüsse nicht durch Menschenweisheit zu begründen und zu entschuldigen sucht. ‚Es steht geschrieben' – damit basta ..."[91] Das Paradoxon ist genau das, welches seine Studie zur protestantischen Ethik zu Tage gelegt hatte: erst in dem Moment, wo keine Rettung zugesichert werden kann, wird das Subjekt in die Lage versetzt, Verantwortung für die Zukunft auf sich zu nehmen.[92] Bis zum Ende seines Lebens bleibt für Weber die Prädestinationsidee die Vorschule moderner Freiheit par excellence.

Im Wort „verantworten" jedoch klingt das Echo des antiken Orakels, der Prophezeiung nach, das man noch im Spätlateinischen *respondere* hört. Gewiß ist die Webersche Verantwortung im Sinne von „Klarheit" eine entzauberte und entmythisierende Form der al-

---

[90] Vgl. K. Löwith, „Die Entzauberung der Welt durch Wissenschaft", in: *Merkur*, 1964, H. 6, S. 515.

[91] Vgl. Brief an E. Gnauck-Kühne vom 15. Juli 1902, zitiert von Hennis, in: *Max Webers Fragestellung*, a.a.O., S. 187.

[92] Vgl. v.a. *RS I*, S. 101 f.

ten Prophetie zugleich.⁹³ Unbedingte Klarheit über die Folgen des Handelns bei gleichzeitiger Ablehnung jedes endgültigen Engagements fungiert wohl als der abstrakteste mögliche Wert, nämlich als Bedingung der Möglichkeit von Wertungen überhaupt.⁹⁴ Aber sie stellt im Zeitalter des – seit Nietzsche diagnostizierten – wieder aufbrechenden Polytheismus den neutralisierenden und deshalb „letzten" Wert dar: das Aufbewahren eines intimen, vielleicht doch monotheistischen Glauben-Wollens, als letzter Schutz gegen allseitige Gleichgültigkeit und bloße Selbsterhaltung.

*

Im Jahrzehnt nach Webers Tod wird die Trennung der Sphären des alltäglichen Lebens und der Ethik, der Sphären der Mittel und der letzten Zwecke ein charakteristischer Zug der „neuen sachlichen" Moderne werden.⁹⁵ Weil die reine Zweckrationalität keinen ethischen Anspruch erheben kann, fehlt bei dem Soziologen aber jedes Pathos der Befreiung, das die ersten Vertreter des Funktionalismus mit ihren Forderungen nach radikaler Zweckmäßigkeit in der Alltagssphäre verbindet. Denn seine Sachlichkeit ist einer *skeptischen* „Klarheit" verpflichtet.⁹⁶ Der Realität innerlich gewachsen sein zu müssen, erscheint nur noch als individuelles Schicksal: dies wird in der Moderne zur stoischen „Forderung des Tages".⁹⁷ Sich damit ab-

---

[93] Zur herausragenden Funktion der Prophetie in Webers Religionssoziologie vgl. insbesondere: *RS III*, S. 282 ff.

[94] Vgl. Siegfried Kracauers kritischen Kommentar: „Die Wissenschaftskrisis" (1923), in: ders., *Das Ornament der Masse*, Frankfurt/M. 1977, S. 207: „Webers Methode gleicht einer abschlußlosen Hetzjagd im Schattenreich der Empirie, bei der er sowohl Verfolger wie Verfolgter ist; hinterrücks überfallen ihn die Wertungen, die er ins Angesicht hinein verleugnet, während das Objektive, dessen er habhaft zu werden trachtet, vor ihm ins Unendliche flieht ..."

[95] Nach der antiornamentalen Architektur des Wieners Adolf Loos entwickelt sich die funktionalistische Richtung am Bauhaus mit Walter Gropius und v.a. Hannes Meyer; vgl. die programmatischen Texte von letzterem in: ders., *Bauen und Gesellschaft*, Dresden 1980.

[96] Zum „Skeptizismus" Webers vgl. neben K. Löwith auch: S. Kracauer, „Die Wartenden" (1922), in: *Das Ornament der Masse*, a.a.O., S. 113.

zufinden, bleibt eine Frage des einzelnen, nicht mehr einer gemeinschaftlichen Ethik. Hier, in der Negation aller Weltflucht sowie alles Messianismus, im zu Ende gedachten Individualismus liegt eine wahrhaftige Tragik.[98] Noch wie ein antiker Held will Max Weber sein Schicksal bejahen: das finstere Schicksal der Entzauberung.

---

[97] Vgl. „Wissenschaft als Beruf", *WL*, S. 613.

[98] Kracauer spricht von „tragischem Schauspiel", vgl. „Die Wissenschaftskrisis", a.a.O., S. 207; H. Liebersohn von „tragic calling", in: *Fate and Utopia in German Sociology 1870-1923*, Cambridge (Mass.) – London 1988, S. 96 f.; ferner V. Krech und G. Wagner von „tragischer Erkenntnis", vgl. „Wissenschaft als Dämon im Pantheon der Moderne", in: G. Wagner, H. Zipprian (Hg.), *Max Webers Wissenschaftslehre*, Frankfurt/M. 1994, S. 776.

2. Traumspiel der Moderne
Die Antipolitik Gustav Landauers

Er war vor allem ein Literat; aber verehrt oder gehaßt wurde Gustav Landauer in erster Linie als politische Figur. Ist das entsetzliche Ende des Sozialreformers während der Münchner Räterepublik sowie seine enge Beziehung zu Martin Buber oder zu Erich Mühsam noch bekannt, so doch kaum seine literarische Tätigkeit, seine Kritiken in der *Schau-* und *Weltbühne*, seine Mitgründung der Berliner Freien Volksbühnen und sein entschlossener Einsatz für Autoren wie Oscar Wilde, Hugo von Hofmannsthal, August Strindberg, Rabindranath Tagore, nicht zuletzt für Georg Kaiser, den er auf die deutsche Bühne gebracht hat. „Ich war niemals politisch, immer nur antipolitisch tätig", heißt es in einem seiner Briefe von 1906.[1] Als antipolitischer Mensch jedoch bleibt der philosophische Essayist Landauer, der Schriftsteller und Übersetzer, der Kritiker und späte Dramaturg am Düsseldorfer Schauspielhaus weitgehend unbekannt, und der Platz, der ihm in der Geschichte des deutschsprachigen Schrifttums gebührt, stets unbezeichnet.[2]

---

[1] An einen unbekannten Redakteur (undatiert 1906), in: *Gustav Landauer. Sein Lebensgang in Briefen* (Hg. M. Buber), 2 Bde., Frankfurt/M. 1929 [= *Lebensgang...*], Bd. 1, S. 141; vgl. die Darstellungen Landauers von F. Mauthner, „Zum Gedächtnis", in: *Masken*, 1918/19, H. 18/19, S. 300 ff.; H.-J. Heydorn: „Gustav Landauer: Zwang und Befreiung", in: ders., *Konsequenzen der Geschichte*, Frankfurt/M. 1981, S. 46 ff.; ferner: H. Pross, „Zur Einleitung", in: G. Landauer, *Revolution*, Berlin 1974, S. VII ff.

[2] Vgl. u.a. die Übersetzungen von O. Wilde: *Salomé*, Leipzig 1903, *Der Sozialismus und die Seele des Menschen*, Berlin 1904, und *Das Bildnis des Dorian Gray*, Leipzig 1907, sowie *Zwei Gespräche von der Kunst und vom Leben*, Leipzig 1907; von R. Tagore: *Das Postamt*, Leipzig 1918, und *Der König der dunklen Kammer*, Leipzig 1919 (alle Übers. zusammen mit Hedwig Lachmann); ferner von W. Whitman: *Der Wundarzt* (zus. mit Iwan Goll), Zürich 1919, und *Gesänge und Inschriften*, München 1921.

I. „Literarische Romantik"

Gustav Landauer wurde in Karlsruhe als zweites Kind jüdischer Eltern im Jahre 1870 geboren. Von früh an schrieb er Prosa, darunter Novellen und Märchen, auch Gedichte. Tief von Ibsen und Wagner beeindruckt, blieb sein Blick dennoch vorrangig auf die Bühne gerichtet. Schon sein erster Essay, den er kaum zwanzigjährig und noch als Student der Philosophie, Literaturwissenschaft und Kunstgeschichte in der von Fritz Mauthner herausgegebenen Zeitschrift *Deutschland* veröffentlichte, handelt von der Theaterdichtung. In *Über epische und dramatische Kunst* (1890) kritisiert er die Auffassung des Dramas als Nebenform des Epischen und die Unterordnung der gegenständlichen unter die sprachlich vermittelte Wirkung. Goethes ästhetischen Imperativ: „Bilde Künstler, rede nicht!", machte er zu seinem Programm. Gegen Schiller polemisierend und an Lessings *Laokoon* anknüpfend, vertritt Landauer die These, daß das Drama als eine Form, die den ästhetischen Eindruck vor allem durch die plastische Gestaltung sowohl der Bühne als auch des auf ihr handelnden und redenden Menschen erzielt, nicht in erster Linie Teil der Poesie, sondern vielmehr der Plastik sei.[3] Zu einer solchen Auffassung gelangt der junge Essayist, indem er den ästhetischen Standpunkt des Schaffenden zugunsten desjenigen des Rezipienten deutlich umwertet. Daß die moderne Kunst nur durch Berücksichtigung ihrer besonderen Wirkung auf das Gemüt des Konsumenten – sei sie gegenständlicher, plastischer oder sprachlicher Art – über sich selbst reflektieren kann, gehört hier zu einem der frühen Entwürfe „rezeptionsästhetischer" Gedanken der Jahrhundertwende; er ist nicht zufällig durch ernste Beschäftigung mit der Frühromantik gewonnen. So erhoffte sich der junge Landauer auf dem Weg der plastischen Gestaltung eine Erneuerung der zeitgenössischen Dramenform. Eine solche Entwicklung glaubte er zunächst bei Gerhart Hauptmann erblicken zu können, in dessen *Vor Sonnenaufgang* alles in die anschauliche Plastizität des Dramas umgesetzt schien; er sah sich jedoch von den nächsten

---

[3] Vgl. „Über epische und dramatische Kunst", in: *Deutschland*, 1890, Nr. 14, S. 248 und Nr. 15, S. 264 ff.

Stücken des Autors in seiner Hoffnung getäuscht. Denn Hauptmanns Naturalismus würde sich in Romanform angemessener entwickeln, erklärte er schon 1892 in der *Neuen Zeit*, und seine Bühnenkunst ließe sogar die Vermutung aufkommen, daß „das Theater nicht in der Lage sei, eine Stätte der höchsten und reinsten modernen Kunst zu sein".[4]

Literarisches Engagement

Trotz seiner Zweifel an der naturalistischen Kunst der 90er Jahre und neben seiner politischen Aktivität hat Landauer den Einsatz für die dramatische Form nicht aufgegeben. 1892 wurde er neben Bruno Wille und Fritz Mauthner zum Mitbegründer der Berliner *Neuen Freien Volksbühne* – einer Abspaltung der inzwischen sozialdemokratisch geführten, zwei Jahre zuvor von Wille selbst gegründeten *Freien Volksbühne*. Wie in dieser wollte man dort in logischer Folge der Wendung zur „Rezeption" für das Drama ein neues – vor allem proletarisches – *Massen*publikum gewinnen. Die *Neue Freie Volksbühne* wehrte sich jedoch gegen die enge ideologische Führung eines Franz Mehring und seiner scharfen Ablehnung jedes „leeren Ästhetentums". „An die Stelle des naturalistisch Neuen, das schnell verbraucht war, weil hinter dem Naturalismus keine große Natur und demnach keine große Kunst steckte", schrieb Landauer retrospektiv in der *Schaubühne*, „sollte [hier] jenes andre treten, das man bald Mystik und Neuromantik, bald Dekadenz und Ästhetentum nannte, das aber einfach Poesie und künstlerische Kraft ist, jene große Dichtung ..., die keine Sozialkritik und Elendsschilderungen übt, sondern in Traum und Bild neues Seelenleben ... erstehen läßt."[5] Deshalb hat die *Neue*

---

[4] Vgl. „Gerhart Hauptmann", in: *Die Neue Zeit*, 1891/92, Nr. 20, S. 618, wo *Das Friedenfest* (1890), *Einsame Menschen* (1891) und *Die Weber* (1892) kritisch beurteilt werden; ferner: G. Hauptmann, *Vor Sonnenaufgang*, Berlin 1889; vgl. auch die zuvor erschienene Kritik von *Familie Selicke* von A. Holz und J. Schlaf: „Das neue soziale Drama", in: *Deutschland*, 1890, Nr. 28, S. 476 ff.

[5] „Die Neue Freie Volksbühne", in: *Die Schaubühne*, 1905, Nr. 7, S. 192; über die Geschichte der Freien Volksbühnen vgl. J. Bab, *Das Theater der Gegenwart*, Leipzig 1928, S. 53 ff.

Freie Volksbühne unter seiner Mitführung nicht nur Hauptmann und die Naturalisten auf die Bühne gebracht, sondern auch an Büchner und Kleist in ihrem Programm erinnert; sie spielte zeitgenössische Autoren wie Maeterlinck und Hofmannsthal und plante schon 1911 eine deutsche Uraufführung von Strindbergs *Traumspiel*.

Auch auf die 90er Jahre gehen Gustav Landauers erste größere literarische Arbeiten zurück. Sein Erstlingsroman *Der Todesprediger* (1893), eine Art „vorexistentieller" Bildungsroman, zeugt von der entscheidenden Lektüre dieser Zeit: Friedrich Nietzsche.[6] „Da war Lyrik, farbiger Reichtum der Sprache, üppige Bildkraft der Rede, Marschrhythmus und Tanz, Hingegebenheit und Überschwang, Wonne und Qual – und all dieses tierhaft und brünstige Werben ging um die Idee", notierte er im Rückblick auf den Meister seiner Jugend.[7] An Nietzsche hat Landauer nicht nur den eigenen Stil geschult, sondern sich mit dessen Denken umfassend auseinandergesetzt. Bei Nietzsche sind die „Prediger des Todes" Gegenstand des Spottes Zarathustras. Der Held des Romans schwankt aber zwischen Nihilismus und Sozialismus, zwischen apokalyptischen Visionen von Todesorgien und predigenden Reden über Lebensutopien. Gewiß wird hier die Ironisierung autobiographischer Züge spürbar. Nach einer Phase großer Skepsis wendet sich der Held über die Liebe zu Frau und Kind der Bejahung des Lebens zu; letztlich schlägt der akosmistische Anarchismus doch in gemeinschaftliche Akratie um. Der Held bekennt sich zu einer Synthese aus überfeinerter bürgerlicher Kultur und moderner tatfähiger Arbeiterschaft. Die Hauptzüge von Landauers Werk sind damit vorgezeichnet.

Auf diese Weise versteht sich, daß der junge Nietzscheaner zugleich ein „politischer" Agitator sein konnte und einer der Redakteure des *Sozialist*, des Organs der „Jungen", die sich unter seiner Mitwirkung zu den Libertären bekennen werden. Kulturpolitisch hat Landauer mit Nietzsche dessen Lutherhaß gemein. In einem

---

[6] Vgl. *Der Todesprediger*. Roman, Dresden – Leipzig 1893.

[7] „Vor fünfundzwanzig Jahren", in: *Der Sozialist*, 1913, Nr. 12, S. 90.

1895 im *Sozialist* erschienenen Essay zur Reformationszeit, der an manchen Stellen vielleicht sogar die Sprachgewalt Nietzsches übertrifft, wird Luther ein Demagoge genannt und die deutsche Misere auf den Protestantismus, auf „jenen Ungeist der Bevormundung und geistigen Knechtung" zurückgeführt.[8] Im Unterschied zu den früheren böhmischen Reformationsversuchen entdeckt der Polemiker hier die Ursprünge des modernen Staates, die zu dem von ihm verabscheuten Bismarckreich führen. Die preußische Zensur hat eine solche publizistische Aktivität wiederholt zum Anlaß genommen, um Landauer zu Gefängnisstrafen zu verurteilen.

War auch in seiner „politischen" Publizistik die Sorge um die Kunst nie verschwunden, so tritt die Beschäftigung mit literarischen und philosophischen Themen Ende der 90er Jahre doch stärker hervor. Landauer ließ unter anderem Vortragsreihen für ein Arbeiterpublikum über deutsche Literaturgeschichte organisieren. Dem Programmblatt der ersten Veranstaltungsreihe kann man zum Beispiel folgende Themen entnehmen: Sagen und Märchen, Nibelungenlied, Minnesang und Volkslied, Shakespeare und deutsches Barockdrama.[9] Derartige literarische Vorträge wurden ihm später zur wichtigen Gewohnheit. Denn aus dieser Arbeit des deutenden Redners ging meistens seine „Kritik" hervor. Sein Werk *Shakespeare – Dargestellt in Vorträgen*, das erst nach seinem Tod von Martin Buber herausgegeben wurde, ist hier nur das bekanntere Bruchstück seiner umfangreichen Tätigkeit als Kritiker.

Philosophische Mystik

Während eines längeren Gefängnisaufenthalts übertrug Gustav Landauer den „Kritiker und Mystiker" Meister Eckhart in die zeitgenössische deutsche Sprache. Diese überzeugende Übertragung von *Meister Eckarts mystischen Schriften*, ein kaum übertroffener

---

[8] „Die Demagogen der Reformationszeit" (1895), in: *Signatur: g. l. Gustav Landauer im „Sozialist" (1892-1899)*, (Hg. R. Link-Salinger) Frankfurt/M. 1986, S. 289.

[9] Vgl. „Vortragszyklus zur Geschichte der deutschen Literatur" (1898), ebd., S. 371.

Versuch sachlicher Präzision und dichterischer Kraft, leitet mit ihrem Erscheinen 1903 eine bedeutende Rezeptionswelle der philosophischen Mystik ein, in deren Spuren man sowohl Martin Buber und Gershom Scholem als auch Georg Lukács und Martin Heidegger begegnen könnte.[10] Wie Eckhart selbst sich „keiner süßlichen Gottesminne ergeben hat noch perverser Askese gefröhnt",[11] verwechselt Landauer nie Mystik mit mystifizierendem Kitsch oder moralisierender Pietisterei. Nicht weltflüchtige Kontemplation verbindet ihn mit dem Mystiker; in Eckhart achtet er vielmehr denjenigen, „der um die Welterkenntnis gerungen hat [und] die Grenze der Sprache als ein Wissender überschritt, um jenseits seines Ichbewußtseins und des Begriffsdenkens stark und innig in der unsagbaren Welt zu versinken".[12] Diese Welt ist zwar eine jenseits des Sprachlichen, aber keine des Jenseits. Denn der Weg einer solchen Mystik führt nach Innen; er dient Landauer dazu, das Individuum als Welt, diese Welt wiederum als Zeit, ihr Werden als Sein ins Auge zu fassen. So findet er in Meister Eckhart das Paradoxon einer innerweltlichen Mystik, die – in einem Pantheismus, der als Panpsychismus zu verstehen ist – keinen Gegensatz zum Rationalismus bildet, sondern dessen notwendige Ergänzung.

Nicht nur die mystische Seite des großen Predigers hat Landauer gebannt, sondern auch betont, daß „seine Mystik zugleich Skepsis ist": von dieser Koinzidenz spricht sein erstes philosophisches Werk *Skepsis und Mystik* (1903).[13] Die Sprachskepsis Mauthners, an die er mit seinem Buch anknüpft, schlägt hier gleichwohl in „mystischen Nominalismus" um. Die Eckhartsche Erfahrung des Unaussprechlichen bleibt für Landauer keineswegs negative Theologie, sie

---

[10] Vgl. *Meister Eckharts Mystische Schriften*. In unsere Sprache übertragen von Gustav Landauer, Berlin 1903; H. Büttners Übersetzung ist im gleichen Jahr bei Diederichs erschienen, vgl. *Meister Eckeharts Schriften und Predigten,* 2 Bde., Jena 1903.

[11] Vorwort zu *Meister Eckharts Mystische Schriften*, a.a.O., S. 8.

[12] Ebd., S. 9.

[13] Ebd. S. 8; vgl. *Skepsis und Mystik.* Versuche im Anschluss an Mauthners Sprachkritik, Berlin 1903; ferner: F. Mauthner, *Beiträge zu einer Kritik der Sprache*, 3 Bde., Stuttgart – Berlin 1901-02.

legt vielmehr den Weg ins Phantastische, ins Unbewußte frei. Nicht zufällig beginnt das Buch – nach mehreren motti von Clemens Brentano, Meister Eckhart, Plotin und Alfred Mombert – mit einer Traumerzählung. Dort im Traumbild verwischt sich die gewöhnliche Grenze zwischen Ich und Welt, die für den Essayisten Sprache heißt. Ob man diese Wendung Landauers als bewußte Profanisierung des mosaischen „Bildverbots" lesen sollte oder nicht: sicherlich liegt hier der mystischen Erfahrung die Bildhaftigkeit der Träume zugrunde.

Eine ähnliche, von der Frühromantik schon zum Programm erhobene Aufwertung der Bedeutsamkeit des Traumes fand in der gleichen Zeit wissenschaftlich mit Freud, literarisch mit Hofmannsthal statt. Bei Landauer jedoch werden die Grenzen des Sprachlichen eindeutig gesprengt, um eine andere, neue Beziehung zur Wirklichkeit hervortreten zu lassen. Der Mensch wird als ein Naturgeschichtliches aufgefaßt: nämlich als Sprache und Natur zugleich. Als sprachloses Stück Natur verwandelt er sich in alles, was er berührt – da beginnt für Landauer die mystische Erfahrung. Ist die Sinnenwelt nicht sagbar, so „geben uns die Poeten nicht nur den Rhythmus ihres Lebens und ihrer Gefühle, sondern ebenso die Bilder der Sinnenwelt: als das Unsagbare".[14] In einer solchen Mystik werden das Bildhafte und das Musikalische an der Sprache – und nicht die Bedeutung – zum Ziel. Wie in der neuen Poesie – George, Hofmannsthal, Dehmel, Mombert werden hier in einem Atemzug genannt, später Rilke – ist nicht mehr „der Wohlklang das Instrument, das uns Worte und Begriffe beibringt, sondern die Worte und Begriffe sind es, die uns zur Musik führen, zum Rhythmus ..."[15] In der Tat stellt das „Auflösen alles Realen in Elemente des Traumes" den Weg der Dichtung dar, auf dem Landauer von der Sprachskepsis zur Wortkunst zurückkehren möchte. Eine solche, im philosophischen Sinne „ironische" Umkehrung seiner Sprachkritik, die ihn

---

[14] *Skepsis und Mystik* (1903), 2. Aufl., Köln 1923, S. 73.

[15] Ebd., S. 73; Karl Eibl hat schon sehr früh auf die intellektuelle Affinität zwischen Landauer und Hofmannsthal hingewiesen; vgl. ders., *Die Sprachskepsis im Werk Gustav Sacks*, München 1970, S. 76 ff.

unwillkürlich zum Verkünder einer neuen Mystik machte, muß Mauthner, mit dem Landauer eng befreundet war, wohl befremdet haben.[16]

Phantasie des Jugendstils

Von der literarischen Romantik hat Landauer nicht nur den „Antiphilistergestus" übernommen, sondern auch ihre „Programmatik des Phantastischen". Sie wurde um die Jahrhundertwende als Modernität wiederentdeckt; eine neue Realität der Phantasie schien auf die Bühne zu dringen. *Die Bühne als Traumbild* heißt es richtungsweisend 1903 in einem Essay von Hofmannsthal;[17] als einer der ersten Kritiker würdigte Landauer in der *Schaubühne* dessen Hinwendung vom lyrischen zum wirklich szenischen Drama, die sich mit *Das gerettete Venedig* und mit der Wiederaufnahme antiker Stoffe wie *Elektra* und *Ödipus* vollzieht. „Die Menschen Ihres Stückes sind zutiefst eingesperrt in ihr eigenes Selbst", schreibt er an Hofmannsthal 1905 nach der Aufführung des *Geretteten Venedig*: „Was in all Ihren Dramen steckt ... und auch die ‚Elektra' bis zu diesem, was aber vorher überall noch ein bißchen dramatisches Gewand um Lyrik war, das ist nun ganz hart und unerbittlich Gestalt geworden: die Tragödie der Phantasie."[18] Noch radikaler aber macht sich für den Kritiker diese Tendenz zur Inszenierung des Phantastischen in Strindbergs *Traumspiel* geltend,

---

[16] Vgl. F. Mauthners Brief an Landauer vom 24. Feb. 1903 in: *Gustav Landauer – Fritz Mauthner: Briefwechsel 1890-1919*, (Hg. H. Delf, J. Schoeps), München 1994, S. 76: „Übrigens bin ich trotzdem ich den Inhalt kenne, äußerst gespannt auf das Buch, aber auch auf seinen – brutal gesagt – Erfolg. Es wäre ein hübsches Beispiel für den alten Begriff Wechselwirkung, wie Dein Mitwirken Dir Skepsis sei und Du zu Mystik es erwärmt hast und Du jetzt Dein Buch so nennst."

[17] Vgl. H. Hofmannsthal, „Die Bühne als Traumbild" (1903), in: ders., *Reden und Aufsätze*, Bd. II, Frankfurt/M. 1979.

[18] Brief an Hofmannsthal vom 14. Feb. 1905, in: *Lebensgang...*, Bd. 1, S. 134; vgl. dazu: „Drei Dramen und ihre Richter", in: *Die Schaubühne*, 1906, Nr. 6, S. 153 f.; sowie: „Hofmannsthals ‚Ödipus'", in: *Das Blaubuch*, 1907, Nr. 28, S. 859 ff.; ferner von H. Hofmannsthal: *Elektra*, Berlin 1901; *Das gerettete Venedig*, Berlin 1905; *Ödipus und die Sphinx*, Berlin 1906.

wo das märchenhafte Element eine neue Lösung der dramatischen Gestaltung zu skizzieren erlaubt und eine erste überzeugende Episierung des modernen Dramas durch „Entmaterialisierung der natürlichen Welt" gelinge.[19] Hier setzt Landauers Beschäftigung mit Strindberg ein, einem Autor, in dem er einen modernen Shakespeare sehen möchte. Und wenn die deutsche Erstaufführung des *Traumspiels* doch nicht der *Neuen Freien Volksbühne*, sondern erst 1916 Max Reinhardt gelang, so entstand aus der intensiven Strindberg-Rezeption ein ganzes Buchfragment. „Bei Strindberg sind die Traumgestalten ganz unter sich", schrieb Landauer im geplanten Kapitel über dieses Stück, „wir sind der Träumer, wir Zuschauer, und zugleich auch, wie ein Traum im Traume, sind die Gestalten immer wieder zwischen Schlaf und Wachen ... Wenn realistisch heißt: die Wirklichkeit unseres irdischen Daseins darstellen, wie sie im Grunde im innersten Kerne ist, so kenne ich kein realistischeres Drama als dieses Traumspiel."[20]

Findet der Kritiker Landauer seinen Hauptgegenstand in der Gattung des Dramas, so ist er als Schriftsteller vielmehr den epischen Formen zugewandt. Auch in seinen Novellen ist das Element des Traumes ein leitendes Formprinzip. Ebenso wie Wedekind und Hofmannsthal, die sexuellen Tabus zum Stoff ihrer Dramen machten, wußte er auch, daß, eine Wirklichkeit dem Unbewußten einzuräumen, uralte Gesetze in Frage stellen würde. Nicht zufällig kehrt das

---

[19] Vgl. „Strindbergs Traumspiel" (1918/19), in: *Der werdende Mensch. Aufsätze über Leben und Schrifttum*, Potsdam 1921, S. 288: „Strindberg, der der Bühne kühne Neuerungen zumutete, hat ausdrücklich ... gesagt, das Stück, die Umgebung und die Gestalten dürfen nicht wirken wie eine Materialisierung von Geistern, sondern umgekehrt: wie eine Entmaterialisierung der natürlichen Welt ... Er hat dabei ungescheut das Verwendbare und Verwendungsfähige genommen, wo er es fand: beim Zirkus, beim Variété, beim Kino ..."; vgl ferner: A. Strindberg, *Ett drömspel*, Stockholm 1902 (dt. Übers.: *Ein Traumspiel*, München 1903).

[20] „Strindbergs Traumspiel", ebd., S. 289 und S. 294; Nachdruck aller vier Strindberg-Essays zum geplanten Buch Landauers in: *Gustav Landauer Werkausgabe* (Hg. G. Mattenklott, H. Delf), Bd. 3: *Dichter, Ketzer, Außenseiter*. Essays zu Literatur, Philosophie, Judentum, Berlin 1997 [= *GLW 3*], S. 107 ff.

Inzestmotiv in seinen literarischen Werken mehrmals wieder. So endet die frühe Novelle *Arnold Himmelheber* (1893) zwischen dem Vater-Witwer und seiner von einer sonderbaren Krankheit befallenen Tochter mit einer als Befreiungsakt dargelegten Überschreitung des Tabugesetzes. Die Tochter erzählt, als ob sie gar nicht da sei, „sondern nur der Traum einer andern wäre", daß sie von der Mutter geschickt sei, um dem Vater Liebe zu schenken. Der Vater, ein anderer Zarathustra, deutet das Ereignis als Erlösung vom Gesetz und ruft: „ihr Menschen alle zusammen, ich entsündige euch! Es gibt keine Sünde. Laß dich begraben, du ewiger Jude, alter Jehova! ... Ich bin der ewige Heide! ... Es gibt keine Sünde, es gibt nur Leben. Das Leben aber höret nimmer auf."[21] Der Traum wird aber hier nicht zum Trauma; und wenn die Tochter alsbald stirbt, ist sie von jedem Schuldgefühl frei. Gewiß erinnert dieses Motiv an die Verheißungen der messianischen Zeit, wie sie in manchen jüdischen Apokalypsebildern der Kabbala oder der Sabbatianer vorkommen. „Das Leben höret nimmer auf" stellt jedoch zweifellos eine Parodie des Wortes Paulus: „Die Liebe höret nimmer auf", dar.[22] Die höchste Anspannung zwischen dem ästhetischen „Leben" Nietzsches und der christlichen „Liebe" wird hier, wie auch in Landauers Philosophie, keineswegs gnostisch, sondern zugunsten des Lebens gelöst.

Am radikalsten in seinem literarischen Werk geschieht die Gleichstellung von Traumwelt und Wirklichkeit in dem Märchen *Der gelbe Stein* (1910). Hierin trifft sich Landauer mit einer Tendenz des zeitgenössischen Jugendstils, die hinter Traumhaftigkeit und formaler Organik eine Ästhetik des Abstrakten entdeckt. Im Märchen erhält tatsächlich der Traum seine formgerechte Verwendung. Landauers Erzählung – für welche Adalbert Stifter ein Vorbild gewesen sein mag – wird in der Symmetrie ornamentaler

---

[21] Vgl. „Arnold Himmelheber" (1893), in: *Macht und Mächte*. Novellen, 2. Aufl., Köln 1923, S. 76 f.

[22] Vgl. dazu v.a. G. Scholem: „Die Krise der Tradition im jüdischen Messianismus", in: ders., *Judaica 3*, Frankfurt/M. 1970, S. 188 ff.; sowie: *The Messianic Idea in Judaism*, New York 1971; ferner Paulus: „*Ê agapê oudepote ekpiptei.*" (Kor. I, 13, 8).

Konstruktion und in der strengen Wiederkehr der gleichen Motive zur wirklich flächigen, teppichartigen Form. Im *Gelben Stein* erweist sich die verwirrende spiegelbildliche Parallelität von „Tagland" und „Traumland" als trügerischer Schein, als Unmöglichkeit wahrer Identität zwischen der wirklichen und der geträumten Frau. Die Frau der Träume ist in ihrem Schattenreich zwar erkennbar, kann aber bei Tageslicht nicht benannt werden: „die Unnennbare" muß der Königsheld des Märchens diese „andere" rufen.[23] Von der Bilder- zur Lautsprache scheint hier zunächst kein Weg zurückzuführen. Die Parallele zu Freuds *Traumdeutung* ist bemerkenswert: als „Sprachverbot" gedeutet könnte dieses Nicht-benennen-Können auf eine fundamentale Sehnsucht des Menschen verweisen, das heißt nach Freudscher Auslegung auf die Zurückgewinnung der Mutter. Die Funktion des Märchens ist es aber, diese Kluft zwischen Bildhaftem und Sprachlichem zu überwinden; dort siegt in ästhetischer Gestalt die Realität des Traumes und gibt, indem die unmögliche Begegnung stattfindet, der umwertenden Kraft des Unbewußten, des Phantastischen, die Oberhand.

Landauer ist vor solcher Übertretung der Konvention nicht zurückgeschreckt; als freier Geist hat er sich nicht nach neuen Gesetzen gesehnt. Die Freudsche Pilgerfahrt nach Rom hat er abgelehnt, eher ginge er nach Athen, nach Jerusalem, noch weiter nach Indien zurück. Das Wort „Gott ist tot" wurde ihm nicht zum Mythos des Vatermords. Denn, wie der Held Hofmannsthals es in seinem *Tod des Tizian* (1892) prophezeit hatte, nimmt auch Landauer an, daß am Ende des Monotheismus der große Pan wieder lebendig wird.[24] Wenn er auch manche Briefe mit der Formel „Ihr Polytheist" unterzeichnet, schlägt bei ihm jedoch die Gottheitsvorstellung eindeutig in die der natura naturans des Goethe-Meisters Spinoza um.[25] Demnach wird

---

[23] Vgl. „Der gelbe Stein" (1910), in: *Macht und Mächte,* a.a.O., S. 151.

[24] Vgl. H. Hofmannsthal, „Der Tod des Tizian" (1892), in: *Sämtliche Werke III. Dramen 1,* Frankfurt/M. 1982, S. 42.

[25] Vgl. u.a. Brief an C. Brunner vom 19. Nov. 1905, in: *Lebensgang ...,* Bd. 1, S. 141; zur Goethe-Rezeption und Bedeutung Spinozas bei Landauer vgl. G. Mattenklott, „Gustav Landauer. Ein Portrait", in:

das „Göttliche" an den Menschen umgewertet: nicht mehr als reiner Geist, Unvorstellbares, sondern als an der Materie Haftendes, als lebende und anorganische Natur. Das materielle Sinnbild des Todes, das kristalline Reich des Anorganischen wird zum einzig Sakralen erhoben. Wirklich menschlich ist letztlich Landauer der Mensch nur als sprachliches Wesen; tierisch als Zeugender, Schauender und als unbewußt Wahrnehmender: „noch allgemeiner, noch göttlicher, noch individueller ist er, sofern ihm das angeblich Unorganische, das Unendliche, das Weltall selbst einverleibt ist", schrieb er in *Skepsis und Mystik*.[26] Auch unter dem Zeichen eines solchen Pantheismus hat sich der große Umbruch der modernen Kunst, der Drang zur Abstraktion, um die Jahrhundertwende affirmiert. Im literarischen Jugendstil Landauers, in der Arbeit am Phantastischen, erahnt man schon den frühen „Expressionisten". Wo aber zugleich die Transzendenz so radikal geleugnet wurde, war die philosophische Begegnung mit Spinozas „gottloser Mystik" unvermeidlich. Landauer hat Spinoza einen „ehernen Mensch" genannt und zu den jüdischen Propheten gezählt; sein späteres Shakespeare-Buch hat er „in allernächster Beziehung zu Spinozas Ethik" verfaßt; vor dessen Denken versank sogar Nietzsche, seine Jugendliebe.[27]

II. Gesellschaftliche Sachlichkeit

Erst in Gustav Landauers Sozialtheorie wird die Wendung des genuin romantischen Impulses gegen die Neuromantik seiner Zeit ablesbar. In der Monographie *Die Revolution* (1907) erhebt er die mittelalterliche Gesellschaft zum großen utopischen Bild. Zwar mögen Novalissche Töne in der Anklage des neuzeitlichen Prote-

---

GLW 3, insb. S. XX.; ferner die Vortragsnotizen Landauers: „Goethe und Spinoza", ebd. S. 51 ff.

[26] *Skepsis und Mystik*, a.a.O., S. 19.

[27] Vgl. Brief an R. Seligmann vom 17. Sept. 1910, in: *Lebensgang ...*, Bd. 1, S. 324 f.; sowie: *Shakespeare. Dargestellt in Vorträgen* (Hg. M. Buber), Frankfurt/M. 1920, S. V; zu Spinoza als Mystiker vgl. ferner; F. Mauthner, *Spinoza. Ein Umriß seines Lebens und Wirkens* (1906), Dresden 1921, S. 157.

stantismus mitschwingen, aber nie wird seine Huldigung einer – eher heidnisch als katholisch gesehenen – „Christenheit" zur rückwärtsgewandten Sehnsucht.[28] War seine Epoche, als Reaktion gegen den modernen Materialismus und Relativismus, von einem – von Tönnies bis hin zu Spengler – spürbaren „Gemeinschaftsdrang" unter dem Vorzeichen einer antikapitalistischen, meist zivilisationsverachtenden Individualismuskritik gekennzeichnet, so folgte er neben Sozialtheoritikern wie Proudhon und Kropotkin eher Soziologen wie Simmel, die sich im Gegenzug bewußt den Formen der Vergesellschaftung widmeten. Denn von einer Verteufelung oder gar Geringschätzung der Freiheits- und Gleichheitsansprüche des einzelnen in der abendländischen Kultur sind bei Landauer keine Spuren zu finden. Wo die intellektuellen Hauptströmungen sich in der neuromantisierenden Opposition von Gesellschaft und Gemeinschaft bewegen, kennt sein Denken als einzige und alleinige Polarität die von Staat und Gesellschaft. „Gesellschaft" gibt das grundlegende Leitmotiv für seine Deutungsarbeit der Vergangenheit ab. Nicht nur, daß er Gesellschaft als eine Form der Vergemeinschaftung verstanden haben wollte, seine paradoxe utopische Vision heißt: Gesellschaft *als* Gemeinschaft.

Dies mag der Grund sein, warum er sich nicht an der Antike, sondern allein am Spätmittelalter, darin eher am „nordischen Menschen" als an den italienischen Renaissanceanfängen, orientiert: dort in Mitteleuropa hat sich diese Zeit in Kunst und Denken mit Gestalten wie Meister Eckhart, Cusanus, Theophrast und Chelcicky bis zur böhmischen Frühreformation erstreckt.[29] In diesem Spätmittelalter hat Landauer die Blütezeit europäischer Kultur erblickt, einen sensiblen Übergang, ein letztes Atemholen des Geistes vor dem protestantischen Verfall. Für ihn war weder die Gemeinschaft der Kirche noch das Staatsgebilde, sondern die „Gesellschaft" *die Form* dieses goti-

---

[28] Vgl. auch hier Landauers Manuskript: „Was ist Romantik", zitiert von R. Kauffeldt, „Die Idee eines ‚Neuen Bundes'", in: M. Frank (Hg.), *Gott im Exil*, Frankfurt/M. 1988, S. 168 ff.

[29] Vgl. *Die Revolution* (*Die Gesellschaft*. Sammlung sozialpsychologischer Monographien, Hg. M. Buber, Bd. 13), Frankfurt/M. 1907, S. 55 ff.

schen Zeitortes, und zwar als „eine Gesellschaft von Gesellschaften".[30] Eine plurale Idee sah er hier am Werk, die alles durchdrang und über allen Gebilden waltete: „ein in den Individuen wohnender, über die irdisch-materiellen Interessen hinausweisender Geist".[31] Mit einem Nietzscheischen Impetus ist Landauer gegen den Historismus angetreten, das leere Kontinuum der Chronologie durch den radikalsten Relativismus sprengend. Dessen prägnanteste Formel lautet: „Alle Zeiten sind inmitten der Ewigkeit";[32] ein offensichtlich ahistorisches, aber wohl geschichtliches Prinzip, das zum „konstruktiven" Vorgehen führt, mit welchem er die Aktualität der frühen europäischen Gesellschaft auch als Form für die Moderne „retten" wollte.

Zeitort Gotik

Die Architektur stellt die festeste Wirklichkeit großer Epochen dar; am objektivsten bewahrt sie die Möglichkeit, das Erfahrungsapriori früherer Kulturen, noch lange, nachdem sie vergangen sind, zu rekonstruieren: wie Raum als Materie, von der Steinmasse gestaltet, und Zeit – die termini der statischen Formel – aneinander gebunden waren, zeigt das Monument als materielle Schrift des Zeitlichen. So hat Landauer den gotischen Dom als adäquatestes Sinnbild der mittelalterlichen Gesellschaft verstanden. Bedeutsam ist dabei, daß er den Ansatz seiner Auffassung kaum in der zeitgenössischen Kunstgeschichte gefunden hat, sondern in der früheren *History of Inductive Sciences* von William Whewell. Dort – ähnlich wie bei Viollet-le-Duc – war das gotische Münster in erster Linie vom rein physikalischen Standpunkt aus betrachtet worden. Es wurden zunächst seine Gliederung und die mechanische Lastverteilung berücksichtigt. Erst dem Blick des modernen Ingenieurs mußte auffallen, daß die ornamentalen Verzierungen des romanischen Stils in der Gotik zu einer neuen Art Architektonik gewachsen waren: „keine hindernde mehr und widersprechende, sondern eine hilfrei-

---

[30] Ebd., S. 40.

[31] Ebd., S. 43.

[32] Ebd., S. 30.

che, mit den Bedingungen der allgemeinen Mechanik in harmonischem Einklang stehende Art ... Bogen und Gewölbe wurden nicht mehr durch unangemessene Verzierungen zerschnitten, sondern durch zweckmäßigere Formen getragen und begünstigt".[33]

In der Tat ist für eine moderne Deutung das sichtbare Rippengewölbe des Baus das Neue und Wesentliche am gotischen Stil. Max Weber hat darin ein besonderes Zeichen europäischer Rationalisierung erblickt. Hier wurde zum ersten Mal – was dem Orient fehlte – das Spitzbogen-Kreuzgewölbe als „konstruktives Prinzip [für] Monumentalbauten und [als] Grundlage eines die Skulptur und die Malerei einbeziehenden Stils" eingesetzt.[34] In Landauers Augen war jedes Glied des Münsters, jeder Tragestein zum Träger der Last geworden; erst durch die Vielheit der einander Hilfe leistenden Stützen und durch die daraus sich ergebende Gewichtsverteilung konnte das Mittelschiff seine himmelwärtsstrebende Bewegung erhalten, konnten die bis dahin geschlossenen Wände durch noch ungesehene Fensterflächen durchbrochen werden. Im Abstrakt-Konstruktiven des gotischen Baus hat der Essayist eine deutliche Affinität zum funktionalen Prinzip der neueren Architektur erkannt. Hierin trifft er sich mit der etwa zeitgleichen Auslegung eines Worringer, der für die Gotik das Wort „expressive Abstraktion" prägte und das Moderne an diesem „letzten Stil" vor dem Naturalismus der Neuzeit hörbar werden ließ.[35]

Auch alle Vorboten der Eisenkonstruktion oder der Glasarchitektur, von Alfred Gottold Meyer bis Paul Scheerbart, haben um diese Zeit auf deren innere Verwandtschaft mit der Gotik hingewiesen.[36] Landauer tut aber mehr: Er überträgt jene Bedeutung ins Gesellschaftliche. Wie im mittelalterlichen Denken des Cusanus läßt

---

[33] Vgl. W. Whewell, *Geschichte der inductiven Wissenschaften*, Bd. I, Stuttgart 1840, S. 326; und: *Die Revolution ...*, S. 47 f.

[34] M. Weber, „Vorbemerkung", in: *Gesammelte Aufsätze zur Religionssoziologie I* (1920), Tübingen 1986, S. 2; vgl. ferner: W. Worringer, *Formprobleme der Gotik,* München 1911, S. 98 ff.

[35] Vgl. W. Worringer, *Abstraktion und Einfuhlung* (1908), München 1976, S. 159 ff.

[36] Vgl. A.G. Meyer, *Eisenbauten*, Esslingen 1907; sowie: P. Scheerbart, *Glasarchitektur,* Berlin 1914.

er hier ein ästhetisches Gleichnis – und nicht Kausalgesetze – als reale Seinsverhältnisse gelten. War der Innenraum des Münsters ein „Rätselbild" für die religiöse Wirklichkeit, so auch die Baustruktur für die gesellschaftliche. Landauer macht die Architektonik selber zum Gegenstand dieses eigenen „hermeneutischen" Prinzips. Achtet man genau auf seine Darstellung der mechanischen Wechselwirkung: funktionale, zweckmäßige Eingliederung – gleichmäßige Verteilung der Lasten – gegenseitige Hilfe – das Ganze in einer großartigen Symbolik kulminierend; so heißt das auf die soziale Seinsstruktur übertragen: kein Glied, das nicht Mitglied einer Gruppierung ist, einer Korporation, Gilde, Straßen- oder Viertelsektion. Produktion, Verbrauch und Wohnen sind ins Gewebe der Zweckverbände eingespannt.[37] Im Gegensatz zum späteren Zentralstaat wirke im gotischen Zeitalter noch das Prinzip der „Schichtung", das eine Gesamtheit von Selbstständigkeiten ermöglicht, die sich gegenseitig durchdringen und unterstützen. Individualität und Solidarität sind hier keine sich ausschließenden Prinzipien: die mittelalterliche Gesellschaft erscheint Landauer nicht als Summe von Individualatomen, sondern als wahrhaftiges Zusammengehören, das sich „aus vielfachen Gruppen wie zu einer Wölbung dehnen will".[38] Diese zugleich neue und aus der Tradition gewachsene Form trägt für ihn das seltene Merkmal aller höheren Kulturen: strenge Synthese von Freiheit und Gebundenheit.

„Geist" und Gesellschaft

Auf die historische „Geburt der Gesellschaft" ist Landauer 1908 in der Zeitschrift *Die Zukunft* erneut zu sprechen gekommen. Unter diesem Titel versucht er dort zwei Tendenzen der neuzeitlichen Entwicklung deutlich voneinander zu trennen. Die eine Linie läßt er schon im 17. Jahrhundert bei den ersten Republikanern und der französischen „Fronde" beginnen. Deren Gesinnung war ausgesprochen föderalistisch republikanisch: „sämtliche Parlamente und

---

[37] *Die Revolution ...*, S. 48.

[38] Zitiert von M. Buber, in: „Landauer", *Pfade in Utopia*, Heidelberg 1950, S. 85; vgl. *Die Revolution ...*, S. 42 f.

vor allem die Städte des Landes zu einem großen Bunde zusammenzuschließen"; für sie differenzierte sich der Staat noch nicht von den „états", den alten Ständen.³⁹ Neben dieser Richtung, die „Freiheit und Gleichheit" für alle Bürger als citoyen forderte, sieht er diejenige sich entwickeln, die „Freiheit und Eigentum" zur Parole des friedliebenden bourgeois erhob. Hier sollte der Zentralstaat die absolute Freiheit des Handelns und der Unternehmungen sichern: „es sollte nur Bürger geben und Staat; aber keinerlei Vereinigungen außerhalb des Staates".⁴⁰ So wurde Landauer zufolge der Weg, der zur Staatsrevolution führte, eingeschlagen – ohne aber mit der Wirkung des neuen freien Marktes zu rechnen. Man merkte bald anhand der Handelsbilanz, führt er weiter vor, daß es „außer dem Staatsauch ein Nationalvermögen gab".⁴¹ Was über den Umweg einer neu entstandenen Fachwissenschaft, der „Nationalökonomie", entdeckt wurde, entsprach in negativo der Existenz dessen, was Etienne de la Boetie „le Contr' Un" und die englischen Denker später „civil society" nannten. Sie hatten erkannt – so Landauer –, daß es neben dem Staat und den einzelnen Individuen noch ein Drittes gab: „die Gesellschaft, die ihre eigenen Formen des Mitlebens hat".⁴²

Die Richtung, die sich die Erkundung der Gesellschaft zur Aufgabe nahm, brachte nicht nur die Soziologie hervor, sondern auch den Sozialismus: so hat Landauer – in ähnlichen Bildern, wie sie später Karl Polányi mit eindrucksvoller historischer Schärfe zeichnen wird – eine Archäologie der Gesellschaft skizziert, die in schroffem Gegensatz zur damaligen Neuromantik steht.⁴³ An das klassisch li-

---

[39] „Die Geburt der Gesellschaft" (1908), in: *Erkenntnis und Befreiung*. Ausgewählte Reden und Aufsätze (Hg. R. Link-Salinger), Frankfurt/M. 1976, S. 45.

[40] Ebd., S. 46.

[41] Ebd., S. 47.

[42] Ebd., S. 48; man vermutet, daß der Titel des Discours, „Le Contr' Un", (was Landauer übrigens als „Contr' Etat" liest), nicht von La Boétie stammt; vgl. ders., *Discours de la servitude volontaire*, Paris 1983, S. 129; vgl. ferner: *Revolution ...*, S. 84 und insb. S. 104.

[43] Vgl. K. Polányi, *The Great Transformation*, New York 1944, insb. Kap. 11 f.

berale „laisser faire" konnte er dennoch nicht glauben, und darum verstand er Sozialismus als den Weg, der mit den Konsequenzen der Entstehung der modernen Gesellschaft ernst machen will. „Regeneration" der Gesellschaft und nicht Staatsrevolution war sein programmatisches Wort.[44]

Daß der Staat als „Surrogat" des in der freien Gesellschaft entstehenden „Geistes" antritt, war für Landauer die stets gegenwärtige Gefahr. Indem er den Geist *allein* der gesellschaftlichen Sphäre zuschreibt, entwirft er die radikalste Alternative zu Hegel, für welchen die „bürgerliche Gesellschaft" bloße Zwischenstation auf dem universalisierenden Wege zum Staat war. Zwar erinnert die Position Landauers an die Kritik des jungen Marx an seinem Berliner Mentor; er wendet sich aber einer entgegengesetzten Lösung zu, um das gesellschaftliche Verständnis dessen, was Geist ist, nicht auf eine aus der materiellen Produktion hergeleitete Dialektik reduzieren zu müssen. Geist als „Zwischenmenschliches" weist für Landauers „kritischen Idealismus" nicht die reine Materialität auf, die er bei Marx annimmt. Denn Geist ist *als Schein* höchste Wirklichkeit; er ist „ein anderes Wort für Wahn: alles, was die Menschen *über* Fressen, Saufen und Begatten hinaus haben".[45] Geist ist ein Synonym für „Symbolisches" – eine Bestimmung, die von einem „Kulturalismus" avant la lettre zeugen könnte. Deshalb auch war für Landauer eine Produktion, die der bloßen Selbsterhaltung der Gattung dient, geistlos.

„Arbeit ist Technik; Technik gemeinsamer Geist und Vorsorge": gewiß war ein solcher Geist schon Anfang des Jahrhunderts aus der modernen Technik entwichen.[46] Die zweckmäßige Umformung der Natur, die in der traditionellen Arbeit dem Gebrauch verpflichtet war, sah Landauer durch die Erfordernisse des neuen maschinel-

---

[44] Vgl. *Die Revolution* ..., S. 58.

[45] „Vom Wahn und Staat" (1910), in: *Entstaatlichung*. Für eine herrschaftslose Gesellschaft (Hg. H.J. Valeske), Wetzlar 1978, S. 27; vgl. ferner zur Marxismuskritik: *Aufruf zum Sozialismus*. Ein Vortrag, Berlin 1911.

[46] „Beschreibung unserer Zeit" (1909), in: *Entstaatlichung*, a.a.O., S. 20.

len Betriebes allmählich zerstört, ohne daß dafür neue sachliche Regeln entwickelt worden wären. Die Kritik der maschinellen Welt, die er vornimmt, geschieht aber immer im Sinne von gesellschaftlicher Zweckmäßigkeit. Der Gestus erinnert wohl an den seines Zeitgenossen Adolf Loos; doch Landauer betonte eher die sozialen als die ästhetischen Folgen des endgültigen Auseinandertretens von Produkten und Arbeitsmitteln.

In *Vom Wahn und vom Staat* (1910) hat er seine Auffassung einer modern funktionierenden Gesellschaft so erläutert: „Jeder gesellschaftliche Zweck braucht seinen besonderen Zweckverein; wo sich Zwecke berühren, bedarf es der Zweckverbände, und wo sich die Zwecke durchkreuzen, bedarf es der Schiedsämter".[47] „Unzweckmäßig" nennt Landauer die staatlichen Gebilde, weil sie die Immanenz des gesellschaftlichen Lebens, die Funktionalität seiner eigenen Institutionen, begrenzen und gefährden. Hier liegt der tiefste Grund seiner anarchistischen Kritik am Staat. Denn in seiner Vorstellung ist der Zweckverein an die gegebenen Zwecke zeitlich gebunden; der Zweckverband muß sich der veränderten Konstellation der Ziele anpassen; und über den Verbänden sei keinerlei „Anstalt" notwendig, die deren Geltungsbereich zwanghaft eingrenzt: Die Schiedsämter sollen für die gegenseitige Zweckmäßigkeit der Verbände eintreten, solange Konflikte auftreten. So würden hier die gesellschaftlichen Gefüge ihre Legitimation einzig in ihrer momentanen Funktion finden. Notwendig wäre demzufolge eine grundsätzlich widerrufbare, rein „technische" Bürokratie: Landauer schwebte ein solch utopisches Bild integraler Selbstverwaltung vor, für deren Rechtsgebungsform er an die alten „Weistümer" erinnerte.[48]

Die formale Nähe zum Weberschen Idealtypus einer „legalen Herrschaft" fällt in diesem Entwurf auf. Doch bekanntermaßen lehnte der Soziologe die „sozialistische Vergesellschaftung" der Produktionsmittel mit dem Argument ab: „das schon zum erheblichen Teil heteronome ... Gesellschaftshandeln jedes ... im Prinzip

---

[47] „Vom Wahn und vom Staat", ebd., S. 29.

[48] Vgl. *Die Revolution ...*, S. 49.

autokephalen ‚Betriebes', würde [dann] heterokephal gegenüber den Organen einer [vor allem politischen] ‚Gesamtheit' werden".[49] Der Sozialismus, für den Landauer eingetreten ist, war aber das Negativum dessen, was Weber mit prophetischem Blick hier schon als die Gefahr des Staatssozialismus diagnostiziert hatte. „Sozialistisch" hieß für jenen, der jede Legitimität transzendentaler Art zurückwies, gerade die umgekehrte Bewegung: täglicher Kampf gegen die drohende – insbesondere *politische* – Heteronomie der Gesellschaftshandlung.

Lob des Geldes

„Wie im Verkehr mit der Natur zweckmäßig das Mittel des Werkzeuges eintritt, so dient dem Tausch der Güter und Dienste zwischen den Menschen das Tauschmittel oder Geld – Geld ist, was gilt."[50] Mit diesem aus dem 17. Jahrhundert übernommenen Sprichwort hat Landauer auf die buchstäbliche Etymologie des Wortes „Geld" hingewiesen. Als Umformung, Tausch und Gebrauch hat er die verschiedenen Formen des „Wirtschaftens" analysiert. Man sucht aber bei ihm vergeblich eine hierarchische Wertung des Gebrauchs gegenüber dem Tausch, wie man ihr bei Marx begegnet. Denn Zweckmäßigkeit galt Landauer für alle drei Momente des Wirtschaftens: auch im Tausch sollte das Geld seine Vertretbarkeit aller Produkte und Dienste beweisen.

Das folgende, für einen „Anarchisten" ungewöhnliche Lob der Geldfunktion findet sich in seinen *Thesen zur Wirklichkeit und Verwirklichung* von 1915: „wie das Gleichnis des Geldes den höchsten und duftigsten Wahrheitsahnungen der Dichterphilosophen, vor allem des Herakleitos, zum Ausdruck verholfen hat, so ist das Geld in Wirklichkeit die Mystik des Arbeitslebens, die Krone der Frei-

---

[49] M. Weber, „Über einige Kategorien der verstehenden Soziologie" (1913), in: ders., *Gesammelte Aufsätze zur Wissenschaftslehre*, Tübingen 1968, S. 450.

[50] Vgl. „Vom Sozialismus und der Siedlung. Thesen zur Wirklichkeit und Verwirklichung" (1915), in: *Beginnen*. Aufsätze über Sozialismus (Hg. M. Buber), Köln 1924, S. 22.

heit, die Bürgschaft der Verwandlung und der Erneuerung, der Weisheit und der Künste ..."[51] Weil das Geld im frei entwickelten Tausch potentiell alle mit allen in Beziehung setzt, hat Landauer es ein „phantastisches Geisteselement" genannt. Verbinden und Differenzieren sind seine Eigenschaften; dank diesen schließen sich für ihn die konträren Pole der Gesellschaftlichkeit: Gemeinschaft und Einsamkeit, Individualismus und Solidarität nicht mehr aus. Hier wollte Landauer zwischen Marktwirtschaft und Kapitalismus zu unterscheiden wissen.

Eigentlich vertritt er in diesem „Aufruf", die funktionelle Bedeutung der Geldsubstanz betonend, eine moderne Variante des früheren Merkantilismus. Das Verhängnis der Moderne hat Landauer gerade darin gesehen, daß das Geld nicht auf seine zweckmäßige Vertretungsfunktion beschränkt bleibt. Die Ursache davon sieht er in der dem Metall innewohnenden Zweideutigkeit von Funktion und Stoff, in der Doppelung von geistigem Element und dauerhafter Materialität. Denn solange das Geld in der Sphäre der Zirkulation als immaterielles, rein relatives Mittel bleibt – wie etwa: Wechsel, Scheck, Clearing, Kredit oder Papiergeld – erfüllt es für ihn seine sachliche Funktion. Wird es aber zum Absoluten gemacht, aus der Zirkulationssphäre herausgelöst, wieder zur Ware, die man als solche tauschen will, so wird das Geld zum zinstragenden Kapital. Nicht der Tausch (von Produkten oder Diensten) selbst, sondern der *Zins* in allen Formen wird bei Landauer Gegenstand einer Kritik im Zeichen gesellschaftlicher Sachlichkeit. Der Zins ist zwar Schein, aber Reelles im Sinne von noch nicht vorhandener Arbeit: er erzeugt eine Machtrelation für die Zukunft, die nicht mehr, wie im „sachlichen" Tausch, Geltung oder Vertretung heißen könnte. Im Zins hat Landauer den Typus schlechthin der Überwucherung der Zwecke durch die Mittel gesehen, dessen Konsequenz der Zwang zur Lohnarbeit war. Was nach dem berühmten Wort des Wieners Loos das Ornament für den funktionalen Bau war, wurde Landauer der Zins für das Kapital: Verbrechen.

---

[51] Ebd., S. 22.

Man kann aus seiner Freundschaft mit Margarete Susman wie aus Briefstellen erschließen, daß Landauer dem Berliner Soziologen Georg Simmel nahe stand.[52] Seine Unterscheidung zwischen Geldfunktion und -substanz ist offensichtlich dessen *Philosophie des Geldes* entnommen, wenn auch eindeutig umgewertet.[53] Denn das Geld interessierte Simmel vorerst nicht als funktionierendes und sachliches Tauschmittel, sondern vielmehr insofern als es, wie jedes Objekt, zur „Funktion der Seele" wird.[54] Wo Landauer unter Funktion vor allem normative Zweckmäßigkeit verstand, hat Simmel die der Geldwirkung betont: nicht, *daß* es den allgemeinen Tausch verwirklicht, sondern *wie* es über die Wirtschaft und über alle anderen Bereiche des Lebens insbesondere hinaus wirkte – eine Wirkung, die oft von ihm mit Hilfe ästhetischer Metaphern beschrieben wird. Das Geld gilt nicht allein, sondern überschreitet notwendigerweise für den Soziologen die immanente Funktion der Repräsentation. Als empfindsamer Zeitdiagnostiker war Simmels Blick auf diese „transzendente" Bestimmung des Geldes gerichtet, während Landauer zur immanenten Kritik, zu dessen normativer Reduzierung aufs Tauschwerkzeug tendierte. Die Analyse des Geldes als „Substanz gewordener Relativität" sollte Simmel vor allem für eine „funktionale" Wahrheitstheorie dienen, sie mußte aber bei ihm von psychologischen Elementen überwuchert bleiben. Landauer ist es, der vermutlich eine solche Wahrheitstheorie hätte zu Ende denken können, denn nie war sein „Relativismus" von einem Rückfall ins Transzendente bedroht.

Simmels Auffassung des Geldes als Symbol der Ganzheit des sozialen Sinnes, als moderne platonisch-göttliche Idee, macht offenkundig, daß das Wahrheitsproblem der Gesellschaftstheorie im Grunde die Säkularisierung eines theologischen blieb. Deshalb muß

---

[52] Vgl. Brief an Paula Buber vom 1. Okt. 1918 in: *Lebensgang ...*, Bd. 2, S. 267; ferner: M. Susman, „Gustav Landauer. Nachruf" (1919), in: ders., ‚*Das Nah- und Fernsein des Fremden*' (Hg. I. Nordmann), Frankfurt/M. 1992, S. 129 ff.

[53] Vgl. G. Simmel: *Philosophie des Geldes* (1900), Berlin 1977, S. 151 ff.

[54] Ebd., S. 158 f.

Landauer Lotzes Kapitel über den *Ursprung der ewigen Wahrheiten* im Auge gehabt haben, als er die Wahrheitsfunktion des Geldes als ein *Gelten* auffaßte, und nicht als ein Sein – dort, in *Mikroksomos*, ist in bezug auf die göttliche Wahrheit die Frage in ihrer abstrakt theoretischen Tragweite vorweggenommen.[55] Im Gegensatz zu Simmel hat Landauer in jeder „platonisierenden" Auffassung des Geldes als „Wahrheit" der gesellschaftlichen Wechselwirkungen und des sozialen Seins eine eindeutige Entfremdung vor der Gegenwart gesehen. Denn Freiheit hieß für ihn, stets den Sinn des Gesellschaftshandelns im Augenblick der Handlung zu halten. Der ewigen Aura des Geldes – dieses mythischen „unbewegten Bewegers" – als Quelle der über alle Sozialität herrschenden leeren Abstraktion setzte Landauer dessen notwendige Entzauberung entgegen.

III. Von der Bühne zur Geschichte

Wie zweckmäßiger Nutzen und geistige Kultur miteinander zu verbinden seien, war für Gustav Landauer *die* Frage der modernen Gesellschaft. Die geforderte Sachlichkeit der Zwecke, die nötige Entmythisierung der Maschinenwelt und der Zirkulationssphäre mußten zugleich im Selbstzweck, dem „edlen Wahn des Geistes", einen Ausgleich finden. Den eigentlichen Ursprung dieses „Wahns" glaubte er in der Sprache der Dichtkunst zu finden, insbesondere im Sprachgeist des modernen Dramas, der für ihn an die Stelle der früheren Mythoskraft tritt. Landauer, dem jede Gewalt ein Greuel war, kennt nur einen einzigen Zwang, der wirklich über der Gesellschaft waltet, nämlich den „unschönen Zwang" der Sprachgemeinschaft.

---

[55] Vgl. H. Lotze, *Mikrokosmos*, Leipzig 1888, Bd. III, S. 578 f.: „Dem Ganzen der Wirklichkeit ... kann nicht die Gesamtheit der Wahrheit als eine dann im Leeren für sich bestehende Macht vorangehen; denn Wahrheiten sind nicht, sondern gelten nur. Sie schweben nicht zwischen, außer oder über dem Seienden; als Zusammenhangsformen mannigfalter Zustände sind sie vorhanden nur ... in dem Wirken eines Seienden in dem Augenblick seines Wirkens. Beherrschen sie nicht nur die Gegenwart, sondern auch die Zukunft mit, [dann] nur weil sie, in dem Wirklichen ..., durch dessen Wirken jeden Augenblick neu entstehen."

Sprachgeist

Daß er über das Nationalvermögen, das heißt über den freien Markt, die nicht-staatlich gebundene, die reale Nation bestimmen wollte, zeigt, welche „geistige" Rolle Landauer dem Geldverkehr tatsächlich zuschreibt. Dessen Symbolfunktion ist für ihn der sprachlichen verwandt. Und erst mit der Sprache verläßt Landauer die Sphäre der Zweckmäßigkeit. In den Thesen *Volk und Land* (1907), die ursprünglich in der Krausschen *Fackel* erscheinen sollten, schrieb Landauer: „Heimat und Sprache haben zwar einiges, aber nichts Entscheidendes miteinander zu tun ... Die Heimat ist der Körper, die Sprache aber ist der Geist. Verbunden sind sie durch die Sitten und Bräuche."[56] Nicht Grund, Heimatboden oder -landschaft machen für ihn die Nation aus, sondern allein Sprache und Sitte. Auch in einem Brief von 1915 hat Landauer die Vorstellung, Nation sei ein räumliches, äußerliches Gebilde, auf heftigste bestritten. Wenn sie ihm im wesentlichen „Sprachliches" war, so denkt er dabei nicht nur an die verschiedenen Sprech- oder Schriftweisen, sondern an alle existierenden Formen des menschlichen Ausdrucks. Dazu gehören insbesondere jene grundlegenden mimetischen Ebenen der Sprache wie „Mimik und Gestikulation, das Verhältnis von Ruhe und Bewegtheit, Lautbildung und Gesichtsausdruck" sowie auch deren sittliche Verflechtung: „Umgangssprache und Dichtung, Wissenschaft und Gesetzgebung".[57] Um den „Geist" der Nation noch deutlicher von jedem Heimatboden zu lösen, spricht Landauer von einer „Nation" der Bildhauer, der Maler oder sogar der Christenheit. So macht er den „Sprachhabitus" – im Sinne einer formschaffenden Tätigkeit – zum Hauptkriterium, zum Symptom des in der entsprechenden „Nation" waltenden Geistes. Deutlicher als hier könnte das Spezifische der jeweiligen Sprach- und Aus-

---

[56] „Volk und Land. 30 Sozialistische Thesen" (1907), in: *Beginnen*, a.a.O., S. 3 ff.; vgl. auch den Brief an K. Kraus vom 4. Okt. 1906, in: *Lebensgang* ..., Bd. 1, S. 153 f.

[57] Brief an Prof. Mathieu (1915), unter dem Titel: „Zum Problem der Nation", in: *Der werdende Mensch* ..., S. 110 (wieder in: *GLW 3*, S. 5 ff.)

drucksformen – „Unübersetzbarkeit" und „Unnachahmlichkeit" als Differenz schlechthin – nicht zutage treten. „Nation ist die besondere Art, [schreibt er hier weiter,] in der in einer auf Grund gemeinsamer Geschichte zusammengehörigen Gemeinschaft das allgemein Menschliche und das individuell Einmalige sich ausdrücken"; erst über sie wird der Mensch in einen „Zeitverband" mit der eigenen Geschichte und Natur eingebunden.[58]

Dies mag erklären, warum Landauer sich vom Zionismus fernhielt. Seiner Einstellung zum Judentum lag ausdrücklich die jüdische Diaspora als soziologisches Modell zugrunde: „Der echte Wahn ist verbindende Eigenschaft ... So wäre der Sprachverband der Nation, wenn der Staat ihn nicht bedrängte und beengte: so ist die Rasse der Juden trotz allem Staat."[59] *Galuth*, das jüdische Exil, ist für ihn das Synonym für diese Nation ohne Staat, wo Sprache, Sitte und Wirtschaften eben „nicht am Boden kleben". Landauer, der wie viele seiner Generation Martin Buber – mit dem er befreundet war – die Entdeckung der jiddischen Poesie verdankte, sah in der chassidischen Legende des Baal Schem eine wirkliche Mythologie der osteuropäischen Diaspora und zugleich einen festen Grund seines Judeseins.[60] Die Idee der Nation als Sprachverband war ihm zu wichtig, als daß er sie für sein Volk hätte aufgeben und zionistisch umsetzen wollen.[61] Hierin hielt er sich von seinen nächsten Freun-

---

[58] Ebd., S. 110.

[59] „Vom Wahn und vom Staat", a.a.O., S. 28.

[60] Vgl. „Die Legende des Baalschem", in: *Das litterarische Echo*, 1.10.1910, S. 148 f., und „Zur Poesie der Juden", in: *Die Freistatt*, 1913/14, Nr. 5, S. 321 ff., sowie „Martin Buber" (1913), in: *Der werdende Mensch ...*, S. 244 ff., wo Buber nicht nur als „Apostel des Judentums vor der Menschheit", sondern zugleich als „Erwecker des spezifisch frauenhaften Denkens" bezeichnet wird (alle wieder in: *GLW 3*, S. 158 ff.); vgl. ferner: M. Buber, *Die Legende des Baalschem* (1907), Frankfurt/M., o.J.

[61] Vgl. u.a. Landauers Vortrag: „Judentum und Sozialismus" (1912), in: *Die Arbeit.* (Hapoël-Hazaïr), Juni 1920, S. 50 f. (wieder in: *GLW 3*, S. 158 f.): „Was hat Nation mit Sozialismus zu tun? Der Sozialismus ist zunächst eine Zusammenfassung eines großen Wollens, und es ist natürlich, daß die nationale Gemeinschaft die Grundlage für die Bil-

den, dem liberalen Zionisten Buber sowie dem Assimilationsbefürworter Mauthner, der – selbst Jude – einen stark antizionistischen Beitrag für Werner Sombarts *Judentaufen* verfaßt hatte, gleich fern.[62]

Tolstoische Ethik

So befremdend die Konstellation auch erscheinen mag, so hat doch kein anderer „Moralist" neben Nietzsche mehr auf Landauer gewirkt als Leo Tolstoi mit seiner Parole der Gewaltlosigkeit. Ähnlich wie Max Weber muß er in dem russischen Dichter den Typus des absoluten Ethikers erblickt haben. Was ihn mit Tolstoi verband, war vielleicht weniger dessen Prosakunst als der radikale Individualismus des Polemikers, der in allen überindividuellen Gebilden „Jaggernauts und wahrhafte Sarkophage der Menschheit" sah, solange sie „irgendeinem Individuum ein Opfer auferlegten".[63] Schon 1901 hatte Landauer in der *Zukunft*, sich auf Tolstoi stützend, – der Anlaß war die Ermordung des Präsidenten der Vereinigten Staaten Mc Kinley – einen ab-

---

dung der neuen Gesellschaft abgeben wird. Also werden viele jüdischen Sozialisten schließen, brauchen wir zunächst die jüdische Gemeinschaft. Aber für andere wird die Galuth, das Exil als innere Stimmung der Vereinsamung und der Sehnsucht, das Allererste sein, was an ihnen Judentum und Sozialismus verbindet. Für diese wird Judentum und Sozialismus dasselbe sein ... Man könnte davon sprechen, daß es ein Judentum contra „Judentum" gibt. Denn beachten Sie, was will der Sozialismus. Er will an die Stelle der Einrichtung der Rente, des Zinses, der Schmarotzer, die sich zwischen Produzenten und Konsumenten stellen, den verbindenden Geist setzen, die Gegenseitigkeit, durch welche die Menschen sich verpflichten ihre Arbeitsprodukte auszutauschen. An die Stelle der mechanisch gewordenen Bewucherung sollen Institutionen treten, welche Wert gegen Wert zu tauschen erlauben. Und ich glaube sagen zu dürfen, daß, was hier sich bemüht, in das Leben der Menschen Einrichtungen des Geistes zu bringen, etwas *Jüdisches* ist."

[62] Vgl. W. Sombart u.a., *Judentaufen*, München 1912; ferner: Landauers Erwiderung u.a. im Brief an Fritz Mauthner vom 20. Nov. 1913 in: *Lebensgang* ..., Bd. 1, S. 450 f.; sowie: „Ostjuden und Deutsches Reich", in: *Der Jude*, 1916/17, H. 7, S. 433 ff. (wieder in: *GLW 3*, S. 185 ff.)

[63] Vgl. „Zu Tolstois Tagebuch" (1918), in: *Der werdende Mensch* ..., S. 209 (wieder in: *GLW 3*, S. 94 ff.)

soluten Trennungsstrich zwischen Anarchismus und Terrorismus gezogen. In dem ab 1909 von ihm in Zusammenarbeit mit Erich Mühsam erneut herausgegebenen *Sozialist*, einem der herausragenden Beispiele essayistischer Zeitkritik, gab Landauer mehrmals Tolstoi selber das Wort, indem er dessen Reden nachdruckte.[64] Weihnachten 1910 wurde dem russischen Dichter ein Heft als kollektiver Nachruf mit Beiträgen von Mühsam, Hermann Bahr, Oscar Wilde, Hedwig Lachmann u.a. gewidmet. Tolstoi galt Landauer als neuer Verkünder der Liebe „im Sinne Platons, Jesus und Spinozas". In seinem eigenen Nachruf schreibt er dem russischen Schriftsteller „die Vernunft eines Propheten" zu: „Großes weites, unergründliches, wildes und inniges Rußland. Wenn je Propheten und Heilige Männer waren, dann ist der aus ihrer Zahl, der jetzt von uns gegangen ist. Wir die Heiden und die Völker, wir danken dir, daß du uns seinen köstlichen Anblick geschenkt hast!"[65]

Tolstois Gesinnung der Gewaltlosigkeit versuchte Landauer folgerichtig auf das Gebiet des „Politischen" zu übertragen. Sein Wort, „durch Absonderung zur Gemeinschaft", ist durchaus tolstojisch gefärbt: „Mittel und Zweck, Weg und Ziel dürfte man, wenn man auf wirkliches Leben, das heißt, auf Verwirklichung des Denkens ausgeht, gar nicht unterscheiden."[66] Seine im Grunde „antipolitische" Denkweise kannte keine Pläne zum Sturz des Kapitalismus oder der bürgerlichen Verhältnisse. Denn er zielte nicht auf Verneinung oder Destruktion, sondern vielmehr auf Aussonderung des

---

[64] Vgl. z.B. „Leo Tolstois Rede gegen den Krieg", in: *Der Sozialist*, 1909, Nr. 20, S. 153 ff.; die Form dieser kollageartigen, aus literarischer Avantgarde und russischem Geist, Zivilisationskritik und Kulturbildung bestehenden Zeitschrift, in der Kropotkin oder Tschechow, Landauer oder Mühsam, Arnim, Fichte oder Oskar Panizza Autoren derselben Nummer sein konnten, ist für die Zeit bemerkenswert.

[65] „Lew Nikolajewitsch Tolstoi" (1910), in: *Der werdende Mensch ...*, S. 200 (wieder in: *GLW 3*, S. 87 ff.); vgl. ferner E. Mühsam: „Die Flucht", in: *Der Sozialist*, 1910, Nr. 23-24, S. 179.

[66] „Sozialistisches Beginnen" (1909), in: *Beginnen*, a.a.O., S.135; vgl. ferner: „Durch Absonderung zur Gemeinschaft", in: H. Hart, J. Hart (Hg.), *Das Reich der Erfüllung*, Leipzig 1901, S. 45 ff.

schon „Unterschiedlichen" und dessen aktuelle Gestaltung zu neuen „Siedlungen". Diese Idee der Siedlung, ohne Staat, aus gemeinschaftlich-gesellschaftlichem, und das heißt: aus antipolitischem Geist heraus, ist nicht im Sinne einer Wendung zum Agrarismus, oder gar als nostalgische Verherrlichung bäuerlicher Vergangenheit zu mißdeuten. Denn auch hier bilden für Landauer die „Grundfestigkeit" der Sprache, der Sitte und des Wirtschaftens, und nicht des Bodens den wahren „Zweck des Lebens".

Hierin läßt sich seine Distanz zu den meisten zeitgenössischen Vertretern eines „romantischen Antikapitalismus" ermessen, die wie Paul Ernst in ruralen Gemeinschaften unberührte Stätten, oder wie Georg Lukács und sogar Ernst Bloch im Kastensystem Indiens oder in russischen mystischen Gemeinden „transzendentale Orte" der Authentizität suchten.[67] *Beginnen* heißt ein Essay von 1909, in dem er sein „antipolitisches" Bekenntnis am deutlichsten zusammengefaßt hat: „Man mache sich nur von der schemenhaften und schematischen Vorstellung frei, es werde je einen fertigen Sozialismus, eine vollendete sozialistische Gesellschaft geben; man entferne nur den Magisterstrich, der die sogenannten heutigen Zustände von der erwünschten Ordnung der Dinge trennen soll: Hier oder nirgends ist Amerika!"[68] Auch jedes Hier an das Jetzt zu binden, hatte Landauer nicht nur ästhetisch bei Novalis, sondern vor allem ethisch bei Tolstoi vorgefunden. Auf die drei Fragen: „Welche Zeit ist die wichtigste? Welcher Mensch? Welche Seele?", hat er folgende Worte Tolstois aus den Tagebüchern zitiert: „Zeit – der Augen-

---

[67] Zu E. Bloch, G. Lukács und P. Ernst siehe unten Kap. 4, sowie die frühe (ästhetische) Auseinandersetzung zwischen Ernst und Landauer über dessen Aufsatz: „Die Zukunft und die Kunst", in: *Die Neue Zeit*, 1891/92, Nr. 17, S. 532 ff. und weiter S. 658 ff.; zur Siedlungsbewegung vgl. u.a. G. Cepl-Kaufmann, R. Kauffeldt, *Berlin-Friedrichshagen. Literaturhauptstadt um die Jahrhundertwende*, München 1996.

[68] „Sozialistisches Beginnen", a.a.O., S. 135; vgl. ferner den schon anfangs zitierten Brief an einen unbekannten Redakteur von 1906 in: *Lebensgang*..., Bd. 1, S. 142: „ich [halte] mich von jeder aktuellen Politik fern und [erstrebe] in antipolitischer Gesinnung die Lösung all unserer gesellschaftlichen Probleme außerhalb der überkommenen Formen in neu zu bildenden Formen ..."

blick; Mensch – der mit dem man's gerade zu tun hat; Seele – Rettung der eigenen Seele, Liebeswerk also."[69]

Shakespeares Mensch

Dem Zerstörungswahn des Krieges ist Landauer von Anfang an mit „pazifistischer" Gesinnung begegnet. Doch verhielt er sich unentschieden zwischen intensiver Gegnerschaft und melancholischer Passivität. Als 1915 *Der Sozialist* eingestellt werden mußte und die Hoffnung auf eine pazifistische Wendung des „Forte-Kreises", an dem er engagiert teilgenommen hatte, vereitelt wurde, kehrte er sich ganz literarischer Arbeit: Übersetzungen, vor allem aber dem Drama, zu. Wo das politische Wort nicht mehr zu greifen schien, blieb dem „Tolstoischen Liebeswerk" – und das Paradoxon ist nicht gering – nur noch die Bühne. Als Anfang 1917 der Krieg zu Weltkrieg und Revolution wurde, fand Landauer zunächst „Zuflucht" bei Shakespeare, wenn auch keineswegs als Ausdruck politischer Resignation.[70]

Landauers Deutung in dem posthum erschienenen *Shakespeare. Dargestellt in Vorträgen* macht den englischen Dichter zum gewaltigen Vorbild für die Moderne. Erst mit ihm – nach dem Untergang der mittelalterlichen Christenheit – werde das Drama zum Ort neuer Mythen. Während Carl Schmitt in seiner späteren Polemik gegen Walter Benjamin Shakespeare als „barbarisch" – und das heißt: antichristlich – bezeichnen wird, erscheint er Landauer zugleich als Exponent des Christentums und dessen Überwinder.[71] Denn christliche Liebe sieht

---

[69] Vgl. „Zu Tolstois Tagebuch", a.a.O., S. 209.

[70] Zu Landauers Einstellung gegen den Krieg und seine Rolle im sog. „Forte-Kreis" gegenüber E. Gutkind, F.C. Rang, M. Buber, F. Eeden siehe: C. Holste, *Der Forte-Kreis (1910-1915)*, Stuttgart 1992, insb. S. 64 f. und S. 179 ff.; vgl. zur Dokumentation seiner Position vor und im Krieg: *Rechenschaft*, Berlin 1919; ferner: *Shakespeare ...*, S. V f.: „Ich gehe an Shakespeare nicht irgend literarhistorisch heran, sondern gerade wie an philosophische, politische, soziale Probleme unserer Zeit ..." (Juni 1917); „Bleibe ich bei Kräften, so soll trotz allem Aktuellen der Shakespeare bald fertig sein. Denn keiner wie der stärkt mich in dieser Zeit." (Brief an den Verlag vom 26. Dez. 1918).

[71] Vgl. C. Schmitt, „Über den barbarischen Charakter des Shakespeareschen Dramas" (1928), in: ders., Hamlet oder Hekuba, Stuttgart 1985, S. 62 ff.

er in Shakespeare zugunsten eines Freiheitsprinzips umgewertet: Affirmation einer Freiheit hier auch weniger im politischen denn im „existentiellen" Sinn. Hamlet und Prospero, die zwei extremen Pole der Shakespeareschen Schöpfungen, symbolisieren die Momente dieser Umdeutung.

Als Zeichen der Übergangszeit und neuzeitlichen Zerrissenheit tritt Hamlet auf. Landauer hat das Stück eine Schicksalstragödie genannt, in der die Gottheit, die über die Lebensmächte entscheidet, keine äußere mehr ist, sondern eine innere geworden ist: das Unbewußte. Darum kann Hamlet nicht wie ein antiker Held seiner Tat entschlossen gegenüberstehen, sondern „wie entfremdet seinem Ziel und Willen" – so korrigiert der Kritiker die Schlegelsche Übersetzung von: „And like a neutral to his will and matter".[72] Hamlet ist ihm „eine heldische Natur mit neuem Inhalt, auf neuem Gebiet; ein Held und ein Geistiger, ein Held und ein Künstler ... Höchst königlich hätte er sich bewährt ... ja, aber in einer neuen Welt, im Reich des Geistes, nicht im Reich der Politik und Gewalttat."[73] Im offenen Kampf zwischen Trieb und Geist zeige Shakespeare hier keine Weltordnung, sondern das, was die Romantiker „Weltironie" nannten.

Im Gegensatz zu Freud, der in *Hamlet* die Grundstruktur des Ödipus-Motivs zu erkennen glaubte, sah Landauer in dieser Tragödie die antike Konstellation des Atridenmythos in neuer Form, als sein christliches Gegenstück wiederkehren. Gewiß: anders als bei Aischylos, wo Orest sich auf kein Gespräch mit Klytaimestra einläßt, wird mit der Figur des Hamlet die Mutter dialogisch „durch Liebe entsühnt". Hier gibt es „keinen Muttermord, sondern die Bekehrung der Mutter, die in die Ermordung des Vaters verstrickt ist, durch den Sohn"; und die Kraft zum Pflichtentschluß schöpft der Held weniger aus dem Rachebefehl des Vaters als aus der „aus dem Grab aufgestiegenen Liebe zu Ophelia".[74] So stellt Hamlet für

---

[72] Vgl. „Hamlet", in: *Shakespeare* ..., S. 217.

[73] Ebd., S. 253.

[74] Ebd., S. 210 f.; vgl. ferner: S. Freud, *Die Tramdeutung* (1900), Frankfurt/M. 1982, S. 224 ff.

Landauer den Menschentypus der Zwischenzeit – ein Jesus und Herkules zugleich – zwischen Ewigkeit und Vergänglichkeit zerrissen dar; so zeige uns Shakespeare die „unsägliche Tragik des ewigkeitsbewußten Tieres, das Mensch heißt".[75] Erst hier wird die Landauersche Auffassung vom „werdenden Menschen" verständlich: frei ist der Mensch nur als ein Werdender, als „geworden Werdendes", das heißt als Vergängliches, das in bewußten Bezug zur Zeitlosigkeit tritt.[76]

Mit der Figur Prosperos in *The Tempest* wird die letzte Stufe der Shakespeareschen Kunst erreicht. Ein weiteres Mal kehrt der Dichter zum Motiv der Brüderfeindschaft zurück, aber diesmal wird die Rache überwunden. Mit großer philologischer Kühnheit hat Landauer die Hypothese aufgestellt, *Der Sturm* sei die Wiederaufnahme eines früheren, verlorengegangenen Stückes namens *Love's Labour's Won*. Aber das „Liebeswerk", das Prospero durchführt, heißt hier für den Kritiker weniger Verzeihung als Versöhnung und macht ihn zum „Gegenbild des Christus".[77] Shakespeare setze in diesem „romancehaften" Stück nicht mehr auf Mitleid, sondern einzig auf Mitgefühl; die Liebe werde daher entchristianisiert und „entstammt nicht mehr dem Bezirk der Venus, sondern dem des platonischen Eros, nicht mehr dem Reich der Furien, sondern des Friedens."[78] Spinozas „amor dei intellectualis" steht ausdrücklich im Hintergrund dieser Interpretation: mit ihm läßt Landauer Prospero über die Stufen der Vernunft hinweg zur fröhlichen, überlegenen Gelassenheit des Geistes, zur Freiheit gelangen.

Prosperos Versöhnungswille stellt bereits eine nachchristliche Tugend dar. Denn allein die Versöhnung gibt dem anderen seine Freiheit zurück, zerbricht für Landauer die Herrschaft errichtende Kette des Schuldigseins. Nicht Furcht und Mitleid im Angesicht des Todes, sondern „Staunen im Denken" sei die Wirkung dieser

---

[75] Ebd., S. 222.

[76] Ebd., S. 254 f.

[77] „Der Sturm", in: *Shakespeare*, 2. Aufl., Potsdam 1948, Bd. II, S. 269 und S. 280.

[78] Ebd., S. 285.

Tugend auf der Bühne.[79] Hier habe schon der späte Shakespeare einen neuen Stil entworfen: eine Form, deren Forderung nach Episch-Dialogischem in ihren verschiedenen Deutungen in der Moderne von Strindberg bis Georg Kaiser – und später zu Brecht – aufgegriffen wird. Landauer ist Shakespeares Liebe wohl Synonym von Hingabe und Freiheit, und seine späte Kunst bedeutet zugleich eine Absage an jede Mitleidsästhetik.

Erst da, wo es keinen persönlichen Gott mehr gibt – und deshalb ist hier der spinozistische Hintergrund wichtig –, konnte die Einseitigkeit der paulinisch-christlichen Liebe überwunden werden. Über seine Shakespeare-Deutung hat Landauer das radikale Moment der sokratischen Umwertung der Liebe, ihre Zweiseitigkeit, die Symmetrie zwischen Liebenden und Geliebten ermöglichte, noch einmal aufgewertet. Dies war die Bedingung dafür, daß die Frau in den „Kampf um die Anerkennung" einbezogen wurde – ein progressives Moment, das im Platonismus zurückgenommen worden war zugunsten der alleinigen Liebe zur Wahrheit, der alle Sehnsucht gelten sollte, und welche eine Verherrlichung der Stellung des Meisters bedeutete. Gerade umgekehrt siegt für Landauer im *Sturm* die Tugend der Versöhnung unter Preisgabe jeglichen Wahrheitswillens: „All diesem grausen Zaubern schwöre ich hier ab", sagt Prospero, der moderne Magier, und zerbricht seinen Stab, kündigt den Geistern, mit deren Hilfe er sein Werk ausführen konnte.[80] Ohne diese symbolische Geste wäre seine Versöhnungsbereitschaft weder überzeugend noch formgerecht: es ist nicht zuletzt das Verdienst von Landauers Lektüre, auf diese hier implizite Untrennbarkeit von Moralkritik und Kritik der Macht als Mythos hingewiesen zu haben. Ästhetisch betrachtet bleibt aber sein Interesse am späten Shakespeare – und dies macht das Moderne an seiner Interpretation aus – insgesamt von der Suche nach einer Überwindung der tragischen Form deutlich geprägt.[81]

---

[79] Vgl. ebd., S. 287 f.

[80] Zitiert von Landauer, ebd., S. 311; vgl. W. Shakespeare, *The Tempest*, Act 5, V. 50 f.: „But this rough magic / I here abjure."

[81] Dies mag auch hier den Unterschied zur Neuromantik der Zeit mar-

Geschichte als Drama

Die *Briefe aus der französischen Revolution* (1919), an deren Übersetzung und Herausgabe Landauer während des Krieges arbeitete – eine kommentarlose Montage von Briefstellen aktiver und konträrer (darunter neben Mirabeau und Camille Desmoulins auch Ludwigs XVI.), aber keineswegs nur politischer Repräsentanten der Revolution –, geben nicht nur das überzeugendste Beispiel für seine „antipolititische" Auffassung von Geschichte; sie zeigen zugleich, wie für ihn „sachliche Geschichtsschreibung" und „dramatische Form" notwendigerweise miteinander verflochten waren. „Was mich an dieser Sammlung von Briefen also wichtig dünkt," schreibt er im Vorwort des Buches, „ist, daß wir in ihnen den Revolutionären der verschiedenen Richtungen, den gegenseitigen Feinden ins Herz sehen. Diese Briefe sollen in ihrem Ensemble die Wirkung des Dramas tun: wir sollen das Recht und das Unrecht aller gewahren ..."[82] Daß er darüber hinaus auch anonyme Soldatenbriefe und sogar Liebesbriefe als Genre darin aufnahm, zeugt von der ungewöhnlichen Aufmerksamkeit Landauers gegenüber

---

kieren. Weder die Komödien noch die späten „Romanzen" werden in dem Shakespeare-Buch den Tragödien untergeordnet, und das „echte Lachen der Komik" ist als der „Ergriffenheit der Tragik" grundsätzlich gleichwertig angesehen; vgl. „Maß für Maß", in: *Shakespeare*, 2. Aufl., Bd. II, S. 10. In den Lustspielen, deren Stoff durchaus tragisch ist – wie in *Measure for Measure, The Winter's Tale,* oder eben *The Tempest* – findet Landauer eine Gattung des Episch-Märchenhaften vorgezeichnet, deren neue Form erst moderne Dramatiker wie Georg Kaiser vollenden werden. Man spürt hiermit deutlich, wie sehr seine Lektüre auch den Problemen des zeitgenössischen Dramas gewidmet war.

[82] *Briefe aus der französischen Revolution*. Ausgewählt, übersetzt und erläutert von Gustav Landauer (1919), 2. Aufl., Potsdam 1948, Bd. I, S. XI f.; vgl. ebd.: „Repräsentanten der Revolution nenne ich die Großen, Mittleren und Kleinen, in denen der Geist und die Stimmung der Revolution in irgendeinem Grad wirksam ist; wo die Revolution ihren Einzug gehalten hat, ist, solange sie lebendig, wärmend und fortreißend da ist, kein Mann und kein Weib klein; solche aber, die in der Revolutionszeit bloß eine, wenn auch noch so wichtige, politische Rolle gespielt haben, zählen mir nicht zu den repräsentativen Gestalten der Revolution ..."

der Form der Mitteilung als geschichtlichem Dokument ihrer Zeit
– hier: der Korrespondenz.

Parallel zu den Shakespeare-Vorträgen fanden auch andere Reihen statt, die unter anderem die romantische Liebe, Goethe, Hölderlin, Kleist, Strindberg, Tagore sowie auch Georg Kaiser zum Gegenstand hatten.[83] Landauers Engagement für Georg Kaiser, der ein Jahrzehnt lang darauf wartete, gespielt zu werden, wurde für dessen Karriere entscheidend. Als sein Kritiker hat er Kaiser an Arthur Hellmer empfohlen, der ihn schließlich mit *Die Bürger von Calais* Anfang 1917 am Frankfurter „Neuen Theater" erfolgreich auf eine deutsche Bühne brachte.[84] Auch an das von Luise Dumont-Lindemann und Gustav Lindemann mitgeführte Düsseldorfer Schauspielhaus vermittelte Landauer diesen Autor. Dort fand wenige Monate später die Uraufführung von *Das Frauenopfer* statt. Landauers regelmäßige Kritikerbeiträge für die Halbmonatsschrift des Düsseldorfer Schauspielhauses *Masken* gaben den Anlaß für eine engere Mitarbeit am Theater selbst. Rabindranath Tagores *Postamt* wurde in der Gemeinschaftsübersetzung von ihm und seiner Frau, der Lyrikerin Hedwig Lachmann, ebenfalls dort uraufgeführt.[85] So folgte im Herbst 1918 das Angebot, eine hauptamtliche

---

[83] Vgl. zu Goethe und Kaiser: *Ein Weg deutschen Geistes*, München 1916; ferner: *Friedrich Hölderlin in seinen Gedichten*. Ein Vortrag, Potsdam 1922 (beide wieder in: *GLW 3*, S. 23 ff. und S. 55 ff.); besonders charakteristisch ist hier die Reihe der Düsseldorfer Vorträge von Ende 1917 – Anfang 1918: Drei Vorträge über Shakespeare (u.a. *Maß für Maß*), *Der Dramatiker Georg Kaiser, Strindberg und sein Traumspiel, Rabindranath Tagore, Tolstoi* ... vgl. „*... die beste Sensation ist das Ewige"*. Gustav Landauer – Leben, Werk und Dichtung (Hg. M. Matzigkeit), Düsseldorf 1995, S. 341.

[84] Mit der Ausnahme von *Großbürger Möller*, das schon in Nov. 1915 uraufgeführt worden war; vgl. M. Linke, *Gustav Lindemann*. Regie am Düsseldorfer Schauspielhaus, Düsseldorf 1969, S. 109; ferner: G. Kaiser, *Die Bürger von Calais*, Berlin 1914, und *Das Frauenopfer* (1918), in: ders., *Gesammelte Werke*, Bd. III, Berlin 1931.

[85] Zur „Schreibbeziehung" von Gustav Landauer und Hedwig Lachmann vgl. B. Hahn, *Unter falschem Namen*, Frankfurt/M. 1991, S. 75 ff.; Landauers Interesse an Tagore, dessen *King of the Dark Chamber* und *Post office* er mit seiner Frau übersetzte, weist in eine ähnliche ästheti-

Dramaturgenstelle am Schauspielhaus zu übernehmen. Ab Heft V des Jahres 1918 wurde Landauer verantwortlicher Herausgeber der *Masken*; Anfang November entschloß er sich, die Stelle anzunehmen und nach Düsseldorf überzusiedeln.

Aus den Briefen, die Landauer in den bewegten Tagen der deutschen Revolution niederschrieb, läßt sich herauslesen, wie für ihn Bühnengeschehen und geschichtlicher Augenblick ineinanderfielen. Seine erste Entscheidung als Dramaturg war, *Gas* von Georg Kaiser und Strindbergs *Traumspiel* neben *Die Perser* von Aischylos einzustudieren. „*Die Perser...* Welch ein Drama für unser Zeit, wie da der größte Dichter, der Sieger, die Niederlage des Feindes darstellt!", heißt es im begleitenden Brief an die Theaterführung.[86] Am 7. November war die Revolution in München, am 8. in Düsseldorf ausgebrochen – mit entsprechenden Auseinandersetzungen auch im Schauspielhaus. Dem Tätigkeitsbericht des nächsten Tages von der Hand Louise Dumonts und Gustav Lindemanns ist zu entnehmen, daß die Probe der Streikszene von *Gas* letztlich „abgebrochen" werden mußte. Für die Ende November in Düsseldorf – und gleichzeitig in Frankfurt – geplante Uraufführung hat Landauer das Stück in *Masken* folgendermaßen eingeführt: „Der Zusammenstoß der Technik mit der Seele ..., der ewige Streit zwischen äußerer Macht und innerer Schönheit wird uns dramatisch vorgeführt ... Dieser Streit [aber] wird im Stück nicht gelöst ... Zur Siedlung, Umkehr, zur Einkehr, zur Heimkehr ruft hier die führende Gestalt des Dichtwerks auf ... Nicht

---

sche Richtung: Bildhaftigkeit und Nähe zur epischen Form des Märchen; vgl. „Rabintranath Tagore", in: *Das Programm*, Blätter der Münchner Kammerspiele, 1916, Nr. 10, S. 6 ff. (wieder in: *GLW 3*, S. 97 ff.)

[86] Vgl. Brief an G. Lindemann und L. Dumont-Lindemann vom 3. Nov. 1918, in: *Lebensgang ...*, Bd. 2, S. 286; sowie den Brief vom 14. Dez., wo *Jaakobs Traum* von Beer-Hoffmann hinzugefügt wird, ebd., S. 340; vgl. ferner das Programm des Düsseldorfer Schauspielhauses unter Landauers Mitwirkung mit folgenden Uraufführungen für 1917/18: Hanns Johst, *Der Einsame*; G. Kaiser, *Das Frauenopfer*; R. Tagore, *Das Postamt*; sowie u.a. für 1918-19: G. Kaiser, *Gas*, und den Erstaufführungen von R. Dehmel, *Die Menschenfreunde*; A. Strindberg, *Traumspiel*; L. Tolstoi, *Der lebende Leichnam*.

zum ästhetischen Genuß ist dieses Werk uns anvertraut, [sondern] zur Umsetzung in eigener Kraft ... Antworten wir ihm, indem wir unsere Verantwortung wecken".[87] Es wäre jedoch verfehlt, diese Würdigung als einzig durch das Pathos der politischen Aktualität bedingt zu sehen. Denn Landauers Einsatz für Kaiser entsprach zugleich einer längst ausgereiften ästhetischen Forderung. Nicht zufällig findet sich in dem – im selben Heft der *Masken* gedruckten – *Fragment über Georg Kaiser* eine typologische Skizze zur dramatischen Form, die auf der Scheidung vom lyrischen und plastischen Drama basiert: „In [Georg Kaiser] haben wir endlich wieder einen Dichter der Bühne, der ein Künstler ist, der uns nicht das Chaos der Konzeption hinwirft oder uns mit lyrischer Sprachgewalt überschwemmt, sondern der ... sein Erlebnis bändigt und zur Form, zur dramatischen Form gestaltet. An ihm erleben wir wieder, daß der Dramatiker nicht bloß, vielleicht nicht einmal in erster Linie ein Dichter, Lyriker oder Gefühlssprecher und Epiker oder Berichterstatter, sondern ein Plastiker ist ... [Dieses] Drama aber, das ich plastisch, drastisch oder szenisch nenne, ... ist in der Rede spröde und keusch, bis der Erguß, die bildkräftige rhythmische Sprache, das Strömende, die eigene Innerlichkeit Darstellende sich zwingend aus der höchstgesteigerten Situation ergibt. Dieses Drama verwandelt ... das Hintereinander der Geschehnisse in ein Nebeneinander im Raum. Zuerst ist die Szene im Raum, das Bild, das Ereignis da: aus diesen äußeren Zeichen lesen wir allmählich die Innerlichkeit ..."[88]

Keinem anderen Werk als Kaisers *Gas* stand Landauer in dieser Zeit näher: denn es war das seit seiner Jugend gesuchte „plastische Drama", in welchem die „Schau-Lust" zur verfremdenden „Denk-Lust" wird.[89] Man hat in *Gas*, mit dem Kaiser rasch bekannt wurde, ein Ma-

---

[87] „Zur Uraufführung von Georg Kaisers ‚Gas'", in: *Masken*, 1918/19, H. 6, S. 81 f. (wieder in: *GLW 3*, S. 99 ff.); vgl. G. Kaiser, *Gas*, Berlin 1918.

[88] „Fragment über Georg Kaiser", ebd., S. 86 f. (wieder in: *GLW 3*, S. 102 ff.)

[89] Vgl. G. Kaiser, „Das Drama Platons" (1917), in: ders., *Werke in drei Bänden*, Bd. III, Berlin – Weimar 1979, S. 532.

nifest des deutschen Expressionismus sehen wollen. Schon in diesem Stück jedoch, wie auch in *Gas II* demonstrativ fortgeführt, das den späteren Stil von *Nebeneinander* deutlich vorwegnimmt, schlägt der Expressionismus in Sachlichkeit um. Man müßte hier vielmehr von „negativem Expressionismus" sprechen, da der messianische Drang von totaler Skepsis überdeckt ist und der dank der Technik errungene Sieg der Menschen zum Sieg der Maschinen über den Menschen wird.[90] In *Gas* wird keine kollektive Eschatologie gefeiert, vielmehr eine Vorahnung der bevorstehenden Katastrophe gegeben: dort „steht der Einzelne gegenüber der Masse," schreibt Landauer in seiner Einführung anhand der Figur des Ingenieurs, „und doch ist dieser Einzelne Vorkämpfer und Opfer der unterdrückten ... Menschheit".[91] Am Tag der Uraufführung hatte der Dramaturg aber bereits ein neues Amt, diesmal auf der Münchner „Weltbühne", angetreten.

Dorthin war er Mitte November gefahren, um sich ihrer gewaltlosen Gesinnung wegen in den Dienst der Revolution zu stellen. An der Seite Kurt Eisners rang er für sein Ideal einer allseitigen Selbstverwaltung, für die „Abschaffung des Proletariats" und vor allem gegen die Herrschaft jeglichen Parteiwesens.[92] Während der ersten Münchner Räterepublik wurde ihm das Amt des Kultusministers übertragen; als solcher begann er innerhalb weniger Tage Schulwesen und Theater zu reformieren. Niemals aber versuchte er, etwas zu unternehmen, was die individuellen Rechte eingeschränkt hätte. Jedes gewaltsame Vorgehen, zum Beispiel gegen kirchliche Einrichtungen, lehnte er ab.[93] Bei allem Ernst und aller Sachlichkeit dieser

---

[90] Vgl. G. Kaiser, *Gas. Zweiter Teil*, Potsdam 1920, und: *Nebeneinander*, Potsdam 1923, das paradigmatisch für den neuen Stil der Sachlichkeit gelten kann.

[91] „Zur Uraufführung von Georg Kaisers ‚Gas'", a.a.O., S. 81; ein verwandter Gestus findet sich zur gleichen Zeit in der bildenden Kunst bei Max Beckmann, etwa in der Radierung „Auferstehung" seiner Mappe: *Gesichter* (Einl. J. Meier-Graefe), München 1919.

[92] Vgl. *Die vereinigten Republiken Deutschlands und ihre Verfassung*, Frankfurt/M. (*Das Flugblatt*, III), 1918, S. 2 ff.; sowie Brief an M. Susman vom 23. Nov. 1918 in: *Lebensgang* ..., Bd. 2, S. 308 f.

[93] Aus dem Entwurf seines „Kulturprogramm" von April 1919 läßt sich

Tätigkeit hat Landauer noch versucht, die Distanz des Humors zu bewahren. So kommentiert er diese illusionslosen Versuche in seinen letzten Zeilen an Mauthner mittels einer Metaphorik aus dem barocken Theater Calderons: „Ich bin nun Beauftragter für Volksaufklärung, Unterricht, Wissenschaft, Künste und noch einiges. Läßt man mir ein paar Wochen Zeit, so hoffe ich, etwas zu leisten; aber leicht möglich, daß es nur ein paar Tage sind, und dann war es ein Traum."[94]

Die gegenrevolutionäre Gewalt verhinderte es, daß sich die Idee der Siedlung, die Landauer während der Räterepublik in Form der Trennung Bayerns von Preußen verteidigte, auch annähernd verwirklichte. Die Wahl hat sich für ihn, anders als bei den Kommuni-

---

u.a. folgendes entnehmen (vgl. *Das Forum*, 1920, H. 8, S. 582 f.): „Kunst. 1. Architektur: Die neue Ära der Menschheitsgeschichte hat in den Monumenten und öffentlichen Gebäuden, die von jetzt ab errichtet werden, ihren Ausdruck zu finden. Staatsaufträge. Malerei und Plastik sind in die Architektur einzugliedern. 2. Malerei und Plastik. Neugründung von Museen. Staatsankäufe. Staatsgebäude für Ausstellungen. Wanderausstellungen. 3. Theater: a) National-Theater. Freier Eintritt. Kontrolle des Spielplans und der Spielart durch eine Akademie; b) Privat-Theater. Korporativer Charakter. Große Macht des gewählten Leiters. *Schule*: 1. Einheitsschule 7.-13. Lebensjahre. Betonung von Zeichnen und Turnen. Fakultative Auswahl der Fächer. Keine Schulbank. Neue Lehrbücher. Privatschulen gestattet, wenn sie dasselbe Minimum geben wie die Staatsschule. 2. Nach der Einheitsschule: entweder praktische Betätigung mit Fortbildungsschule, oder 3. Lebensgemeinschaft vom 13.-17. Jahre (Schüler – Lehre – Meister), oder 4. Mittelschule. 5. Hochschule. Streichung der theologischen und juristischen Fakultät mit Ausnahme der Geschichte und Philosophie. Abtrennung einer medizinischen Hochschule, einer philologischen und einer physikalisch-chemisch-naturwissenschaftlichen. Höchste Fakultät ist die philosophische."

[94] Brief an F. Mauthner vom 7. Apr. 1919, in: *Lebensgang ...*, Bd. 2, S. 414; Landauer hat Strindbergs eigene einführende Worte zu seinem *Traumspiel* auch immer wieder zitiert, vgl. „Strindbergs Traumspiel", a.a.O., S. 310: „Der Schlaf, der Befreier, verursacht oft Schmerz; aber wenn der Schmerz am heftigsten ist, tritt das Erwachen ein und versöhnt den Leidenden mit der Wirklichkeit, die, wie qualvoll sie auch sein mag, verglichen mit dem schmerzhaften Traum, in diesem Augenblick doch ein Ergötzen ist."

sten, bald folgenderweise zur letzten Entscheidung zugespitzt: entweder Festhalten am gewaltfreien Ideal oder Aufruf zur bewaffneten Gegenwehr. Kurz zuvor hatte der Soziologe Max Weber, der sich zu der Zeit in München befand, seine berühmte Rede *Politik als Beruf* vor Studenten der Universität gehalten. Dort hatte er, ohne Namen zu nennen, auf das mögliche Umschlagen – besonders in extremen Situationen – von pazifistischer Gesinnungsethik in gewaltsame politische Eschatologie hingewiesen.[95] In der Tat, auch der Pazifist Landauer, der sich auf Tolstoi berufen hatte, um sich von jeder Gewaltform abzusetzen, mußte zur Selbstverteidigung aufrufen und den Widerstand mitorganisieren. Aber von einem Pathos, von einer erlösenden Kraft der „letzten Gewalt" – wie sie Weber im Falle des chiliastischen Umschwungs erwähnt –, ist bei ihm keine Spur zu finden. Landauer ist es wahrscheinlich sogar zu verdanken, daß die erste Räterepublik kein einziges Todesurteil vollstreckt hat.

Sogar bei gewalttätigen Feinden der Revolution blieb er ein konsequenter Gegner der Todesstrafe. In seiner Ablehnung des Antrags der Sozialdemokraten von Anfang März 1919, die die Freilassung der nach der Ermordung Kurt Eisners Verhafteten und wegen gegenrevolutionärer Vorhaben Beschuldigten forderten, hat er zwar „gesinnungsfremd", aber „verantwortungsvoll" gehandelt.[96] Solange Landauer die Verantwortung für andere trug, hat er sich dieser Pflicht nicht entzogen. Stand er wieder als einzelner dem Gegner gegenüber, dann kam er zu seiner stoischen Tugend zurück und wehrte sich nicht. Landauer kannte keine andere Gewalt als die der Sprache; und seine letzten Worte versuchten noch seine Mörder zu bekehren: „Ich bin kein Hetzer, ihr wißt selbst nicht, wie verhetzt ihr seid."[97] Eine solche

---

[95] M. Weber, „Politik als Beruf" (1919), in: ders., *Gesammelte Politische Schriften*, Tübingen 1971, S. 553; vgl. auch Kap. 1 der vorliegenden Arbeit.

[96] Vgl. „Rede über die Sicherung der Revolution" (1919), in: *Erkenntnis und Befreiung*, a.a.O., S. 95 ff.

[97] Zitiert von E. Toller in: *Eine Jugend in Deutschland* (1933), Hamburg 1963, S. 142.

so tief im einzelnen verankerte Freiheit muß ihm, sogar über seinen Tod hinaus, etwas Dämonisches verliehen haben, so daß die Nazis, zur Macht gelangt, sein schlichtes Denkmal zertrümmerten und seine leiblichen Überreste aus dem Grab rissen, um sie der Münchner jüdischen Gemeinde zu übersenden.

*

Eine immer wieder bekräftigte Tradition – von Karl Mannheim bis zu den amerikanischen Biographen der letzten Jahrzehnte – hat Landauer zum politischen „Gemeinschaftsromantiker" gemacht: zum Repräsentant des „chiliastischen Bewußtseins".[98] Dies zeigt deutlich, wie sehr seine Rezeption noch von der unmittelbar politischen Seite beherrscht wurde. Niemals aber ist in Landauers Werk vom Ende der Geschichte die Rede. Geschichte versteht er als ewiges Oszillieren zwischen „Topie" und „Utopie", zwischen „Gemenge des stabilen Mitlebens" und „individuellen Bestrebungen ..., die sich zur Tendenz, eine tadellos funktionierende Topie zu gestalten", zusammenschließen.[99] Man braucht sich nur die Inszenierung der apokalyptischen Symbolik bei dem philosophischen Vertreter der „revolutionären Gnosis", Ernst Bloch, zu vergegenwärtigen, um der eigentlichen Distanz zu Landauer gewahr zu werden. Bezüglich *Geist der Utopie* sprach dieser in einem Brief an Margarete Susman überaus scharf von „der unverschämten Charlatanerie: ‚System des theoretischen Messianismus'."[100] Die Stelle ist bedeutsam, denn

---

[98] Vgl. K. Mannheim, *Ideologie und Utopie* (1927), Frankfurt/M. 1978, S. 195 f., und E. Lunn, *Prophet of Community,* Berkeley 1973; R. Link-Salinger (Hyman), *Gustav Landauer – Philosopher of Utopia,* Indianapolis 1977; ferner: M. Löwy, „Le messianisme romantique de G. Landauer", in: *Archives de Sciences Sociales des Religions,* 1985, Nr. 60/1, S. 55 ff., sowie: ders., *Rédemption et utopie,* Paris 1988, S. 163 ff.

[99] *Die Revolution* ..., S. 12 f.

[100] Brief an M. Susman vom 31. Jan. 1919, in: *Lebensgang* ..., Bd. 2, S. 371: „was [das Buch] ... an Positiven, Konkretem, Anschaulichem zu geben behauptet, ist die mit mehr Bildung auftretende Theosophie und Gnosis, und Bloch muß nach seiner direkten Wirkung auf Sie ... ein bezaubernder Konkurrent Rudolf Steiners sein ... Bitter ist mir auch, daß Sie

Landauers Berührung mit der jüdisch-prophetischen Idee ließ ihn keinen Kompromiß mit deren zeitgenössischer gnostisch-christologischer Umdeutung schließen. Im Gegensatz zum jungen Bloch, der hier auch Lukács mitriß, hatte er keinen Sinn für die Lehre einer Gnosis, welche die ganze Schöpfung des Vatergottes als teuflisch denunzierte und in Christus einen zukünftigen Gott sich ankündigen sah. Landauer war vor solchem mythischen Anthropomorphismus durch seinen „Pantheismus" geschützt. So wie für ihn Nietzsche und Spinoza nachchristliche Propheten waren, so wollte er die Prophetie vor der Apokalypse gerettet wissen.

Die Vermittlung seines Werkes im Ganzen läßt eigentlich erkennen, daß die qualitative Differenzierung der Zeit, für die Landauer in allen Bereichen des Lebens Anwalt wurde, nicht eschatologisch, sondern in erster Linie *dramatisch* fundiert ist. Dies offenbart die Quelle, aus der er diese individuelle Zeiterfahrung schöpfte: der des ästhetischen Augenblicks auf der Bühne. Davon zeugt auch insbesondere Landauers lebenslanges Ringen um eine Erneuerung der Dramenform in Richtung eines „plastischen" Theaters. Nicht zufällig hat über Walter Benjamin hinaus eine Rezeption seines Werkes vor allem bei Literaten wie Ernst Toller, Alfred Döblin, Manès Sperber und nicht zuletzt Paul Celan stattgefunden. Landauer wertete in der Tat die ethische Wirklichkeit der Kunst höher als die jeglichen Theologumenons; jene brauchte keine Religion über sich, weil sie für ihn die Religion schon ersetzt hatte.

So hat er als einer der ersten die wirkliche Modernität der Romantik gedeutet; mit ihm büßt sie zugleich ihre antigesellschaftliche Tendenz ein. Sein „Expressionismus" steht in höchster Spannung

---

eine Wortzusammenstellung von der unverschämten Charlatanerie ‚System des theoretischen Messianismus' nicht als zwei Ohrfeigen empfinden ... Wo die volle Realität anfängt, ist das theoretische Wortsystem längst in die Brüche gegangen ... Nur ein Mensch in der Welt hatte je das Recht in undichterischer, in begrifflicher Sprache vom diesem tiefsten Geheimnis zu sprechen: Spinoza ..."; vgl. ferner: M. Susmans Rezension von *Geist der Utopie*, in der *Frankfurter Zeitung* vom 12. Jan. 1919, wieder in: ders., *‚Das Nah- und Fernsein des Fremden'*, a.a.O., S. 22 ff.

mit der subjektivistisch-dezisionistischen Richtung seiner Zeit. Denn Landauer war nur in dem Sinne ein „Expressionist", wie Gilles Deleuze den Spinozismus als einen zu Ende gedachten Immanentismus, einen „expressionnisme en philosophie" bezeichnet hat.[101] Ästhetisch fußt dieser „abstrakte Expressionismus" auf dem Jugendstil und mündet in die Sachlichkeit. Vielleicht hat Georg Simmel, ohne an Landauer gedacht zu haben, den Schlüssel für sein Verständnis geliefert mit der Bemerkung, daß „der Relativismus seinem extremen Gegensatz, dem Spinozismus mit seiner allumfassenden substantia sive Deus, näher steht, als man glauben möchte."[102] Im Werk Landauers, das wie ein Negativ der Wilhelminischen Epoche erscheint, wurde diese Nähe zur coincidentia oppositorum.

---

[101] Vgl. G. Deleuze, *Spinoza et le problème de l'expression*, Paris 1968, insb. Kap. XI.

[102] G. Simmel, *Philosophie des Geldes*, a.a.O., S. 84 f.

3. Sachliche Ornamentik
Leó Poppers Ethik des Materials

In einem späten Versuch, die Form des Essays für ein kritisches Philosophieren zu retten, verweist Adorno auf die schmale essayistische Tradition, die sich nach der Jahrhundertwende im deutschsprachigen Raum zwischen Soziologie und Kunstkritik vor allem mit Simmel, Kassner, dem jungen Lukács und weiter mit Benjamin entfaltete. Zugleich grenzt sich der Philosoph gegen eine Aufhebung der Trennungslinie zwischen Kunstfertigkeit und Erkenntnisziel im essayistischen Schreiben deutlich ab: „[Durch seine] Kraft, die Elemente des Gegenstandes mitsammen zum Sprechen zu bringen", schreibt Adorno, „ähnelt der Essay einer ästhetischen Selbständigkeit, ... von der er gleichwohl durch sein Medium, die Begriffe, sich unterscheidet und durch seinen Anspruch auf Wahrheit bar des ästhetischen Scheins. Das hat Lukács verkannt, als er in dem Brief an Leó Popper, der *Die Seele und die Formen* einleitet, den Essay eine Kunstform nannte."[1] Obwohl der junge Georg Lukács in diesem Text zunächst der Frage nach einer eigenständigen Form des Essays, die ihn endgültig von allen anderen Kunstformen *trenne*, nachging, ohne dafür dessen Wahrheitsanspruch aufzugeben, hat die Kritik Adornos überlebt.[2] Unbekannt geblieben ist dagegen der Ausgangspunkt dieser frühen Lukácsen Auseinan-

---

[1] Th.W. Adorno, „Der Essay als Form", in: ders., *Noten zur Literatur*, Frankfurt/M. 1981, S. 11.

[2] Vgl. G. Lukács, „Über Wesen und Form des Essays: Ein Brief an Leo Popper", in: ders., *Die Seele und die Formen* (1911), Neuwied – Berlin 1966, S. 8; sowie ferner S. 31: „Der Essay ist eine Kunstart, eine eigene restlose Gestaltung eines eigenen, vollständigen Lebens. Jetzt erst klänge es nicht widerspruchsvoll ..., ihn ein Kunstwerk zu nennen und doch fortwährend das ihn von der Kunst Unterscheidende hervorzuheben: er steht dem Leben mit der gleichen Gebärde gegenüber wie das Kunstwerk, doch nur die Gebärde, die Souveränität dieser Stellungnahme kann die gleiche sein, sonst gibt es zwischen ihnen keine Berührung."

dersetzung um den Essay: die Position des Empfängers seiner Schrift, Leó Popper.

Die Adressierung Lukács' stand im Zeichen eines engen – an die Jenaer Symphilosophie erinnernden – Dialogs mit diesem Budapester Jugendfreund, selbst Kritiker und Autor eines knappen, kaum beachteten essayistischen Werkes. Dabei stellt Poppers Auffassung des Essays eine etwa polare Position zu Adornos kritischer Anmerkung über *Die Seele und die Formen* dar. Sein Urteil, formuliert in seiner Besprechung des erstmals 1910 auf Ungarisch erschienenen Essaybandes, enthält eine – wenn auch anders motivierte – nicht weniger scharfe Kritik an Lukács. Diese nimmt die Form einer dialogischen Gegenüberstellung an, in der Popper den Freund als den Typus des „Kritikers des Lebens" porträtiert, dem „die Kunst nur nötig [ist], weil in ihr vom inneren Geschehen das Meiste zum Vorschein" kommt; einem solchen Essayisten sei allein gültig, was diesseits der künstlerischen Form liegt, und für ihn habe „die Form nur insofern Wert, als sie dies auszudrücken vermag".[3] Demgegenüber hält Popper in einem unverkennbaren Selbstporträt den Typus des „Kritikers der Form", der in jedem Kunstwerk etwas anderes als den ursprünglichen Inhalt sieht; der Formkritiker verstehe „die Sprachen der Formen jenseits der Menschensprache" und werde zwar „weniger zur Wahrheit und weniger zum Thema" aussagen können, aber dennoch die „Suggestion einer größeren und nicht-kontrollierbaren Wahrheit" vermitteln.[4] Mit dieser konstruierten Polarisierung hat Popper den Unterschied seiner Position zur Lukácsschen eindeutig artikuliert: erst im Essay, in dem die Kunstform sowohl

---

[3] Vgl. „Die Erkenntnis und die Erlösung" (dt. Übers. der Rezension von György Lukács, *A lélek és a formák* erschienen in der ungarischen Tageszeitung *Magyar Hirlap* vom 27. April 1910), in: Leó Popper, *Schwere und Abstraktion*. Versuche (Hg. P. Despoix, L. Müller, Übersetzungen aus dem Ungarischen: A. Gara-Bak), Berlin 1987 [= *SA*], S. 43. Über diese deutsche Essaysammlung hinaus existiert auch eine kritische Ausgabe mit den ungarischen und deutschen Texten: Leó Popper, *Dialógus a müvészetröl* [Dialog über die Kunst], (Hg. O. Hévizi, A. Timár), Budapest 1993. Der Nachlaß befindet sich im Budapester *Lukács-Archiv*.

[4] Ebd., S. 44 f.

Gegenstand als auch Medium der Kritik ist, läßt sich für ihn ein anderes Erkennen als in der klassischen philosophischen Tradition gestalten. Seine Erwartung – die zugleich eine kritische Herausforderung war –, Lukács' Entwicklung werde ihn von der Lebens- zur Formkritik führen, hat sich nicht erfüllt. Denn Lukács, dessen inhaltsbezogene Kritik die Kunst immer auf das Leben zurückführte, hat später die essayistische Form zugunsten einer systematischen Philosophie verlassen.

*

Leó Popper war nicht nur Adressat sowie erster Kritiker der ungarischen Fassung von *Die Seele und die Formen,* sondern er trug auch zum Erfolg des Buches bei, indem er einen Teil der darin enthaltenen Essays in ein stilsicheres Deutsch übertrug.[5] Anders aber als bei Lukács, dessen intellektuelle Haltung aus der Spannung zwischen Kunstkritik und Philosophie schöpfte, schwankte Poppers Streben zwischen den Künsten, die er selbst praktizierte – Gesang, Malerei und Bildhauerei –, und der Aufgabe des Kritikers. Die Entscheidung für das Schreiben hat er nicht zuletzt aufgrund der Lungenkrankheit, die ihn von früh an zeichnete, getroffen. Geboren wurde Leó Popper 1886 in Budapest. Sein Vater, David Popper, deutschsprachiger Jude aus Prag, war ein bekannter Cellovirtuose seiner Zeit.[6] Zu Hause hat Popper Deutsch gesprochen und sich schon als Kind im Violinspiel geübt. Ungarisch lernte er in der Schule, die er jedoch kaum besuchte, um sein Abitur als Privatschüler abzuschließen und sich als Gasthörer an der Hochschule für bildende Kunst einzuschreiben. Den Vorzug gab er weiterhin der deutschen Sprache, in der er sein Tagebuch und die meisten seiner Essays verfaßte. Eine enge geistige Freundschaft

---

[5] Vgl. u.a. Brief an Lukács vom 7. Okt. 1910, in: G. Lukács, *Briefwechsel 1902-1917*, Stuttgart – Budapest 1982, S. 146.

[6] David Popper (1843-1913) war erster Cellist an der Wiener Hofoper, wurde später Professor an der Musikakademie in Budapest, wo er sich als Komponist und Mitglied des Hubay-Quartetts einen Namen machte. Seine erste Frau war eine Liszt-Schülerin.

teilte er neben Lukács ebenso mit dem späteren Soziologen und Wirtschaftstheoretiker Karolyi Polányi, Mitbegründer des Galilei-Kreises – der wichtigsten, seit 1908 bestehenden Zusammenkunft der radikalen Budapester Studentenschaft.[7]

Kaum 25jährig gestorben ist Leó Popper Verfasser eines äußerst schmalen Werkes. Bis 1908 hielt er sich in Budapest auf, wo er begann, einige Kunstbesprechungen – vor allem in der Zeitschrift *Huszadik Század* – zu publizieren.[8] Die wichtigen Zäsuren seines kurzen Lebens waren jedoch die Auslandsreisen. Sie führten ihn in die Metropolen Europas: zuerst, vom Herbst 1908 bis zum Sommer 1909, nach Paris, der großen Stätte moderner Kunst, wo er noch an seiner Bildhauerei arbeitete und sich – ohne genaues Publikationsziel – an der Kunstkritik versuchte. Ab Herbst 1909 lebte Popper in Berlin. Er beteiligte sich am akademischen und geistigen Leben der deutschen Metropole – besuchte unter anderem Simmels Vorlesungen – und konnte einzelne Essays in *Kunst und Künstler* und der *Neuen Rundschau* veröffentlichen. Vom Sommer 1910 an hat er sich wegen des kranken Körpers fast nur noch in Sanatorien aufgehalten. Zuletzt bot ihm aus Wien Karl Kraus, den sein Versuch über den „Kitsch" beeindruckt hatte, *Die Fackel* als Publikationsorgan an. Dort wurden seine letzten Essays gedruckt. Im Oktober 1911 schließlich fanden Poppers Reisen in Göbersdorf bei Dresden ein endgültiges Ende. Kraus veröffentlichte in der *Fackel* den Nachruf, den Lukács für die Budapester deutsprachige Zeitung *Pester Llyod* auf seinen Freund geschrieben hatte.[9]

---

[7] Den anderen bedeutenden Zirkel der jungen ungarischen Intelligenz, den „Sonntagskreis", in dem seine Freunde Lukács und Béla Balázs ab dem Ersten Weltkrieg die theoretischen Debatten leiteten, hat Popper nicht mehr erlebt; dazu vgl. *Georg Lukács, Karl Mannheim und der Sonntagskreis* (Hg. E. Karádi, E. Vezér), Frankfurt/M. 1985, S. 6 ff.

[8] Vgl. die Besprechungen: „Akseli Gallén-Kalléla", „Goya-Ausstellung", „Berliner Secessionisten" und „Budapester Frühlingssalon", in: *Huszadik Század* (März bis Mai 1908), sowie: „Vincent Van Goghs Briefe" in der Kunstzeitschrift *Müvészet* (April 1908), wieder in: *Dialógus …*, S. 17 ff. (dt. Übers. von letzterem in: *SA*, S. 22 ff.).

[9] Vgl. G. Lukács, „Leó Popper. Ein Nachruf", in: *Pester Lloyd*, 18. 12. 1911, S. 5 f., sowie: *Die Fackel*, 1911, Nr. 339/40, S. 26 f.

Formgedanke

Poppers wichtigste Arbeiten handeln von Volkskunst und Ästhetik der Technik, vom Wortklang in der Musik, von Bruegel und Cézanne, von der Plastik Rodins und der Maillols. Als Kritiker hat er sich ausschließlich der „realen Seite der Kunstwelt", der „bildenden" Kunst im Sinne Schellings – Musik, Malerei, Bildhauerei – gewidmet.[10] Hier findet sich seine musische Befähigung nicht nur in den Gegenständen seiner Kritik wieder, sondern geht gleichermaßen in die Form eines Schreibstils ein, der wie kaum ein anderer literarisch überzeugt.

Der Popperschen Kunstkritik liegt ein emphatischer Formbegriff zugrunde, der sich eindeutig von der zeitgenössischen Erneuerung des ästhetischen Interesses nährt. Erst im Rückgriff auf traditionell geächtete Ausdrucksweisen wie die der Volkskunst oder der „primitiven" Stile konnten die künstlerischen Formen anders als das Produkt einer individuellen Intention interpretiert werden.[11] Insofern ist es kein Zufall, wenn Popper seine Idee der Form zuerst 1908 in dem Essay über die „ungarische Volkskunst" – später unter dem Titel *Volkskunst und Formbeseelung* veröffentlicht – dargelegt hat. Hier geht die Form ausdrücklich vom gefertigten Werk und nicht mehr vom Künstler aus: der Unmittelbarkeit erlebter Inhalte stellt er die Mittelbarkeit der Form durch den Schein gegenüber. Für Popper ist *aus* dem Geformten kein Sinn herauszulesen, sondern als „wilde und selbständige Absicht" sucht sich die Form

---

[10] Hierin auch komplementär zu Lukács, der – mit wenigen Ausnahmen – die „redende Seite der Kunst" für sich in Anspruch nahm; zu Poppers Beschäftigung mit der Musik vgl. „Die Kraft des Wortes in der Musik. Entwicklungstheoretische Notizen" (1907), *SA*, S. 15 ff.

[11] Dieses v.a. durch die Veröffentlichungen des Wiener Kunsthistorikers Alois Riegl erweckte Interesse für Volkskunst war für die ungarischen Künstler der Generation Poppers besonders wichtig; vgl.: A. Riegl, *Volkskunst, Hausfleiß und Hausindustrie*, Berlin 1894. Von 1905 an gingen auch Komponisten und Schriftsteller wie Zoltán Kodály und Béla Balázs auf Reise in die Dörfer der Tiefebene. In dieser Zeit fing Béla Bartók mit dem systematischen Sammeln von Volksliedern an, um sie in seine modernen Kompositionen umzusetzen.

vielmehr ihren Weg zur Seele, denn „die Sinne fragen nicht nach dem Sinn, sondern nach dem Schein, um dann den eigenen Sinn zu schenken".[12]

Mit dieser entschiedenen Umkehrung des klassischen Ausdruckswollens argumentiert Popper zunächst rezeptionsästhetisch. Dabei bleibt für ihn jede Rezeption, das heißt jedes Verstehen eines Werkes ein *notwendiges Mißverständnis*. Gewiß greift er hier auf die frühromantische Kunstphilosophie eines Friedrich Schlegel zurück, welche mit einer Ästhetik, die die Intention des Künstlers zum „Sollen des Rezeptiven" machte, schon zu Ende war. Die Kluft zwischen Notwendigkeit und dennoch Unmöglichkeit jeder inhaltlichen Mitteilung galt der Frühromantik als Ironie; hier war die „Unverständlichkeit" des Werkes als Zeichen seiner Geschichtlichkeit und zugleich als Bedingung der Rezeption und Kritik schon angelegt.[13] Popper muß sich ebenfalls an Nietzsche orientiert haben, der in dieser Hinsicht noch radikaler war: diesem genügte es nicht, dem Rezipienten „von vornherein einen Spielraum und Tummelplatz des Mißverständnisses zuzugestehen"; das Mißverstehen wurde produktiv im Hinblick auf die Autorität, die Aura des Werkes. Wo fremder Sinn ins Werk hineinprojiziert wurde, da „ward besser gehört".[14]

Geschult vor allem an den bildenden Künsten führt Popper dies nicht mehr hermeneutisch aus. Denn nicht allein die Diskontinuität der Erlebniswirklichkeit schließt für ihn die Möglichkeit einer adäquaten Mitteilung aus, sondern vor allem die Geschichtlichkeit der künstlerischen Konventionen. Diese Vorstellung wurde um die Jahrhundertwende durch die Wiener Kunstgeschichte, die mit dem Begriff des „Kunstwollens" die Einheit von Wahrnehmungssubjekt und

---

[12] Vgl. „Volkskunst und Formbeseelung", in: *Die Fackel*, 1911, Nr. 324/25, wieder in: *SA*, S. 22; der Essay ist 1908 zuerst auf Ungarisch unter dem Titel „Ungarische Volkskunst" verfaßt worden; vgl. ebd. S. 94.

[13] Vgl. F. Schlegel, „Über die Unverständlichkeit", in: ders., *Schriften zur Literatur*, München 1970, insb. S. 333 und S. 341.

[14] Vgl. F. Nietzsche, *Jenseits von Gut und Böse*, §27.

Kunstmedium bereits historisierte, zum Gegenstand ästhetischer Reflexion gemacht.[15] Leó Popper steht zu sehr in dieser Kontinuität, als daß er den Sprung in die neotragische Existenzphilosophie seines Freundes Lukács hätte vollziehen können. Denn im Gegensatz zu seinem Gesprächspartner, der das grundsätzlich Unfertige an der Kunst als Tragik beklagte, war für Popper jedes Werk gerade „in seiner Unfertigkeit fertig". „Eines jeden Kunstwerkes letzter Schluß ist der Empfangende", heißt es in einem frühen, unveröffentlichten *Dialog über die Kunst*,[16] der damit eine seiner zentralen Denkfiguren bereits ankündigt: Das Werk existiert einzig durch die Rezeption, und aus diesem Grund ist das Mißverständnis für sein Dasein *konstitutiv*.

Dies ergänzt Popper noch mit einem grundlegend neuen Gedanken: Nicht nur in Hinblick auf die Rezeption sieht er das Mißverständnis als unabdingbar, sondern ebenso für das Schaffen. Auch der Schöpfungsprozeß wird von einer inadäquaten Beziehung zwischen Künstler und geformtem Werk bestimmt. Aus den Zwängen des Materials, aus seinen physischen Eigenschaften ergibt sich eine Widerstandskraft, die die Intention des Schaffenden als solche notwendigerweise scheitern läßt. Dies begreift er gleichsam als das *Produktive* des Mißverständnisses.[17] Dadurch erhebt er das Kunstmedium zum Apriori der Form. Lukács hat etwas später in seiner

---

[15] Vgl. insbesondere A. Riegl, *Spätrömische Kunstindustrie* (1901), Darmstadt 1973, S. 26 ff.; das Mißverständnis wird auch von der nominalistischen „Sprachkritik" der Zeit im Wesen der Sprache selbst entdeckt, vgl. F. Mauthner, *Beiträge zu einer Kritik der Sprache* (1901/02), Bd. 1, Berlin 1906, S. 49 ff.

[16] „Dialog über Kunst" (1906), in: *SA*, S.10; vgl. dazu: H.R. Jauß, *Ästhetische Erfahrung und literarische Hermeneutik*, Frankfurt/M. 1982, S. 675 ff.

[17] Vgl. u.a. die Notizen „Zur Mißverständnistheorie", *SA*, S. 77: „Der Hauptfaktor der Entwicklung in der Kunst ist das Mißverständnis." Vgl. ferner: „Die Briefe Vincent van Goghs", und: „Über Graphik" (1908), in: *SA*, S. 22 ff. Der Unterschied zu späteren Theorien des künstlerischen Mißverständnisses ist somit deutlich; Arnold Hauser z.B. wird das „Mißverstehen" ausschließlich auf den Bereich des Rezeptiven beschränken, vgl. ders., *Philosophie der Kunstgeschichte*, München 1958, S. 273 f.; sowie: *Soziologie der Kunst*, München 1974, S. 552 ff.

Heidelberger *Philosophie der Kunst* den Popperschen Gedanken des doppelten Mißverständnisses auf diesen Punkt hin zusammengefaßt: „[Leó Poppers] hellseherischer Blick hat dieses Eigenleben des Werks klar erkannt und ebenso klar die notwendige Verbindung der beiden inadäquaten Verhalten, des Schöpfers und des Receptiven, zu dem Werk: ... für [ihn] war die Theorie der Technik und des Materials die wahre Vorstufe zur Metaphysik der Kunst; denn für seine Anschauung waren technisches Wollen und Gesetz des Materials metasubjektive Träger des Willens zum Werk, der über die wollenden und sich hingebenden Subjekte hinweg sich zu realisieren gezwungen ist und sich in dem Werk substanziert, um ein von den Menschen ersehntes ... aber nie erreichbares irdisches Paradies zu errichten."[18] Mit der Anerkennung des Kunstwerkes als mißverstandenem und dennoch wirkendem, war der Weg zu einer immanenten asubjektiven Kunstphilosophie geebnet, den Lukács jedoch – trotz einschlägiger Unterstützung und Zustimmung des Soziologen Max Weber – nie zu Ende ging.[19] Popper selbst hätte es fern gelegen, aus der eigenen essayistischen Form der Kunstkritik, in der tatsächlich „das Transzendentale nirgends Raum hat", eine systematisierende Ästhetik zu machen.[20]

Produktives Mißverständnis

Poppers Idee vom „produktiven" Mißverständnis hat eine erste ausgeprägte Formulierung in seiner Breughel-Analyse gefunden. Der

---

[18] G. Lukács: *Heidelberger Philosophie der Kunst (1912-14)*, Darmstadt – Neuwied 1974, S. 40 f.

[19] Vgl. Webers Reaktion auf das Manuskript des ersten Teiles der *Philosophie der Kunst* in dem Brief an Lukács vom 10. März 1913, in: G. Lukács, *Briefwechsel*..., S. 320: „Die Grundthese akzeptiere ich, so viel ich sehe ... Daß, nachdem man Ästhetik vom ‚Standpunkt' des Rezipienden, dann jetzt von dem des Schaffenden zu treiben versucht hat, nun endlich das ‚Werk' als solches zu Wort kommt, ist eine Wohltat. Riegl und Popper kenne ich nicht, zu meiner Schande sei es gesagt ... Ich bin begierig, wie es werden wird, wenn Ihr ‚Form'- Begriff auftaucht."

[20] Vgl. „Dialog über die Kunst", *SA*, S. 11.

Essay *Peter Breughel der Ältere*, den er 1910 in der Zeitschrift *Kunst und Künstler* veröffentlichte, ist im Blick auf die moderne Malerei geschrieben. Zunächst als Kapitel eines Buches über Cézanne konzipiert, ist der Text 1909 noch in Paris entstanden, als der junge Kritiker unter dem direkten Eindruck der neuen französischen Kunst, insbesondere der von Maillol, Matisse, Cézanne, Gaugin und van Gogh stand.[21]

Popper ist der erste in der Geschichte der Kunsttheorie, der eine enge Beziehung zwischen Cézanne und Breughel behauptet hat. Diese liegt für ihn nicht in der Ähnlichkeit der Sujets, sondern beruht ausschließlich auf der verwandten Malweise.[22] In ihr erst liegt die Möglichkeit, beide Maler zusammenzubringen, die vor allem im Farbauftrag ihre Verwandtschaft zeigen. Was die Komposition betrifft, lösen Breughel und Cézanne – so Popper – das sogenannte „Luftproblem" auf ähnliche Weise. Bei ihnen wird im Gegensatz zum Cinquecento oder zu den Impressionisten, für die die Körperhaut schon die erste Luftschicht war, die Luft zu einer letzten Haut, die den Dingen ihre Festigkeit verleiht.[23] „Die Kraft aber [schreibt der Kritiker], mit der diese Körper die Luft sich einverleibten, zogen sie auch einander an ... bis sie wie ein Stoff wurden und alle einander verwandt ... So entstand der Urstoff dieser Malerei ... Und wo

---

[21] Vgl. „Paul Cézanne", An K. Scheffler (undatiert, Ende 1909), sowie: An O. Bie (undatiert, zweite Hälfte 1910), *SA*, S. 87 und S. 89; mehrere Textentwürfe sind in dieser Zeit parallel zum Cézanne-Projekt entstanden: „Pariser Ausstellungen" sowie das Fragment: „Von der malerischen Dissonanz"; vgl. hier *SA*, S. 26 ff.

[22] Vgl. „Peter Brueghel der Ältere", in: *Kunst und Künstler*, 1910, Nr. XII, wieder in: *SA*, S. 35: „Wer weiß, wie in der Wildnis der Farbengeschichte, diese Zwei dastehen und aufeinander deuten, der wird nicht säumen sie einander zuzukehren und sie zu verstehen, wie sie einander erhalten sind ..." Erst viel später hat der amerikanische Maler Marc Purper auf den Zusammenhang zwischen Breughels *Hochzeitstanz* (1566) und Cézannes Stilleben *Pommes et oranges* (1895-1900) hingewiesen, vgl. M. Raphael: „Cézanne von Brueghel inspiriert" (1951), in: ders., *Aufbruch in die Gegenwart*, Frankfurt/M. – New York 1985, S. 53 ff., insb. S. 58.

[23] Vgl. „Peter Breughel ...", *SA*, S. 36, und „Die Schwere Cézannescher Bilder", ebd., S. 88.

man sah, daß dieser Stoff an Adel und Tiefe nicht weniger war als alle schönen Stoffe der Natur, daß vielmehr alle diese Stoffe in ihm zu wirken schienen, da war das Ende des Weges erreicht. Es war eine Synthese, so reich wie eine Summe und so einfach wie eine Einheit. *Und sie war unbewußt.* Woran der Maler dachte, war gerade das Gegenteil, war ein ganz freies Eingehen auf die Art der einzelnen Stoffe."[24] Breughel – und ähnliches gilt für Cézanne – geht offensichtlich der Natur nach, will den Körpern Rundung geben und sucht die Raumtiefe. Unwillkürlich bietet er aber eine seltsam flach gewordene Welt, die alle Körper fast in eine Ebene bringt. Die ungewöhnliche Synthese von Flächenstil und Perspektivik, die dabei entsteht, leitet Popper aus dem *Scheitern* des Willens zum Wirklichen ab.

Dieser provozierende Gedanke vom Künstler, der sein eigenes Werk mißversteht, findet ein erstaunliches Pendant in der Vorstellung Rilkes von dem Maler, der „zum Bewußtsein seiner Einsichten" nicht kommen dürfte. In seinen Pariser Briefen vom Herbst 1907 hatte der Dichter auch Cézanne als einen Schöpfer dargestellt, der buchstäblich hinter die Farben zurücktritt.[25] Hierin ist übrigens

---

[24] „Peter Brueghel ...", *SA*, S. 36 f. (meine Hervorhebung); die Nähe zu Diderot ist hier erstaunlich: vgl. z.B. seinen Kommentar zum *Bocal d'olives* von Chardin im „Salon de 1763", in: ders., *Oeuvres esthétiques*, Paris 1988, S. 483 f.

[25] Vgl. R.M. Rilke, insb. Brief vom 21. Okt. 1907, in: *Briefe über Cézanne*, Frankfurt/M. 1983, S. 55 f.: „Ich wollte ... von Cézanne sagen: daß es niemals noch so aufgezeigt worden ist, wie sehr das Malen unter den Farben vor sich geht, wie man sie ganz allein lassen muß, damit sie sich gegenseitig auseinandersetzen. Ihr Verkehr untereinander: das ist die ganze Malerei. Wer dazwischenspricht, wer anordnet, wer seine menschliche Überlegung, seinen Witz, seine Anwaltschaft, seine geistige Gelenkigkeit irgend mit agieren läßt, der stört und trübt schon ihre Handlung. Der Maler dürfte nicht zum Bewußtsein seiner Einsichten kommen (wie der Künstler überhaupt): ohne den Umweg durch seine Reflexion zu nehmen, müssen seine Fortschritte, ihm selber rätselhaft, so rasch in die Arbeit eintreten, daß er sie in dem Moment ihres Übertritts nicht zu erkennen vermag."; vgl. ferner die Briefe vom 13., 22. und 23. Okt. sowie vom 1. Nov. 1907; Popper konnte diese Briefe Rilkes, dessen Pariser Aufenthalt sich z.T. mit seinem eigenen deckte, nicht kennen.

die Affinität beider Autoren sowohl in den Gegenständen – der Kunst von Rodin, Van Gogh, Cézanne – als auch im Stil der Essayistik kaum zu verkennen.[26] Für Popper jedoch ist das produktive Mißverständnis – und das macht die Eigenheit seiner Betrachtung aus – nicht nur im Widerstand des Materials gegen den künstlerischen Ausdruck begründet, sondern auch in der unvermeidlichen Verzerrung des Kunstverständnisses durch die Geschichtlichkeit der Wahrnehmung: „[Brueghel] ist gehindert von vielen Hemmnissen des Werkzeugs und der Natur und *zu allerletzt von uns selbst*, die wir mit unserer langeveränderten Naturbetrachtung in ihm nicht mehr das Naturbild sehen, wie seinerzeit die Leute. – Da ist vor allem das Hemmnis des Materials ...: alle Stoffe will er greifen ... und er hat nur einen Stoff für sie alle: die Ölfarbe ... Er geht den größten Weg zur Natur. Aber wo Jeder fallen muß, da fällt auch er. Doch ... was im Fallen erfüllt, ist noch mehr als was er gewollt. So sehen wir zwei Leute in ihm: den, der war und wollte, und den, der nicht konnte und heute ist ... Der Erste war nötig um den Zweiten zu zeugen und dieser um jenen zu erhalten. Sie haben zusammen den Naturalismus und den Stil ... Und *so kommt Brueghel neben Cézanne zu stehen*, der dasselbe will und dasselbe nicht kann und den zuletzt seine Zweifel hoch über seine Ziele emporschleudern, wie Brueghel von seinem Glauben über sie emporgehoben wurde."[27]

Die hier konstruierte „Doppelung" Breughels in einen wollenden „Naturalisten", der der Historie angehört, und einen unbewußten „Stilisten", an den Cézanne anknüpfen kann, berührt den Kern des Popperschen Mißverständnisgedankens. Eine solche Entzweiung ist primär als Produkt der geschichtlichen Differenzierung der Apperzeption zu begreifen, insofern als diese die Wirkung der Wider-

---

[26] Diese Affinität wird noch dadurch bestätigt, daß Rilke der einzige Schriftsteller war, über den Popper je einen Essay plante, der jedoch nicht mehr zustande kam; vgl. den Brief an Lukács vom 7. Okt. 1910, in: G. Lukács, *Briefwechsel ...*, S. 146.

[27] „Peter Brueghel ...", SA, S. 41 f. (meine Hervorhebung); die polemische Pointe gegen W. Worringers *Abstraktion und Einfühlung* (1908), wo die Begriffe Naturalismus und Stil als Polarität der Produkte des Kunstwollens gedacht sind, ist hier kaum überhörbar.

standskraft des Materials gegenüber dem künstlerischen Wollen neu zutage treten läßt. Denn erst im Entzauberungsprozeß des Sehens mit seiner fortschreitenden Aufwertung der perspektivischen Raumtiefe kann Popper gewahr werden, daß das, was an der intimsten Intention des Naturalisten Breughel gescheitert war, für die späteren Zeiten zur Problematisierung großen Stils – und daß heißt: moderner Abstraktion – heranwachsen konnte.[28]

Ausschlaggebend ist für seine Argumentation, daß sich die zwei komplementären Momente des Mißverständnisses, inadäquater Ausdruck und inadäquates Verstehen, durch die radikale Autonomisierung der Kunstsphäre gegenüber dem religiösen Glauben neu zusammensetzen können. Um diese ungewohnte Position zu erläutern, schreibt Popper an den Verleger von *Kunst und Künstler*: „Cézanne [ist] der Erbe Breughels ... vor allem, weil er der Problematiker ist zu des anderen glaubensblinder Sicherheit ... Bei ihm ist der Zweifel die ‚stilbildende Kraft‘."[29] Gewiß bezeichnet der „Zweifel" für Popper den eigentlichen zeitdiagnostischen Standort jeder modernen Kunstschöpfung. Aber erst weil Breughel die Forderung des Stils vorwiegend einlöst, indem er das Gewicht seiner gemalten Körper wiedergibt, als müsse „die Schwere selbst da sein, ihre Schrift zu erklären", kann Cézanne hier eine Stütze finden. Seinen Zweifel überantwortet der moderne Maler ganz dem Material, und auch bei ihm läßt sich das Paradoxon des ungewollten Stils an der „Schwere" seiner Darstellung ablesen: „Wohl zehnmal zeichnet [Cézanne] einen Topf und fünfmal verändert er seine Größe und seinen Fleck, dem immer schwereren, immer strafferen Gebilde ge-

---

[28] Hier kann man die Distanz zu A. Hausers späterer Position ermessen, der Breughel neben Tintoretto und Greco zu einem der bewußtesten Repräsentanten eines Stils, der im „Weltbild" des Manierismus seinen Ursprung hat, machen muß, um das eminent Moderne an seiner Kunst zu erklären. Deutet der Kunstsoziologe – im Gegensatz zur These vom Naturalisten Breughel – ihn als Vorbild eines Van Gogh, so aufgrund der ähnlichen Organisation der Bilder und v.a. aus „jener Synthese der dem Stil beider Künstler immanenten Elemente." Vgl. A. Hauser, *Der Manierismus*, München 1964, S. 247.

[29] Vgl. „Paul Cézanne", An K. Scheffler, *SA*, S. 87 f.

mäß, ringend, atemlos hinter seinem Schwerpunkt her, problematisch bis in die tiefste Meisterschaft hinein."[30] In dieser letzten Hingabe an die Materialschwere sieht Popper die angemessene moderne Antwort auf den Verlust der Transzendenz. Hier liegt eines der weiteren Grundmotive, die seine Kunstkritik insgesamt prägen. Eben „die Schwere Cézannescher Bilder" sollte die Überschrift des Buches werden, das er über den französischen Maler nicht mehr zu Ende schreiben konnte.

Schwere und Bewegung

Insbesondere in Poppers Theorie der Skulptur wird die Schwere des Materials zum „Werkzeug" des produktiven Mißverständnisses erhoben. Zwar erinnert der betonte Rekurs auf eine Schwere, die als Hauptattribut der Substanz fungiert, an die frühen „naturphilosophischen" Versuche Schellings;[31] Poppers Schwere-Begriff geht jedoch unmittelbarer auf die „erste" Theorie der Plastik des Berliner Soziologen Georg Simmel zurück. Im Anschluß an seine Studie zur „ästhetischen Bedeutung des Gesichts" hatte Simmel 1901 einen kurzen Essay unter dem Titel *Ästhetik der Schwere* publiziert, in dem er die Art und Weise, wie seelisch-physiologische Impulse des Menschen mit der physikalischen Schwere ringen, als bestimmend für den Stil der plastischen Darstellung erklärte.[32] Trotz der Versuche Meuniers, den modernen Arbeiter zum Gegenstand dieses Zweikampfes zu machen, erscheint bei Simmel hier noch Michelangelo

---

[30] Ebd., S. 88.

[31] Vgl. F.W.J. Schelling, *Naturphilosophie an den Principien der Schwere und des Lichts* (1806), in: ders., *Ausgewählte Schriften*, Frankfurt/M. 1985, Bd. 3, S. 651 ff. sowie: *Über das Verhältnis der bildenden Künste zu der Natur* (1807), ebd., Bd. 2, S. 606 ff.

[32] Vgl. G. Simmel, „Ästhetik der Schwere", in: *Der Zeitgeist*. Beiblatt zum Berliner Tageblatt, 10. Juni 1901, wieder in: ders., *Gesamtausgabe. Band 7*, Aufsätze und Abhandlungen 1901-1908, Bd. 1, Frankfurt/M. 1995, S. 43 ff.; aus dieser Spannung ergibt sich für Simmel die Grundpolarität von „Würde und Anmut", je nachdem, ob in der Skulptur das Ringen der Elemente miteinander oder allein der Sieg des Seelischen vorherrscht.

als die letzte klassische Größe: „Bei [ihm] fühlen wir alle Körper gegen einen Druck ringen, eine ungeheure Schwere zieht sie nieder, und eben deshalb müssen sie eine ungeheure, leidenschaftliche Kraft anwenden, um sich dagegen aufzuarbeiten: der Kampf der Seele, die sich befreien will, gegen das elementare Lasten des natürlichen Seins, das zugleich die dumpfe Tragik innerer Belastungen symbolisiert – dieser Kampf ist hier auf dem Punkt zum Stehen gekommen, wo beide Richtungen ihr Äußerstes entfalten. Sobald das von ihm mit unbegreiflicher Kunst festgehaltene Gleichgewicht beider in der späteren Entwicklung ins Wanken geriet, sobald man die seelische Freiheit und Impulsivität durch einfache Vernachlässigung der Schwere zu vollerem Ausdruck zu bringen meinte, glitt der Stil Michelangelos in das Barocke über."[33]

Relativ unbeachtet blieb dieser frühe Entwurf Simmels unter anderem deshalb, weil seine Theorie der Plastik durch seine Kenntnisnahme der Kunst Rodins eine wesentliche Umwertung erfuhr. Diese läßt sich schon ab 1902, dem Jahr der großen Rodin-Ausstellung in Prag, beobachten. In dessen Werken fand der Soziologe „die Geistesrichtung der Gegenwart" nun genau abgebildet. Im französischen Künstler erblickte er einen virtuosen Überwinder der Materialschwere und schon daher ein zeitgenössisches Pendant zu Michelangelo: „Was die Plastik der Sehnsucht der modernen Seele gewähren kann, hat zuerst wieder Rodin geleistet. An seinen Werken empfinden wir wieder die restlose Beseelung des Steines und der Bronze, hier scheint ein Innenleben des Steines an seiner Oberfläche zu vibrieren, sie widerstandslos nach sich gestaltet zu haben, wie man wohl sagt, daß die Seele sich ihren Leib baut."[34] Der Soziologe ist mehrmals auf die Kunst Rodins zurückgekommen, und seine Theorie der Plastik hat in dieser Auseinandersetzung entsprechend schärfere Konturen angenommen. In ihr wird zugleich Simmels Fokussierung auf das „psychologische" Moment

---

[33] Ebd., S. 45.

[34] G. Simmel, „Rodins Plastik und die Geistesrichtung der Gegenwart", in: *Der Zeitgeist...*, 29. Sept. 1902, wieder in: ders., *Gesamtausgabe. Band 7*, a.a.O., S. 97.

immer deutlicher. In dem späteren, grundlegenden Aufsatz *Die Kunst Rodins und das Bewegungsmotiv in der Plastik* (1909) ist die Grundkategorie, mit welcher er versucht, die moderne Skulptur zu fassen, nicht mehr die Schwere des Materials, sondern ausschließlich die „Bewegtheit" des dargestellten Körpers – als symbolhafte „Versinnlichung des Werdens".[35]

Poppers eigene Beschäftigung mit der Bildhauerei läßt sich seit seinen ersten Schriftentwürfen belegen. Schon in Budapest gehörte das Rodin-Büchlein Rilkes zu seiner Lektüre,[36] und während seines Pariser Aufenthaltes hatte er sich mit den Werken neuerer französischer Bildnerkunst, darunter selbstverständlich Rodin, vertraut gemacht. Darüber hinaus war er schon vor seiner Berliner Zeit über seine Freunde Lukács und Balázs, die zeitweise im engeren Simmel-Kreis verkehrten, von den ästhetischen Debatten, die der Soziologe führte, genau unterrichtet. Die Poppersche Theorie der Skulptur, enthalten in dem 1911 in der *Fackel* publizierten Essay *Die Bildhauerei, Rodin und Maillol*, liest sich in der Tat wie eine polemische, wenn auch den Adressat nicht benennende Antwort auf Simmels neue Ästhetik der seelischen Bewegtheit. Der Angriff auf die nervöse Virtuosität Rodins ist massiv formuliert, und Maillols ideelle Ruhe wird ihr als wohltuender Ausgleich entgegengesetzt. Popper übernimmt zwar Simmels Charakterisierung des Bildhauers Rodin als einem Schöpfer gegen den Stein und großem Überwinder der Materie, aber nur um dessen Argument umzukehren. Denn der Kritiker sieht in dessen Entmaterialisierung der Kunst nicht nur die Gefahr einer Auflösung jedweden Stils; der Kern seiner Kritik zielt primär auf das Zuviel-Können und -Wollen Rodins, der dabei die Wirkung der Materialschwere als notwendige „Form des Materialschutzes" für den Wahrnehmenden gänzlich verdränge.[37] Als

---

[35] Vgl. G. Simmel, „Die Kunst Rodins und das Bewegungsmotiv in der Plastik", in: *Nord und Süd*, Bd. 129, Mai 1909, unter dem Titel „Rodin" aufgenommen in: ders., *Philosophische Kultur* (1911), Berlin 1983, S. 157.

[36] Vgl. u.a. das Rilke-Zitat aus R.M. Rilke, *Auguste Rodin*, Berlin 1903, in: „Dialog über die Kunst", *SA*, S. 9 f.

[37] Vgl. „Die Bildhauerei, Rodin und Maillol", in: *Die Fackel*, 1911,

„Kunst der Schwere" müsse die Skulptur durchaus *„primitiv"* bleiben: in ihr können Schwerkraft und entfesselte Bewegtheit nicht zugleich zum Ausdruck kommen – so Poppers Entgegnung auf den Hinweis Simmels, die neuere Plastik sei bis Rodin die „spezifisch *unmoderne* Kunst" geblieben.[38] Nicht erstarrte Nachahmung zügelloser Bewegung, die wie in der Rodinschen „Impression des Übermomentanen" eine „neue Monumentalität des Werdens" verspräche,[39] sondern vielmehr abstrakte Expression sei die Lösung für ein Bildwerk, das dem Beschleunigungsprozeß der Moderne gerecht zu werden sucht. Die ganze Poppersche Ästhetik ist in diesen gegen Simmel gerichteten Sätzen gebündelt: „Es ist dem Bildwerk versagt, der Seele in ihrer Äußerungen nachzugeben. Der Stein, mit seiner Grundmusik, wird die verstiegenen Bewegungsstimmen unbegleitet lassen. Und doch ist dem Bildwerk eine Möglichkeit gegeben: es kann die Seele ausdrücken, wenn es sie *nicht* darstellt. Die starren Ägypter können in Vibration geraten und Seele ausströmen, und in den schweren Michelangelos kann es fließen mit unerhörten Wässern tiefsten Seelentums. Denn: nur wo die Form den Stoff verstanden hat, versteht die Seele die Form, und will in ihr wohnen."[40]

Poppers Leitbild ist die archaische Kunst der Antike, insbesondere der Ägypter. Der Rodinschen Beseelung der Figur durch Bewegung setzt er deren physisches Abrechen im Torso entgegen.[41]

Nr. 321/22, wieder in: *SA*, S. 63 ff.; hier wird die Kritik am Virtuosen, der Geniefigur als solcher des ausgehenden 19. Jahrhunderts besonders deutlich, vgl. ebd., S. 68 f., und dazu: N. Wagner, „Zur Ästhetik der Moderne. Karl Kraus mit Leo Popper gegen G. Simmel", in: *Lettre International*, 1988, Nr. 2, S. 61 ff.

[38] Vgl. G. Simmel, „Rodins Plastik ...", a.a.O., S. 96: „Indem die Plastik nun dieser Zauber der subjektiven Seele seit Michelangelo fehlte, ist sie die spezifisch *unmoderne* Kunst geworden." Dagegen Popper, „Die Bildhauerei ...", *SA*, S. 66: „[Die Bildhauerei] ist von allen Künsten am wenigsten entwicklungsfähig ... sie ist in Wahrheit eine *primitive* Kunst. Ihr Barock beginnt schon beim ersten vorgestreckten Fuß." (meine Hervorhebung).

[39] Vgl. G. Simmel: „Rodin", in: *Philosophische Kultur*, a.a.O., S. 158.

[40] „Die Bildhauerei ...", *SA*, S. 67.

[41] Die Torsi sind die einzigen Werke Rodins, die Poppers Würdigung

Für Popper – hierin auch Rilke verwandt –, ist der Torso deshalb das Sinnbild der Bildhauerei schlechthin, weil in ihm die zersetzende Wirkung der Zeit schon vorweggenommen ist: „Im Torso ist kein Unrecht. Und selbst wenn der Kopf fehlt: was der Schwere geopfert ist, ist der Schönheit gewonnen. Je mehr Organe fehlen, desto stärker wird er Organismus. Und jedes gute Bildwerk ist ein Torso: ein Rumpf des schwerlos beweglichen Lebens."[42] Daraus ergibt sich eine weitere, paradoxe Konsequenz des produktiven Mißverständnisses: Gerade der Torso gewährt für Popper das Gleichgewicht für den Betrachter, und er allein kann „Schwerelosigkeit" evozieren insofern, als er seine anthropomorphen Züge – und somit die notwendige Ausrichtung durch die Schwerkraft – zum Teil verloren hat.

Weil Maillol ausdrücklich auf sein Material Rücksicht nimmt – und nicht gegen dieses arbeitet –, zieht Popper seine Torsi und Statuen als Vorbild für die moderne Skulptur denen Rodins vor.[43] Die Technik, die Maillol gewählt hat – er entschied sich in der Plastik für den „glatten Guß" –, findet in seinen ruhigen Sujets ihren Niederschlag:[44] „Alle seine Frauen von Bronze künden mit ihrer süßen

---

finden; vgl. Rilkes berühmtes Gedicht „Archaischer Torso Apollos", das *Der Neuen Gedichte anderer Teil*, Leipzig 1908, eröffnete.

[42] „Die Bildhauerei ...", *SA*, S. 65.

[43] Zu Poppers Maillol-Rezeption vgl. den Brief an Lukács vom 21. Juni 1909 über die zwei Fotos von Skulpturen, an denen er selbst in Paris gearbeitet hatte: „sollte Maillol Dir einfallen, vor ihm darf man stehen ebenso wie vor den Dingen; und eine wirklich *gute* heutige Skulptur kann nur daran gemessen werden, wie gut ihr gelungen ist, Maillol zu verdauen." in: *Dialógus* ..., S. 277.

[44] Hier stützt sich Popper vermutlich auf Julius Meier-Graefes Kapitel „Gauguin und sein Kreis" in: ders., *Impressionisten*, München 1907, S. 396 f.: „Die Kunst ist für Maillol eine Materialfrage. Er fing mit Bildern an. Dann vertauschte er die Malleinwand mit einem festeren Gewebe. Als er noch fester wurde, nahm er Holz und schnitzte, schließlich Metall. Nie nahm er Stein; darin das bestimmende Moment für seine Sachen ... [Der Eindruck] kommt von einer Gestaltungsart her, die dem Wesen Michelangelos ganz entgegengesetzt ist. Maillol füllt die Form, statt sie zu höhlen ... Erst in den Wundern frühgriechischer Kunst, die noch unter dem Blick der großen Sphinx entstanden, findet man die ganz verwandte Erscheinung." Ferner S. 399: „In [der französischen Plastik] bringt Maillol das Neue, und diese Gabe verliert

Schwere [die] heilige Verwandlung. In allen Gliedern hat er sie erfüllt. Sie haben einen Teil ihres Lebens weggegeben und dafür vom Leben des schweren Erzes bekommen, welches sich mit dem alten wunderbar vermischt hat."[45] Die betont religiösen Metaphern, von denen Popper in seinem Essay extensiven Gebrauch macht, sollten nicht darüber hinwegtäuschen, daß es hier um eine reine Materialästhetik geht: denn die Schwere, der hier „Opfer" gebracht wird, steht für die physikalische Schwerkraft. Hatte sich dem Kritiker zufolge bei Rodin die Transzendenz dem Material selbst „eingenistet", so schlägt Popper in der bildenden Darstellung vor, den Menschen der Immanenz der *physis* preiszugeben. Das Gravitationsgesetz tritt an die Stelle der alten Gottheiten, und die nun notwendig gewordene Menschen-Formel in der Skulptur weist für den Essayisten keine Anthropomorphie mehr auf, sondern eine abstrakte Form.

Vermutlich hatte die Tuberkulose, durch die Popper sehr früh in seiner Tätigkeit eingeschränkt war, auch eine ungewöhnliche Apperzeptionsschärfe zur Folge. Dies ist jedenfalls an seiner Kritik der zeitgenössischen „Bewegtheit" und „Nervosität" kaum zu überhören. Sie richtet sich zunächst gegen die Schwächung des Differenzierungsvermögens in der Alltagswahrnehmung. Nach Popper empfindet der moderne Mensch, ohne noch unterscheiden zu können: denn durch die permanente Schockbehandlung der Sinne erhält jeder Eindruck einen gleichrangigen Wert, so daß die Ruhe als Grenzgefühl für den Körper nicht mehr notwendig erscheint. Die „Erregtheit" der modernen Seele stellte für ihn eine trügerische Emanzipation insofern dar, als jede Empfindungsform substanzlos zu werden droht. Rodins offene Werke hielt Popper für das er-

---

nicht an Wert, wenn sie sich als uralt herausstellt. Vielleicht ist er der erste Franzose, der nicht barock wirkt seit der Zeit der Gotik ... Stets sind seine Körper in vollendeter Ruhe; die stehende Pose – die uralte der Griechen –, das gelassene Sitzen wählt er am liebsten. Kein Drama trübt diese reinen Stirnen, kein erregter Muskel stört die klare gewölbte Fläche. Nur in der Fülle des sanft bewegten Umrisses atmet geheimes Leben."

[45] „Die Bildhauerei ...", *SA*, S. 71.

schreckende Zeichen einer rücksichtslosen Auslieferung des Menschen an die Bewegung.

Aber im Rückblick auf den in der *Neuen Rundschau* 1910 erschienenen Essay *Zur Ästhetik des Aeroplans* wird deutlich, daß die Pointe der Popperschen Kritik sich weniger gegen die Bewegtheit der modernen Welt an sich richtet als gegen ihre genuine Unfähigkeit, Schwerpunkte innerhalb der Bewegung zu finden. Die Mißbilligung der „naiven" Nachahmung gegenwärtiger Nervosität in den traditionellen Künsten findet hier in der Forderung nach einer Zweckästhetik im Bereich des Technischen ein aufschlußreiches Pendant.[46] Natürliche Bewegung beschreibt Popper ausschließlich als Übergang, als Zwischenphase, die auch für den Betrachter nach Sicherung des Gleichgewichts verlangt. Mit dem Aufkommen des Motors als Triebwerk wurde auf einmal der bewegende Teil unsichtbar und somit „das größte Mißverhältnis in alle Bewegungen gebracht".[47] Da der Mensch für alles Schnelle allein über eine optische Kontrolle verfügt, dürften nach Popper die neuen treibenden Maschinen das Auge nicht täuschen: sie müßten so konstruiert werden, daß alles an ihnen wirklich das ist, was es scheint. So daß die Illusion, nämlich die Unnatürlichkeit der Bewegung, möglichst deutlich wird, um das Gleichgewichtsgefühl des Zuschauers zu sichern.

Daher auch Poppers Forderung, auf jeden Naturnachahmungstrieb in der Technik zu verzichten. Denn, ästhetisch betrachtet, sei die Maschine eine Art tierhaftes Pendant zur Marionette; ihr Motor gleiche deren sichtbaren Fäden. Popper macht am Beispiel der Außenform des damaligen „Aeroplans" klar, daß kein Kompro-

---

[46] Vgl. „Zur Ästhetik des Aeroplans", in: *Die Neue Rundschau*, 1910, Nr. 10, wieder in: *SA*, S. 50 ff.; den Essay verfaßte Popper anläßlich der Berliner Flugwoche Ende Mai 1910; in dieser Zeit hatten sich schon Hofmannsthal, Kraus und Kafka zu diesem Gegenstand geäußert: vgl. H. Hofmannsthal, „Zeppelin" (1908), in: ders., *Gesammelte Werke, Prosa I*, Frankfurt/M. 1959, S. 355 ff.; K. Kraus, „Apokalypse" (1908), in: ders., *Grimassen. Ausgewählte Werke*, Bd. I, München 1971, S. 189 ff.; F. Kafka, „Die Aeroplane in Brescia" (1909), in: M. Brod, *Über Franz Kafka*, Frankfurt/M. 1974, S. 359 ff.

[47] „Zur Ästhetik des Aeroplans", *SA*, S. 52.

miß zwischen Vogel und Propellermaschine möglich sei, wenn man die Triebkraft als optisches Komplement zum Übergewicht des Bewegten gegenüber dem Bewegenden verdeutlichen will. So muß noch – so endet der Essay – gewartet werden, bis die zweckmäßigste Form der Flugmaschine entwickelt werde, damit sie ästhetisch annehmbar sei.[48]

Alfred Polgars Wort über Adolf Loos, seine Ästhetik sei eine auf die Welt der Sachen angewandte Ethik, könnte im weitesten Sinne für Leó Popper gelten.[49] Denn dessen für die Welt der Technik entworfene Zweckästhetik verlangt auch von den modernen Dingen, daß nicht der Schein die Funktion verdecke. So *muß* für ihn die neue Technik entzaubern, um nicht zum Mythos der modernen Welt zu werden. Nach dem „Tode Gottes" sollten keine neuen Götzen im Schein der ornamentalen Maskierung erstehen. Dies war in Poppers Essay *Der Kitsch* (1910) schon zum Programm geworden. Liegt der Sinn des mechanisch erzeugten Gebrauchsgegenstandes seinem Zweck zugrunde, so ist es besonders absonderlich, ihn mit einem anderen Sinn zu verkleiden: so, wie aus dem Flugzeug einen Scheinvogel, aus der Eisenkonstruktion eine steinmaskierte zu machen, oder aus dem Gebrauchsgegenstand etwas Kunstgewerbliches – was in diesem Text als der äußerste Kitsch erscheint.[50]

Das Erbe der Religionen dürfe nicht die Technik antreten, sondern der neu zu schaffende Stil. Diesem allein weist Popper die Aufgabe zu, die Sehnsucht nach Sinn zu stillen. Als Stil der Zweck-

---

[48] Popper vermutet hier auch eine abstrakte Form; seine zweckästhetische Forderung als Norm für die Flugtechnik läßt eher an den Hubschrauber als auf eine mögliche „Verbesserung" des damaligen Flugzeuges denken; zur Bedeutung des Aeroplans in den zeitgenössischen Debatten vgl. ferner: F.P. Ingold, *Literatur und Aviatik*, Basel 1978.

[49] Vgl. Beitrag von A. Polgar, in: *Adolf Loos. Zum 60. Geburtstag*, Wien 1930, S. 42.

[50] Vgl. „Der Kitsch", in: *Die Fackel*, 1910, Nr. 313/14, wieder in: *SA*, S. 55 ff., insb. S. 60; der Essay ist in *Die Fackel* mit dem Gedicht von E. Lasker-Schüler: „Ein alter Tibetteppich" eingeführt. Die Kitsch-Kritik Poppers erinnert stark an den 1910 gehaltenen berühmten Vortrag „Ornament und Verbrechen" von Adolf Loos, wieder in: ders., *Trotzdem*, Wien 1982.

ästhetik und der Abstraktion richtet sich dieser Begriff gleichermaßen gegen das unkontrollierte Erzeugnis technischer Reproduzierbarkeit, gegen das neue Ornament der Gegenwart, das die Wiener Karl Kraus und Adolf Loos als Ausgeburt moderner Stil- und Formlosigkeit in der *Fackel* immer wieder anklagten. Insofern ist es letzten Endes schlüssig, daß der Essay, in dem Popper gegen die zeitgenössische Kitschsucht den Zirkus und die Volkskunst als Schule einer formgeborenen Kunst empfohlen hatte, auf Kraus so überzeugend wirkte, daß er ihn in der *Fackel* aufnahm.[51]

Suche nach dem „Stil"

Geschult als Betrachter der neuen Pariser Malerei und durch die eigene großstädtische Erfahrung weiß Leó Popper um die Bedeutung des Auges als Wahrnehmungsorgan der Modernität. Doch sein Auge ist weder das autonome der Impressionisten noch das analytische des Stadtsoziologen Simmel. Es ist vielmehr dem „Augensinn" der Goetheschen Farbenlehre verwandt. Denn für Popper besteht jedes Bild aus zweierlei: aus dem Dargestellten und aus dem Auge, das es sieht. Und wie bei Goethe kann das Auge auch für ihn nur unter Zuhilfenahme des ganzen Körpers Formen und Architektonik begreifen.[52] Über die „naturwissenschaftliche" Auffassung des Dichters hinaus hat Popper vor allem in den kunstgeschichtlichen Konstruktionen der

---

[51] In einem Begleitbrief schrieb Popper an den *Fackel*-Verleger, er möge „in den Gedanken von der Innerlichkeit des Formellen ... die verwandte Orientierung nicht verkennen", und gibt der Hoffnung Ausdruck, „daß die Bestätigung Ihrer eigenen Sprachmetaphysik (verzeihen Sie das harte Wort) in der bildenden Kunst Ihnen nicht ganz bedeutungslos erscheinen wird." Vgl. Briefskizze an K. Kraus (undatiert, Ende 1910), *Lukács-Archiv*.

[52] Vgl. J.W. Goethe, „Baukunst" (1795), in: *Goethes Werke* (Hamburger Ausgabe), Bd. XII, München 1973, S. 36: „Man sollte denken, die Baukunst als schöne Kunst arbeitet allein fürs Auge; allein sie soll vorzüglich und worauf man am wenigsten achtet, für den Sinn der mechanischen Bewegung des Körpers arbeiten; wir fühlen eine angenehme Empfindung, wenn wir uns im Tanze nach gewissen Gesetzen bewegen; eine ähnliche Empfindung sollten wir bei jemand erregen können, den wir mit verbundenen Augen durch ein wohlgebautes Haus hindurchführen."

Wiener Schule – Alois Riegl muß zu seinen entscheidenden Lektüren gehört haben – Material zur Erweiterung der Einheit zwischen Wahrgenommenem und Wahrnehmendem gefunden. Nicht dem isolierten Auge gehörte etwa für Riegl der Umriß auf einer Fläche, sondern in erster Linie der Hand, die allein die Raumabgrenzung wahrzunehmen imstande ist. Die Flachheit der ägyptischen Bilder, ihr Vermeiden jeden Schattens und jeder Rundung der Körper war das Zeichen ihrer Raumfeindlichkeit. Erst in der Spätantike hat sich dem Kunsthistoriker zufolge das Auge von der Hand emanzipiert, um in Zusammenspiel mit dem subjektiven Bewußtsein die volle Dreidimensionalität des Raumes zu entdecken.[53] Die autonome optisch-farbige Wahrnehmung als Apriori der spezifisch europäischen Malerei stand für Riegl am Ende dieser Entwicklung.

Popper hat diese Unterscheidung zwischen optischer und taktiler Apperzeption für seine Forderungen an die moderne Kunst aufgegriffen. Eine mehrstimmige „Gesamtwahrnehmung" ist sein anthropologisches Fundament im Kampf gegen den Historismus. In einem Entwurf über den Kupferstecher Hercules Seghers setzt er der Historie der schaffenden Genies und den zeitgenössischen Künstlerbiographien eine Geschichte der wahrnehmenden Sinne entgegen: das Geschichtssystem der Menschenaugen den Skeletten der historischen Chronologie.[54] Als Form der Zeitbindung und Apriori der Erfahrung verkörpert der Stil für Popper den Apperzeptionszusammenhang einer Epoche. So wird dieser als Rettung vor dem Ersticken unter der Last des immer übermächtiger werdenden Vergangenen zum Instrument eines Vergessens im Sinne Nietzsches; er wird zur Selektionsinstanz, in deren Namen Ordnung geschaffen werden kann „im Chaos des Chronologischen".[55] An die Stelle des melancholischen Einfühlungssubjekts des Historismus tritt ein Ästhetisch-Unbewußtes, das den Nachweis historischer Legitimation durch die Konstruktion von Wahlverwandschaften er-

---

[53] Vgl. A. Riegl, *Spätrömische Kunstindustrie*, a.a.O., S. 32 ff.

[54] Vgl. „Hercules Seghers" (Fragment, vermutlich 1910), in: *SA*, S. 82 f.

[55] Ebd., S. 83.

setzt. Die Hand greift in die Sphäre des autonom gewordenen Auges ein, um den Gedanken Richtung zu geben. So kann Popper, der von „Wahlkausalitäten" spricht, über die Jahrhunderte hinweg nicht nur Breughel neben Cézanne, sondern Van Gogh neben Seghers stellen.[56]

Daß der Weg zu einer neuen Klassik für die Moderne versperrt bleibt, ist dem Kritiker aber bewußt. Es gibt für ihn nur die Wahl zwischen einem „primitiven" Stil und dem modernen Äquivalent zum „spätantiken": und das heißt zwischen Raumfeindlichkeit und Raumemanzipation. Wo nach Riegl die Spätantike noch die stoffliche Individualität der Dinge zu retten wußte, sieht Popper im modernen Impressionismus – bis auf Cézanne – eine Verabsolutierung des Raumes, die zur Auflösung der Dinge führt und in Stillosigkeit mündet. Das Auge, rückgebunden an die übrigen Sinne in der taktilen Wahrnehmung, habe im Gegenzug zur Raumemanzipation die Normen für einen Stil der „Zeitbindung" zu setzen.

Der Kunstkritiker erhoffte sich auf diesem Weg eine Wiedergeburt des „tektonischen Gedankens", dem er seine Zeitschrift *Die Fuge* widmen wollte.[57] Dieses Projekt versuchte Popper im Frühjahr 1910 in Berlin zu verwirklichen: als Kampforgan großen Stils, als Posaune der Zukunft wollte er diese Zeitschrift mit Hilfe seines Freundes Otto Mandl etablieren. Vergangenheit, Gegenwart und Zukunft sollte sie „auf ihren Inhalt an bauenden Werten prüfen", gegen das „bewußtseinsinfizierte Elend der Erscheinungen" in allen Künsten das „konstruktive Unbewußte" retten.[58] Im architektonischen Kontrapunkt der Fuge, die seinem Zeitschriftprojekt den Titel gibt, sind die komplementären Standpunkte angedeutet, von denen aus Popper seine Urteile über jede Kunstform fällt: die Ar-

---

[56] Vgl. ebd., S. 82 und S. 86; sowie: „Paul Cézanne", ebd., S. 87 f.

[57] Vgl. die Nähe zu Carl Einsteins späterem Begriff des „plastischen Sehens", der auch anhand einer Impressionismus- bzw. Rodinkritik entwickelt wird, in: ders., *Negerplastik* (1915), Berlin 1992, S. 11; sowie ferner: M. Raphael, „Der Tastsinn in der Kunst" (1915), in: ders., *Aufbruch in die Gegenwart*, a.a.O., S. 121 ff.

[58] Vgl. „*Die Fuge*. Zeitschrift für Bleibendes", in: *Dialógus* ..., S. 204.

chitektur, ganz der Schwere verpflichtet, und die Musik von derselben frei.⁵⁹ Trotz Mandls Mäzenatentum ist Popper mit seinem *Fuge*-Projekt gescheitert. Als er noch an seine Realisierung glaubte, hat er in einem Brief an Lukács das Ziel der Zeitschrift besonders bildhaft erläutert: Er wollte darin veröffentlichen, „was selbst der Prophet erst gemeinsam mit den Gläubigen erfahren wird – was Fleisch und Blut der neuen Kunst ist".⁶⁰

Materialgesetz und Abstraktion

Wilhelm Worringer hatte in *Abstraktion und Einfühlung* die Formen des ästhetischen Verhaltens als polare Typen definiert: „auf der einen Seite die innigste Verbindung zwischen dem Ich und dem Kunstwerk, das all sein Leben nur von dem Ich erhält, auf der anderen das Ich als Trübung der Größe, als Beeinträchtigung der Beglückungsmöglichkeiten des Kunstwerkes".⁶¹ Popper hat diese Polarität umgedeutet und sie nicht nur zur „Entscheidungsfrage" zwischen dem konstruktiv Unbewußten und dem historisierenden Ich gemacht, sondern zur Grundlage des produktiven Mißverständnisses schlechthin. Denn nicht als „Kunstwollen" erörtert er die „stilbildende Kraft"; bei ihm gehorcht sie in letzter Instanz allein der Logik des Materials. Dadurch wird die „psychologisierende" Tendenz der Riegl-Schule umgekehrt. Poppers Stilgeschichte ist weder reine Geschichte der Wahrnehmung noch reine Geschichte der Techniken. Sie vermittelt vielmehr zwischen beiden durch die Voraussetzung verborgener und zufälliger Übereinstimmungen zwischen dem Material der Kunst und dem menschlichen Körper.

Darin lassen seine Vorstellungen an jene Affinitätslehre denken, derzufolge die anorganische Natur „wie eine leise Erinnerung, eine rückwärtsgewandte Sehnsucht" in jedem Organismus nachklingt.⁶²

---

⁵⁹ Vgl. ferner auch den Titel seiner Skizze: „Von der malerischen Dissonanz", *SA*, S. 32 ff.

⁶⁰ Brief an Lukács vom 28. Feb. 1910, in: G. Lukács, *Briefwechsel*..., S. 103.

⁶¹ W. Worringer, *Abstraktion und Einfühlung* (1908), München 1976, S. 58.

Aus der Schwere alles Kreatürlichen liest Popper eine Verwandtschaft zwischen Stein und Körper heraus und macht sie zum Fundament der „statischen Wünsche".[63] Im „Allteig", in dieser mystischen Substanz der Malerei sind die Hand des Malers, die Farbe auf der Fläche und das „sonnenhafte Auge" in einer einstofflichen Welt verbunden.[64] Und letztlich, weil die menschliche Kehle dem Klang zutiefst verwandt ist, wird ihm der Ton zum Stützpunkt des freien Atmens, zum Echo des Lebens. So greift jede Kunstform auf ein „Urmaterial" zurück: in diesem findet Poppers Kunsttheorie ihre festen Koordinaten: Stein, Farbe, Wortklang.[65]

Dieses Gesetz des Materials erinnert an Walter Benjamin, der später von einer Sprache der Plastik, der Malerei oder der Musik sprechen und vermuten wird, in ihnen liege „eine Übersetzung der Sprache der Dinge in eine unendliche höhere Sprache ... Es handelt sich hier um namenlose Sprachen, um Sprachen aus dem Material".[66] Zur Magie der Form gehört, diese Sprachen zu empfangen, indem sie dem Material gerecht wird. In dieser Sonderung des Mittels, die Welt mit *einem* spezifischen Stoff erfassen zu wollen, liegt der nicht hintergehbare Grund für jene bei Popper so entscheidende Paradoxie des Schaffensprozesses im produktiven Mißverständnis.

Weil die Gesetze der Kunst getrennt sind vom Himmel der Reli-

---

[62] Vgl. ebd., S. 72.

[63] Vgl. „Die Bildhauerei ...", *SA*, S. 71; im ersten Textentwurf hatte Popper zuerst geschrieben: „der Zustand zwischen Leben und Stein, dieser Urzustand, den es nie gegeben hat, ... ist die Verwirklichung tiefster *dynamischer* Wünsche, die im Menschen sind." Vgl. *Dialógus ...*, S. 51.

[64] Vgl. „Peter Breughel ...", *SA*, S. 37; in dem, was Popper „Allteig" aller Stoffe nennt, der das „immanente All" der Werke Cézannes konstituiert (vgl. *SA*, S. 88), ist die Spinozische Substanz mit unendlichen Attributen zu vermuten; Poppers Theorie der Malerei geht sonst auf die „colores materiales" Goethes, die chemischen Farben der Stoffe zurück. Das „sonnenhafte Auge" wird in: *Zur Farbenlehre* (Didaktischer Teil) zitiert, vgl.: *Goethes Werke*, Bd. XIII, a.a.O., S. 324.

[65] Zu Schwere, Farbe und Ton als Attribute der „Urmaterialen", vgl. u.a. „Hercules Seghers", *SA*, S. 85.

[66] W. Benjamin: „Über Sprache überhaupt und über die Sprache des Menschen", in: ders., *Angelus Novus*, Frankfurt/M. 1966, S. 25.

gion, begreift Popper ganze Abschnitte der Kunstgeschichte als Spannungsfeld zwischen Technik und Mittel, zwischen dem Zweck einer gewollten Natur und der Widerstandskraft des Materials. Werkzeug und Stoff, Medium und Zweck stehen für ihn stets in inadäquatem Verhältnis. Die Produktivität einer solchen Inadäquatheit hatte er schon in einer frühen unveröffentlichten Skizze *Die Kraft des Wortes in der Musik* auch für diese „abstrakteste" aller Künste als Ringen von instrumentaler Technik und Medium des Wortklangs erkennbar gemacht.[67] In der frühbarocken Oper orientierte sich nach Popper die neuzeitliche Musik allein am Klang der menschlichen Stimme. Weil sie die Monodie des griechischen Dramas zu retten versuchte, paßte sie sich der Dichtung an und entwickelte im *recitativo* den Sprechgesang zum maßgebenden Stil. Im Prozeß ihrer Rationalisierung jedoch gewann die dann notierte Musik Autonomie und entsprechend Abstraktheit: Sie emanzipierte sich vom Wortklang. Die Tonarten, nicht mehr vom gesungenen Text bestimmt, folgten den eigenen Gesetzen der Temperierung. In den Fugen Bachs löste die Architektonik als ideelles Prinzip das Urmaterial ab. Aber ein entgegengesetzter Drang zur „Wirklichkeit", vorbereitet durch das romantische Lied, brach mit der Programmusik wieder auf und löste von neuem – mit ihrer radikalen Anpassung an den lyrischen Text – die klassische Temperierung auf. Die Brahmssche Richtung wollte ihn, konnte aber den Stil der „absoluten Musik" nicht schaffen, den deren „Rivalin", die Wagnersche „Programmusik", vorbereitete, ohne ihn gewollt zu haben – so Poppers provokative „entwicklungstheoretische" Rekonstruktion. Diesen neuen, expressiv-abstrakten Stil der Atonalität entwirft Arnold Schönberg 1908 im Sprechgesang der *George-Lieder*. Auf ihn, den er noch nicht kennen konnte, weist Poppers Theorieskizze voraus.[68]

---

[67] Vgl. „Die Kraft des Wortes in der Musik" (1907), *SA*, S. 15 ff.

[68] Vgl. ebd., S. 19 f.; die Opposition zwischen „absoluter" und „Programmusik" findet sich auch bei Ferrucio Busoni, in: *Entwurf einer neuen Ästhetik der Tonkunst*, Triest 1907. Die ersten atonalen Skizzen Schönbergs, der letzte Satz (*Entrückung*) des 2. Quartetts, Op. 10, und die „George-Lieder" (*Das Buch der hängenden Gärten*), Op. 15, datieren

Ähnliches gilt in der bildenden Kunst. Immer bedeutet für Popper die Niederlage des künstlerischen Wollens einen Sieg der Form. So kommt am Ende, wer die Sachlichkeit der Dinge sucht und die materiale Schwere will, zur mystischen Schrift der Schwere und zur Abstraktion: im Torso sowie in der „teppichartigen" Malkunst. Je wirklicher und runder die Cézanneschen Körper sein wollten, desto flacher wurden sie, je greifbarer, desto unbegreiflicher, je schwerer, desto abstrakter. In der zeitlosen Schrift der „primitiven" Motive alter Teppiche, „unbewußt und formell" entstanden, hatte Popper das Ziel modernen Stils vorweggenommen gesehen. Es ist höchstes Lob, wenn er von Cézanne behauptet, er hätte schließlich aus Naturwollen den „Gedanken des Teppichs" erfüllt.[69] Bei ihm, notierte Popper in seinen Vorarbeiten, „sieht man wie Komposition nichts ist, als die Dinge sachlich zur Geltung zu bringen ... Er gibt das Urbeispiel dafür, wie das Ornament entsteht: nicht durch abstraktes Vergnügen an Linie oder Form, auch nicht aus bewußter Vereinfachung komplexer Naturdinge."[70] In dieser Figur der coincidentia oppositorum, in der paradoxen Rettung des primitiven Ornaments durch die moderne Malerei, gipfelt die Poppersche Kritik: die *„sachliche Ornamentik"*, die seinem Buch über Cézanne den Leitbegriff gegeben hätte.[71]

Erstaunlich bleibt insgesamt, mit welch sicherer Urteilskraft Popper schon um 1910 auf den Aufbruch der neuen Kunst hinweisen konnte. Primitivität, tektonischer Gedanke, konstruktiv Unbewußtes, Zweckästhetik, sachliche Ornamentik sind seine Losungsworte für einen Stil der Modernität, der sich vorrangig am Material und nicht mehr an der Impression orientiert. Hier rückt er in die Nähe

---

auf 1907-1908 zurück. Vgl. ferner: A. Schönberg, „Das Verhältnis zum Text" (1912), in: ders., *Stil und Gedanke*, Frankfurt/M. 1992, S. 9 ff.

[69] Vgl. „Peter Brueghel ...", *SA*, S. 42; zum „Teppich"-Motiv, vgl. A. Riegl, *Altorientalische Teppiche*, Leipzig 1891; und: R. Kassner, „Ethik der Teppiche" (1900), in: *Motive* (1906), wieder in: *Sämtliche Werke II*, Pfullingen 1974, S. 110 f.; sowie von Popper selber: „Volkskunst und Formbeseelung", *SA*, S. 22.

[70] Vgl. „Die Schwere Cézannescher Bilder", *SA*, S. 88; vgl ferner Rilkes Brief vom 1. Nov. 1907, in: *Briefe über Cézanne*, a.a.O., S. 66 f.

[71] Vgl. „Paul Cézanne", An O. Bie, *SA*, S. 89.

der zeitgenössischer Kunstkritik und -theorie, wie sie von Meier-Graefe, Max Raphael und vor allem Carl Einstein vertreten war, und die mit ähnlichen Begriffen die Merkmale eines fundamentalen Wandels des Kunstverständnisses programmatisch zu fassen suchte: wie es möglich wurde, daß die entzauberte Moderne eine durchaus aus religiöser Tradition hervorgegangene „primitive" Plastik auf einmal rezipierte, und daß aus dem fortschreitenden Wunsch nach Natur in der abendländischen Malerei eine Kunst der Abstraktion hervorging.[72] – Popper, selbst 1911 gestorben, konnte nicht mehr an dieser Aufbruchbewegung teilhaben.

Inverser Platonismus

Gustav Landauer hat einmal die Philosophen unterteilt „in solche, die sich schnell bei etwas beruhigen: die Priester und Gründer philosophischer Systeme, und solche, die leidenschaftlich nach Ruhe begehrten, aber durch nichts beruhigt werden konnten: die Ketzer, Sektierer und Mystiker".[73] Diese Entgegensetzung trifft genau das Verhältnis zwischen dem jungen Lukács und Leó Popper. Die Essayistik Lukács' in *Die Seele und die Formen* war die eines Zweiflers, dessen Skepsis auf das erlösende System harrte. Für ihn ist der Kritiker lediglich der Vorläufer des Philosophen, und seine Aufgabe ist erfüllt, „wenn die große Ästhetik gekommen ist";[74] hier wartet das

---

[72] In der ersten Monographie in deutscher Sprache über Cézanne spricht J. Meier-Graefe von „ornamentaler Struktur", vgl. *Cézanne*, München 1910, wieder in: ders., *Kunst-Schreiberei*, Leipzig – Weimar 1987, S. 41; vgl. ferner: M. Raphael: *Von Monet bis Picasso*, München 1913, wo Cézanne unter dem Motto „Auf dem Weg zur absoluten Gestaltung" steht; sowie C. Einstein, der schon von „kubischer Raumanschauung" spricht in: ders. *Negerplastik* (1915), a.a.O., S. 18 ff.

[73] G. Landauer, *Skepsis und Mystik* (1903), Köln 1923, S. 46; vgl. Poppers Brief an Lukács vom 21. Aug. 1908, in: *Briefwechsel ...*, S. 41, wo der Kritiker als der bezeichnet wird, „der nie seine Ruhe haben wird, ehe die ‚Duplizität aller Dinge' sich einstellt, der Panhermaphroditismus, wenn jedes Wesen fern und gegenwärtig, Mann und Frau, Wunsch und Erfüllung zugleich sein wird."

[74] Vgl. G. Lukács, „Über Wesen und Form des Essays ...", in: ders., *Die Seele und die Formen*, a.a.O., S. 36 f.

Fragment auf seine Vollendung, wie bei Kierkegaard die Ethik auf die Religion.

Dagegen sind die Versuche Poppers auch in ihrer fragmentarischen Form vollendet. Der Essay ist ihm kein Mittel zum Zweck, sondern zielt auf die Kritik als selbständige Kunstform. – Somit müßte die anfangs zitierte polemische Bemerkung Adornos über den Essay als Kunst weniger an Lukács als an Popper selbst gerichtet werden.[75] Poppers Vorbild ist buchstäblich der „Dichter ohne Reim, der Philosoph ohne System" Kassners; seine Essays sind „intellektuelle Gedichte", Versuche, das „Lautwerden des Gegenstandes" in Worte umzusetzen.[76] Diesen Gedanken vollzieht er im Stil einer lyrischen Prosa, in der sich die Klänge Rilkes mit der Dichtung und Zeitkritik von Kraus als Mystik und Sachlichkeit verbinden.

„Weißt Du noch," schrieb Lukács kurz vor dessen Tod an Popper, „einmal sprach ich davon, daß es ein inverser Platonismus sein wird, was ich mache. Jetzt habe ich bemerkt: Du hast es gemacht; Du hast die Ideen vom Himmel geholt und in die Erde, in die Seele des Menschen, den Pinsel des Malers, den Meißel des Bildhauers verpflanzt. Jetzt können wir damit wieder beginnen, den Palast der Ideen aufzubauen, der, weil auf Worten aufgebaut, eingestürzt war."[77] Für Popper war aber das Material und nicht die Seele der archimedische Punkt, von dem aus er seinen Begriff der Form entwickelte. „Die Formen und die Seele", so schlug er vor, den Titel des Lukácsschen Essaybandes umzukehren, um damit seinem „alten Verdacht in bezug auf die sekundäre und akzidentelle Beschaffenheit der Künstlerseele Ausdruck zu geben".[78] Am Wiederaufbau des Ideenpalastes hätte er gewiß nicht mitgewirkt. Zu irdisch war sein

---

[75] Vgl. Th.W. Adorno, „Der Essay als Form", in: ders., *Noten zur Literatur*, a.a.O., S. 11; hier wäre übrigens Popper nicht nur mit Kassner, sondern auch mit Landauer und sogar Benjamin verwandt.

[76] Vgl. R. Kassner, *Die Mystik, die Künstler und das Leben* (1900), wieder in: ders., *Sämtliche Werke I*, Pfullingen 1969, S. 9 ff; sowie: G. Lukács, *Heidelberger Philosophie der Kunst*, a.a.O., S. 235.

[77] G. Lukács, Brief an Popper vom 20. Dez. 1910, in: G. Lukács, *Briefwechsel ...*, S. 182.

[78] Vgl. Brief an Lukács vom 25. Okt. 1909, ebd., S. 84.

tastendes Denken, als daß er die Revolte gegen die Transzendenz der platonischen Ideen und die Kritik am philosophischen System hätte aufgegeben wollen. Ideen waren ihm nur wirklich als Stoffliches: in Stein, Holz oder Metall, in der Farbe, in der menschlichen Kehle – als immanente Formen in der Welt. Der inverse Platonismus, den Leó Popper somit skizziert hat, ist radikaler nicht denkbar: dort war die Kunst, hier wurde, weil das Material selbst philosophierte, die Philosophie überflüssig: Sie wurde zur Kritik.

Indem die Poppersche Kunstkritik das Verhältnis von Technik und Material zum Hauptgegenstand ihrer Reflexion erhob, stellt sie ein unerwartetes Pendant zum „wertfreien" soziologischen Zugriff Weberscher Prägung dar, für welchen nicht das artistische „Ausdruckswollen", sondern ebenfalls das technische „Mittel" vorrangig war. In einer seiner wenigen Ausführungen über Kunst hat Max Weber wiederholt jeden kausalen Zusammenhang zwischen Technikfortschritt und Steigerung des ästhetischen Wertes bezweifelt und dabei indirekt der wertenden Kunstbetrachtung einen genauen Platz zugewiesen: „Kunstwerke mit noch so ‚primitiver Technik' – Bilder z.B. ohne alle Kenntnisse der Perspektive – vermögen ästhetisch den vollendetsten, auf dem Boden rationaler Technik geschaffenen absolut ebenbürtig zu sein, unter der Voraussetzung, daß das künstlerische Wollen sich auf diejenigen Formungen *beschränkt* hat, welche jener ‚primitiven' Technik *adäquat* sind. Die Schaffung neuer technischer Mittel bedeutet zunächst nur zunehmende Differenzierung ... im Sinne der Wertsteigerung. Tatsächlich hat sie nicht selten den umgekehrten Effekt der ‚Verarmung' des Formgefühls gehabt ..."[79] Für Popper war auch die Änderung der „Technik" das geschichtlich ausschlaggebende Moment der Kunst, und seine wertende Kritik erfüllte die hier angedeutete, ergänzende Aufgabe: jeweils über die problematische Angemessenheit von künstlerischem

---

[79] M. Weber, „Der Sinn der ‚Wertfreiheit' der soziologischen und ökonomischen Wissenschaften" (1917), in: *Gesammelte Aufsätze zur Wissenschaftslehre*, Tübingen 1968, S. 523 (meine Hervorhebung); dieser Text Webers ist nach Kenntnisnahme der Lukácsschen *Philosophie der Kunst* entstanden, die selber z.T. auf der Popperschen Idee des doppelten Mißverständnisses fußt.

Wollen und technischem Mittel *ästhetisch* zu urteilen. Die einzige Norm für die Beschränkung aller Inadäquatheiten hat der Kritiker in der Eigengesetzlichkeit des Materials gefunden und diese zu seiner Ethik gemacht. Denn, wie Weber einmal zu Rilke bemerkte – „der Meister der Form zeigt sich in der Beschränkung ..."[80]

---

[80] Vgl. M. Weber, Brief an seine Schwester vom 20. Sept. 1910, in: Marianne Weber, *Max Weber*. Ein Lebensbild (1926), München 1989, S. 464.

4. Von der Kunstkritik zur Gnosis
Der junge Lukács

In der modernen Welt gelingt es der Seele nicht mehr, sich im empirischen Leben zu verwirklichen. Der Sinn des Daseins hat seine Evidenz verloren, die Immanenz des Lebens verlassen. Im Gegensatz zur Welt des archaischen Griechentums oder der des christlichen Mittelalters besitzt die gegenwärtige Epoche keine Gewißheit mehr, die dem Mythos oder dem einstigen Erlösungsglauben entsprechen könnte. Der Sinn ist überall im bloß Seienden zersplittert. Gott hat die Bühne der Welt verlassen: Jede Wertordnung, jede Kategorie des Lebens oder des Todes ist fragwürdig geworden. Die Sphäre des reinen Zufalls, das Reich des Geldes, „der blinden Kräfte und verfälschenden Fiktionen" bestimmt nunmehr das soziale Getriebe, und die strenge Notwendigkeit, die die „geschlossenen Kulturen" als Orte einer Totalität des Sinnes noch kennzeichnete, ist endgültig versunken.[1]

Dieses Bild, das der junge Georg Lukács in seinem frühen essayistisch-ästhetischen Werk noch bis 1918 vom modernen Zeitalter immer wieder entworfen hat, geht in der gedanklichen Welt des späteren Dialektikers und Mitinitiatoren des „westlichen Marxismus" in den zwanziger Jahre nicht auf. Gewiß kann man sein Jugendwerk als „ethische Phase" bezeichnen, die als paradigmatisch für die Tendenz zur „antikapitalistische Romantik" eines Großteils der deutschsprachigen Intelligenz dieser Zeit erscheint.[2] Es zeichnet

---

[1] G. Lukács, „Leó Popper. Ein Nachruf", in: *Pester Lloyd*, 18. 12. 1911, S. 5.

[2] Ich ziehe diesen Ausdruck dem des „romantischen Antikapitalismus" vor; vgl. F. Fehér: „Am Scheideweg des romantischen Antikapitalismus", in: A. Heller u.a., *Die Seele und das Leben*. Studien zum frühen Lukács, Frankfurt/M. 1977 [= *SL*], S. 241 ff.; vgl. ferner zum jungen Lukács: M. Löwy, *Pour une sociologie des intellectuels révolutionnaires*, Paris 1976, insb. S. 107 ff.; L. Boella, *Il giovane Lukács*, Bari 1977; R. Rochlitz, *Le jeune Lukács*, Paris 1983; M. Grauer, *Die entzauberte Welt*, Königstein 1985.

sich aber zugleich durch ein singuläres Schwanken zwischen radikaler Moral der Weltablehnung und Hoffnung auf diesseitigen religiösen Wiederaufbau aus, das noch der Deutung bedarf. Denn jede einzelne der vom Kritiker dargelegten Kunstformen – sei es die der Tragödie, des untragischen Schauspiels oder des Gnadendramas, sei es die der mystischen Legende, des modernen Romans oder des bei Dostojewski neu entdeckten „dramatischen Epos" – korrespondiert mit einem jeweils eigenständigen „ethischen" Standpunkt; und erst mit dem Hinter-sich-lassen der Kunstformen wurde offensichtlich die endgültige Wendung Lukács' zum Marxismus möglich. Im folgenden soll versucht werden, an seiner Jugendessayistik die „ethisch-ästhetischen" Stadien sowie deren Bedeutung für die spätere Entscheidung zum Politischen Schritt für Schritt zu rekonstruieren.[3]

I. Metaphysik der Form

Lukács' Anfänge liegen im Theater. 1903 rief er, noch nicht zwanzigjährig, mit zwei jungen Freunden die Budapester Thalia-Gesellschaft ins Leben. Deren Ziel war es, nach dem Vorbild der Berliner „Freien Bühne" und des Wiener „Akademischen Vereins" eine Spielstätte für moderne Dramatik in der ungarischen Hauptstadt zu gründen. Das gewagte Unternehmen war nicht ohne Erfolg, denn ab 1904 gelang es, von Ibsen über Maeterlinck und Hauptmann bis zu Gorki die wichtigsten zeitgenössischen Bühnenautoren zur Aufführung zu bringen.[4] Schon 1908 aber hat der junge Lukács die Leitung der Bühne aufgegeben, um sich vor allem der Literaturkritik zu widmen. Nach einer umfangreichen – auf Ungarisch verfaßten – *Entwicklungsgeschichte des modernen Dramas* (1908/09), in der die

---

[3] Der seit über zehn Jahren geplante 1. Band, *Frühschriften I.* (Progressiver Idealismus), der *Georg Lukács Werke*, Darmstadt – Neuwied, 1968 ff., ist noch immer nicht erschienen, und somit sind viele der entsprechenden Texte kaum zugänglich.

[4] Über die Thalia-Gesellschaft vgl. E. Keller, *Der junge Lukács. Antibürger und wesentliches Leben*, Frankfurt/M. 1984, S. 44 ff.

Nähe zur soziologischen Ästhetik Georg Simmels unübersehbar ist, konzentrierte sich Lukács darauf, kurze Essays im Stile Rudolf Kassners zu schreiben.[5] Diese „Versuche", in denen es unter anderem um Kierkegaard, Novalis und die Jenaer Romantik oder die Poesie Stefan Georges geht, hat er anfangs in ungarischen oder deutschen Zeitschriften publiziert. Aus diesen eigenständigen Texten, ist – zunächst auf Ungarisch – die Essaysammlung *Die Seele und die Formen* (1911) entstanden, die bald in einer erweiterten deutschen Ausgabe unter dem Namen Georg von Lukács veröffentlicht wurde und ihrem Autor eine erste Anerkennung einbrachte.

Die Formen der Tragödie und des Essays

Obwohl als einzelne Essays konzipiert, finden diese frühen Texte in der Idee der „Form" – wie im Titel der Sammlung angedeutet – einen gemeinsamen Nenner. Die Form erscheint Lukács als die letzte Zufluchtstätte der modernen Seele, und die großen Werke als die des problematisch gewordenen Sinns. Indem es eine neue Form schafft, stelle das Kunstwerk ein Fragment des Sinns wieder her; es belebe ihn für einen Augenblick in einer Gebärde, einer Frage wieder. In einer Welt, in der der Sinn aufgehört hat, immanent zu sein, werden für Lukács die Formen zur „letzten und stärksten Wirklichkeit des Seins".[6] Sie aufzuspüren sei dem Kritiker als sein Lebenswerk aufgetragen. Seine Aufgabe ist es, die Formen des Lebens und der Kunst als „Erlebnisnotwendigkeit" ans Licht zu bringen.[7]

Man hat in dem Lukácsschen Begriff der Form ein Erbe des Neukantianismus vermutet. Die Perspektive des jungen Essayisten war jedoch wesentlich radikaler als jene der zeitgenössischen „Marbur-

---

[5] Vgl. *A modern drama fejlödésének törtenete*, 2 Bde., Budapest 1911; sowie: „Platonismus, Poesie und die Formen: Rudolf Kassner", in: G. Lukács, *Die Seele und die Formen*. Essays (1911), 2. Aufl., Neuwied – Berlin 1966 [= *SF*], S. 32 ff.

[6] „Leó Popper. Ein Nachruf", a.a.O., S. 5.

[7] Brief an Leó Popper vom 20. Dez. 1910, in: G. Lukács, *Briefwechsel 1902-1917* (Hg. E. Karádi, E. Fekete), Stuttgart – Budapest 1982, S. 181.

ger" oder „südwestdeutschen Schule".[8] Vielmehr greift Lukács hier das Umwertungsprojekt der Transzendenz der platonischen Ideen, das sich von den Romantikern bis zu Nietzsche abzeichnet, wieder auf. „Die Idee", schreibt er im einleitenden Essay zu *Die Seele und die Formen*, „ist früher da, als alle ihre Äußerungen ... Sie ist ein Lebensgestalter für sich ..., ist der Maßstab alles Seienden."[9] Die Ideen weisen hier jedoch nicht auf die Urbilder der überirdischen intelligiblen Welt Platons, sondern sind zu immanenten Formen der Möglichkeiten eines wesentlichen Lebens geworden. Und während für die neuplatonischen Interpreten die Form bloßes Mittel war, um die Ideen zu erkennen – was in der Metapher des der Materie Form verleihenden Bildhauers seinen klassischen Ausdruck fand – und das wahre Sein bei den Ideen blieb, verwandeln sich bei Lukács die Formen selbst in höchste Wirklichkeiten.[10] Als einzige Spuren des Seins versuchen die Form gewordenen Ideen Leben und irdische Immanenz zurückzuerhalten.

Diese neue „Metaphysik" der Form verdankte Lukács zum größten Teil der Auseinandersetzung mit seinem Jugendfreund Leó Popper, dem Mitübersetzer der deutschen Ausgabe von *Die Seele und die Formen*.[11] Der das Buch eröffnende Versuch *Über Wesen und Form des Essays* ist als Brief an Popper konzipiert. Dieser Text, der Briefwechsel zwischen den Freunden sowie der Nachruf, den Lukács diesem frühgestorbenen Gesprächspartner gewidmet hat, zeugen von seiner theoretischen Verpflichtung gegenüber Popper. Aber im Unterschied zu ihm, der sich in seiner Kritik ausschließlich mit der bildenden Kunst beschäftigte, hat Lukács die Formidee vor allem für den Bereich der Dichtung fruchtbar gemacht.

---

[8] Vgl. u.a. R. Rochlitz, *Le jeune Lukács*, a.a.O., S. 12 ff.; ferner: L. Goldmann, „Introduction aux premiers écrits de Lukács", in: G. Lukács, *La théorie du roman*, Paris 1975, S. 156 ff.

[9] „Über Wesen und Form des Essays: Ein Brief an Leo Popper" (1911), in: *SF.*, S. 28.

[10] Vgl. Plotin, *Enneades V*, Kap. VIII (*Peri tou noetou kallous*), Paris 1956, S. 136 ff.

[11] Vgl. L. Popper, *Schwere und Abstraktion*, Berlin 1987, insb. „Die Erkenntnis und die Erlösung" (1910), S. 43 ff.

Was Lukács anhand der verschiedenen literarischen Gattungen
– Lyrik, Novelle, Tragödie sowie dem Essay – mit dem Aufbau seines Bandes entfaltet, erscheint wie eine implizite „Monadologie".
Denn die einzelnen Formen sind streng unterschieden und voneinander getrennt, aber jede von ihnen enthält ein Bild der ganzen
Welt: Diese Auffassung der Koinzidenz jedes einzelnen Teils mit
dem Ganzen stellt ein absolutes Organisationsprinzip dar.[12] Jede
Form korrespondiert mit einem Grenzzustand der menschlichen
Sensibilität und steht für deren jeweilige Affinität zu einem besonderen Stoff hin. Die Form verhält sich nicht mehr zur Idee als einem reinen und gleichmässigen Urbild, sondern zur singulären
Eigenheit des Gegenstandes als solcher. „Nur das Einzelne, nur das
bis zu den äußersten Grenzen getriebene Einzelne ist seiner Idee
angemessen, ist wirklich seiend", schreibt Lukács; und es sind für
ihn die Formen der Tragödie und des Essays, die „in ihrer nackten
Reinheit ... die beiden Enden menschlicher Empfindung" bezeichnen, die man im sprachlichen Medium zu erreichen vermag.[13]
Nicht zufällig findet man diese beiden Formen als die zwei Pole des
Buches *Die Seele und die Formen* wieder. In dem an Leó Popper
adressierten, einleitenden „Essay über den Essay" und in der als
Hommage an Paul Ernst konzipierten *Metaphysik der Tragödie* verdichtet sich die Problematik der Form in besonderer Weise. Die
Spannung, in der die beiden Texte – am Anfang und am Ende der
deutschen Fassung – zueinander stehen, bestimmt die Struktur des
Buches.

Tragischer versus mystischer Augenblick

Lukács hat in *Metaphysik der Tragödie* das Werk Paul Ernsts zum
Anlaß genommen, um seine „neutragische Ethik" zu erläutern. Sie

---

[12] Brief an L. Popper vom 20. Dez. 1910, in: *Briefwechsel* ..., S. 180.

[13] „Metaphysik der Tragödie: Paul Ernst" (1911), in: *SF*, S. 232; vgl. „Brunhild. Zur Münchner Aufführung", in: *Die Schaubühne*, Nr. 20, 1911, S. 533 ff., sowie: „Über Wesen und Form des Essays ...", *SF*, S. 13; siehe ferner: S. Kierkegaard, *Die Wiederholung. Gesamtwerk 5/6.*, Düsseldorf – Köln 1955, S. 93.

hat eine radikale Zurückweisung der Modernität zum Apriori. Die Moderne gilt dem Kritiker als Epoche der Krise der Metaphysik, als Eintritt in das „Zeitalter der vollendeten Sündhaftigkeit" – nach dem Wort Fichtes –, dem er eine Moral der Weltablehnung entgegensetzt. Diese Auffassung findet in der neoklassischen Umdeutung der tragischen Ideale, wie sie Paul Ernst in *Brunhild* (1908) – an anderen Stellen wird Claudel angeführt – unternommen hat, ein genaues ästhetisches Pendant.[14] Mit dem Essay über Ernst, in dem die Forderung nach einer individuellen und „atheistischen" Ethik hörbar wird, skizziert Lukács die Bedingungen der Möglichkeiten für einen neuen „Heroismus".

Die Tragödie entsteht für ihn aus einer Welt, deren Bühne Gott verlassen hat. Dessen Stimme spreche nicht mehr unmittelbar zum Menschen; als *Deus absconditus* bleibe er dennoch Zuschauer des Welttheaters. „Kann der leben, auf den [Gottes] Blick gefallen ist?"[15] – dies sei die letzte, grundlegende Frage, die die Tragödie stellt. Der tragische Held antwortet auf den unüberbrückbaren Abgrund, der von nun an den Menschen von der Gottheit trenne, mit der Forderung nach einer wesentlichen Existenz und mit der Ablehnung jedes moralischen Kompromisses mit der Welt. Die Notwendigkeit einer Überwindung der Dualität zwischen dem Leben (dem täglichen, gewöhnlichen) und dem, was Lukács „*Das* Leben" (das wesentliche Leben) nennt, und die gleichzeitige Unmöglichkeit seiner innerweltlichen Verwirklichung, bilden den Horizont des neu-tragischen Bewußtseins.

Als Konsequenz aus einer solchen Radikalisierung romantischen Weltschmerzes ergibt sich hier ein uneingeschränktes Primat des Ethischen, welches mit der Aufgabe jeder Zukunftsvorstellung einhergeht – daher auch die Nähe zum Tragischen. In der Tat ist für Lukács die der Tragödie eigene Zeitlichkeit die erstarrte Ewigkeit der Vergangenheit. Deshalb kann er behaupten, daß die Helden der Tragödie schon lange tot sind, ehe sie sterben: wenn das Stück be-

---

[14] Vgl. P. Ernst, *Brunhild*, München 1908, und: ders., *Der Weg zur Form*, Berlin 1906.

[15] „Metaphysik der Tragödie ...", *SF*, S. 218.

ginnt, ist bereits alles vollendet, denn im Tode findet der Held lediglich den Zugang zu seinem ewigen Wesen.[16]

Lukács hat jedoch die Ambivalenz der tragischen Forderung und zugleich ihre Affinität mit der Erfahrung der Mystiker hervorgehoben. Das Paradox, auf dem der tragische Augenblick beruht, verweise eigentlich auf eine mystische Zeiterfahrung, welche die der Tragödie eigenen sprachlichen Mittel nur inadäquat auszudrücken vermögen. Was tragische und mystische Erfahrung für den Essayist miteinander verbindet, ist jene Paradoxie des Augenblicks, der Zugang zur Zeitlosigkeit der Zeit; was sie voneinander trennt, ist dennoch der Sinn einer solchen Zeiterfahrung. Denn während die tragische Tat formschaffend ist, zerstört das mystische Wesenserlebnis jede Form: dort ist die „Selbstheit" das Wesentliche, hier die Selbstverlorenheit. Im Gegensatz zum tragischen Helden, schreibt Lukács „springt [der Mystiker] aus dem Eins-sein mit allem hinüber zu dem tiefst Persönlichen seiner Ekstasen, [er] verliert seine Selbstheit im Augenblick ihrer wahrsten Erhöhung. Wer kann es sagen, wo hier das Leben und wo hier der Tod seinen Thron hat?"[17] So bilden für Lukács die Erfahrungen der tragischen und der mystischen Welt die beiden „Pole der Lebensmöglichkeiten". Hier wird bereits sichtbar, wie auf der Suche nach einer das Leben „erlösenden" Form sich schon zwei entgegengesetzte Wege anbahnen: die Immanenz einer atheistisch gewollten neutragischen Ethik und die Transzendenz des religiösen Mystikers.[18]

---

[16] Lucien Goldmann hat die Aufmerksamkeit auf die strukturelle Verwandtschaft zwischen der *Metaphysik der Tragödie*, den *Pensées* von Pascal und der Racineschen Ästhetik gelenkt. Diese geschlossene und zeitlose Welt, in der einzig die strenge Immanenz des Schicksals, das Orakel herrscht, geht auf eine „tragische Anschauung" (*vision tragique*) zurück – als Metapher des göttlichen Blicks, der „jedem Geschehnis all sein Zeitliches und all sein Örtliches raubt." Vgl. L. Goldmann, *Le Dieu caché*, Paris 1955, insb. S. 32 ff. und: G. Lukács, „Metaphysik der Tragödie ...", *SF*, S. 220.

[17] Ebd., S. 229 f.

[18] Vgl. S. Radnótis Interpretation in: „Bloch und Lukács. Zwei radikale Kritiker in der ‚gottverlassenen Welt'", *SL*, S. 177 ff.

Ironie des Essays

Das Schicksalsmoment des Essayisten, schreibt Lukács in *Über Wesen und Form des Essays*, ist jenes, „wo die Dinge zu Formen werden ...: es ist der mystische Augenblick der Vereinigung des Außen und des Innen, der Seele und der Form."[19] Auch wenn jede Kunstform – sei es die der Tragödie, der Novelle oder der Lyrik – zu einem solchen Augenblick tendiert, kommt einzig die Kritik einer wahren mystischen Erfahrung nahe. Denn allein im „Aufdecken" der Formen finde der Kritiker sein Schicksal, seinen wesentlichen Zugang zur Wirklichkeit. Die Affinität, die den Essayisten mit dem Mystiker verbinde, setze ihn zugleich dem tragischen Helden entgegen. Zwei Gestaltungsprinzipien treffen hier für Lukács aufeinander: jenes des Dramas, das für jede Art der Dichtkunst charakteristisch ist, und jenes des Essays, das als Form zwischen Kunst und Philosophie vermittelt. Das erste schafft Bilder, das zweite setzt Bedeutungen; für das eine Prinzip gibt es nur Dinge, für das andere nur deren Beziehungen untereinander; die dramatische Dichtung kennt nichts jenseits der Dinge, während der Essay ausschließlich Fragen stellt.[20]

Einzig die Form gibt der Wirklichkeit des Kritikers Gestalt; erst über sie kann er seine Fragen an das Leben richten. Wenn aber die dramatische Form immer der Bilder als ihrer Sinnträger bedarf, offenbart der Essay seine Bedeutung in Anlehnung an das Schriftmedium. Der theologische Index einer solchen Unterscheidung ist hier offenkundig: denn die radikale Zurückweisung der Bilder als Medium der Offenbarung verweist auf die judaische Tradition. Wohl bezieht sich der junge Lukács hier noch nicht unmittelbar auf das Judentum. Indirekt stützt er sich über den Mystiker Meister Eckhart dennoch auf das „Bilderverbot".

Es ist kein Zufall, wenn das Motto seines Versuchs über Paul Ernst das Traktat *Vom edlen Menschen* des deutschen Mystikers zitiert. Denn die Problematik der „Transparenz" der Sprache, die der Lukácsschen Auffassung des Essays als Form zugrunde liegt, wird

---

[19] „Über Wesen und Form des Essays ...", *SF*, S. 17.

[20] Ebd., S. 12.

in eben jenem Text Eckharts entfaltet. „In der wirklich tiefen Kritik", hatte Lukács im einleitenden Essay geschrieben, „gibt es kein Leben der Dinge, keine Bilder, nur Transparenz, nur etwas, das kein Bild vollwertig auszudrücken fähig wäre. Eine ‚Bildlosigkeit aller Bilder'."[21] Die Schriften der Kritiker – Sokrates und die Mystiker werden hier angeführt – wenden sich aufs entschiedenste vom Bildhaften ab. Das Oxymoron des bildlosen Bildes findet sich bei Meister Eckhart wieder, wenn er – jenseits der „Weisheit" des edlen Menschen – die sechste Stufe der mystischen Erfahrung, das letzte Stadium der Offenbarung darlegt. Dort erscheint der Mensch durch die göttliche Ewigkeit „entbildet".[22] Diese Umwertung der Funktion des optischen Mediums gehört zu den zentralen Motiven der *unio mystica* des Meister Eckhart. Auf ähnliche Weise muß der Schreibstil des Kritikers für Lukács alles Bildhafte vermeiden und nach „reiner" Bedeutung streben, um das Absolute einer Form offenbaren zu können. So macht er sich zum bloßen Empfänger einer göttlichen Stimme, um über das Kunstwerk hinaus Fragen an das Leben zu stellen.

In diesem Sinne kann die eigene Ethik des Essays nicht „atheistisch" sein wie jene der neuen Tragödie. Mit seiner neoklassischen Erneuerung des tragischen Dramas entsprach für Lukács Paul Ernst dem moralischen Typus einer gottfremden Zeit, in der der Mensch sich gegenüber dem Sinn des Lebens allein auf sich gestellt fand. Die essayistische Kritik dagegen erfüllt eine „prophetische" Rolle: Sie nimmt eine quasi religiöse Haltung ein, die in den vollendeten Formen die sich offenbarenden Spuren eines noch verborgenen Gottes empfängt. Lukács' „Essay über den Essay" ist vermutlich der erste Text dieser Zeit, der radikal mit der Vorstellung eines rein platonischen Ursprungs der Philosophie bricht. Denn er schlägt eine

---

[21] Ebd., S.12 f.

[22] Vgl. M. Eckchart, *Deutsche Predigten und Traktakte*, München 1963, S. 146: als einzigartige Synthese von „pantheistischem" Denken und Origines-Tradition setzte bei dem Mystiker das Wiedererkennen der göttlichen Einheit in der Form aller Kreaturen jenes Paradoxon eines „Entbilden der Bilder" voraus.

„Brücke" zwischen dem griechischen Erbe und dem einer Mystik, die durchweg aus der judaischen Heterodoxie schöpfte. Indem Lukács eine Verbindung zwischen Kritik und mystisch-ketzerischer Tradition herstellt, kündigt sich eine Richtung an, die diese Polarität deutlich als die zwischen Athen und Jerusalem benennen wird: die Bibelinterpretation Franz Rosenzweigs sowie die Vorrede zum *Ursprung des deutschen Trauerspiels* Walter Benjamins, wo Adam, indem er den Dingen einen Namen gibt, den Platz Platons als Vater der Philosophie einnimmt.[23]

Der Gegensatz zwischen der Ethik des Essays und jener der Tragödie wird noch durch die Affinität verstärkt, die Lukács zwischen dem Essay und dem „untragischen Drama" freilegt. Im Schluß des *Herakles* von Euripides sieht er in der Tat eine Übergangsfigur zwischen dramatischer Dichtung und essayistischer Schrift: Das Stück endet nicht mit dem Tod des Helden, sondern macht einem Dialog Platz, in dem Theseus Herakles – der im Wahn seine Frau und seine Kinder ermordert hat – davon überzeugt, nicht das Unglück zu vollenden, indem er sich das Leben nimmt.[24] Dieses „untragische" Ende innerhalb der dramatischen Gattung stellt für Lukács eine erste Skizze des platonischen Dialogs dar. So wird der Sokrates in Szene setzende Platon zum ersten „Essayisten". Nietzsche hatte in der *Geburt der Tragödie* den Tod der Tragödie unter den Schlägen der sokratischen Dialektik beschrieben – was er ihren euripideischen Tod genannt hatte. So verstanden erschien Sokrates als der erste, der die Idee dem Leben entgegengesetzt hatte, als der „theoretische Mensch" schlechthin und der einzig wahre Gegenspieler des tragischen Menschen.[25]

---

[23] Vgl. W. Benjamin, *Ursprung des deutschen Trauerspiels* (1928), Frankfurt/M. 1974, S. 19; sowie: F. Rosenzweig, *Der Stern der Erlösung* (1921), Dordrecht 1976, S. 221 ff.

[24] Vgl. Euripides, *Herakles*, V. 1163-1426.

[25] F. Nietzsche, *Die Geburt der Tragödie*, insb. §18; vgl. ferner Lukács' Besprechung der ungarischen Übersetzung der *Geburt der Tragödie*: „Fülep Lajos Nietzscheröl", in: *Nyugat* vom 16. Juli 1910, wieder in: ders., *Ifjúkori művek* [Frühe Schriften], Budapest 1977, wo u.a. von einer notwendigen Kritik Nietzsches die Rede ist.

Aber während Nietzsche ihn als den Verneiner der Instinkte ablehnte, gilt Sokrates Lukács als Vorbild des Kritikers überhaupt. Sokrates Leben sei typisch für die Form des Essays, sein Tod, weder Tragödie noch Martyrium, läßt sich nur ironisch auffassen, so wie ihn Platon auf untragische Weise im *Phaidon* erzählt. So wie jeder seiner Dialoge durch die Zufälligkeiten des Lebens willkürlich unterbrochen wird, ist auch der Tod des Sokrates willkürlich und ironisch: „Diese Unterbrechung ist kein Schluß, sie kommt ja nicht aus dem Innern", schreibt Lukács, „[sie] ist aber dennoch der tiefste Schluß, denn von innen wäre ein Abschließen unmöglich gewesen."[26]

Für ihn besteht die Ironie des Kritikers darin, so zu tun, als würde er von der schönen, nutzlosen Oberfläche (dem Gemälde oder dem Gedicht) sprechen, während es sich in seinen Schriften eigentlich um die letzten Dinge handelt. Wie beim Dialog des Sokrates ist der „Gegenstand" des Essays lediglich ein Vorwand für die letzten Fragen des Lebens. Und wenn die Ironie der Tragödie auch nicht fremd sei, so könne trotzdem allein der Essay den Tod auf einer nicht-dramatischen Ebene behandeln: nämlich der des Humors. Denn „eine solche Unterbrechung ... hat ja gar zu wenig Zusammenhang mit dem, was sie unterbricht."[27] Der „Humor", mit dessen Begriff der

---

[26] „Über Wesen und Form des Essays ...", *SF*, S. 26; Nietzsches Vorstellung einer „sokratischen Zäsur" übernimmt Lukács mit einem deutlich umgekehrten Werturteil. Sokrates hätte den tiefsten antigriechischen Gedanken zum Ausdruck gebracht und somit das Zeitalter des Mythos und der Tragödie abgeschlossen. Platon hatte die Tragödien seiner Jugendzeit verbrannt und dem Gespräch eine schriftliche Form gegeben, um den Tod seines Meisters zu verewigen. Dieses Ende Sokrates' ist für Lukács nicht nur ironisch; es muß zugleich unter dem Modus des Humors gelesen werden. Die Zäsur, die der Weise darstellt, ebnet hier wie bei Kierkegaard einer neuen Beziehung zwischen Einzelnem und Religiosität den Weg. Sie markiert mit Platon die Geburt eines neuen Mythos, dessen ganze Tragweite erst in der Wiederkehr dieser Struktur mit den Figuren von Jesus und Paulus deutlich wird.

[27] Ebd., S. 26; so wie für Kierkegaard die Ironie den Sprung von der ästhetischen in die ethische Sphäre bezeichnet, so markiert auch der Humor den Sprung von der ethischen in die religiöse Sphäre; vgl. S. Kierkegaard, *Über den Begriff der Ironie mit ständiger Rücksicht auf Sokrates. Gesamtwerk 31*, Düsseldorf – Köln 1961, S. 243 ff., sowie:

„Essay über den Essay" den Tod Sokrates' bezeichnet, verweist hier zweifellos auch auf den Kierkegaardschen „Sprung" von der ethischen in die religiöse Sphäre. In diesem Sinne erscheint der Essayist als der Moralist, der vor der Entscheidung steht, und der seine Wahl zugunsten der Ethik oder der Religion noch nicht gefällt hat. Beinahe ein Prophet, gehöre der Kritiker zum Typus des „Vorläufers". Als Übergangsform zwischen Kunst und Philosophie kündigt der Essay eigentlich das große metaphysische System an, das in den Augen Lukács' einen tief religiösen – und damit antitragischen – Charakter besitzt.[28] Dieser Kierkegaardsche Aufbau von *Die Seele und die Formen* bildet den Hintergrund für das Rätsel der scheinbar widersprüchlichen Standpunkte, die der junge Philosoph in seinen einzelnen Essays abwechselnd einnehmen konnte.

II. Ethik des Dramas

Parallel zu seiner Tätigkeit als Kritiker hatte sich Lukács in seiner *Entwicklungsgeschichte des modernen Dramas* bemüht, die grundlegenden Unterschiede zwischen der dramatischen Dichtkunst der Moderne und der antiken Tragödie aufzuzeigen. Mit dem Anbruch der Moderne wird der Held – wie Hegel schon zuvor bemerkt hatte – eine problematische Figur. In einer sich entzaubernden Welt beginnt auch für Lukács das bürgerliche Individuum an den heroischen Tugenden zu zweifeln. Aber weit davon entfernt, allein einen Verlust darzustellen, erlaubt die Befreiung vom Mythos eine Pluralität der Wertungen, ein wirkliches Spiel und eine radikale Differenzierung der Sichtweisen. Vor diesem Hintergrund entsteht das moderne Drama: An dessen Ort, schreibt Lukács, „prallen schon nicht mehr nur Leidenschaften aneinander, sondern Ideologien, Weltanschauungen."[29] Die innere

---

Abschliessende unwissenschaftliche Nachschrift zu den philosophischen Brocken. Gesamtwerk 16, Bd. II, 1958, S. 211 ff., S. 261 ff. und S. 281 f.

[28] Vgl. Brief an F. Bertaux vom März 1913, in: *Briefwechsel ...*, S. 319.

[29] G. Lukács, *Entwicklungsgeschichte des modernen Dramas*, Darmstadt – Neuwied 1981, S. 77; die Einleitung des Buches ist 1914 unter dem Titel „Soziologie des modernen Dramas" erschienen in: *Archiv für Sozialwissenschaft und Sozialpolitik*, Bd. 38, H. 2, S. 303 ff. und H. 3,

Notwendigkeit, die der Tragödie eigen war – und die eine gelebte Immanenz des Schicksals zur Voraussetzung hatte – verliert hier ihre strukturierende Kraft, um einer realen und somit kontingenten Geschichte Platz zu machen. Die Bühne des modernen Dramas öffnet sich auf die Welt und verschiebt sich vom wesentlichen zum gewöhnlichen Leben. Trotz dieser eindeutigen Entwicklungsrichtung sieht Lukács in diesem Buch beide Pole noch im zeitgenössischen ästhetischen Gegensatz zwischen dem Naturalismus Gerhart Hauptmanns und den neoklassizistischen Versuchen Paul Ernsts widergespiegelt.[30]

Modernität des untragischen Dramas

Als aber Lukács zwei Jahre später in *Die Seele und die Formen* für Paul Ernst Partei ergriff, schien der Bruch mit dem Simmelschen Modernismus, den er noch in seiner Dramengeschichte vertrat, vollzogen. In dem Text, den er im Anschluß an die *Metaphysik der Tragödie* schrieb, scheint der Kritiker jedoch auf seine frühere Position zurückzukommen. Ein Teil dieser umfangreichen Schrift wurde im März 1911 als Essay in der *Schaubühne* unter dem Titel *Das Problem des untragischen Dramas* veröffentlicht.[31] Worin besteht sein metaphysisches Fundament? Stellt der an sein Schicksal gefesselte tragische Mensch den Höhepunkt des menschlichen Wesens dar? Vermag die Figur des Weisen eine Alternative zu jenem zu bilden? – so die Fragen, die der Essay stellt. Gewiß ist das Urbild dieses neuen, untragischen Menschen Sokrates, denn für ihn ist das Schicksal reiner Schein. In dieser Form ist das Wesentliche nicht länger an die zerstörerischen Instinkte gebunden, sondern indem diese verneint werden, öffnet es sich dem Leben.

In dem längeren, unveröffentlichten Fragment *Die Ästhetik der*

S. 662 ff.; diesem Text verdankte Peter Szondi mehrere Anregungen für seine *Theorie des modernen Dramas* (1956), vgl. ders., *Schriften I*, Frankfurt/M. 1977, S. 147.

[30] Vgl. *Entwicklungsgeschichte ...*, Kap. XIV.

[31] „Das Problem des untragischen Dramas", in: *Die Schaubühne*, Nr. 9, 1911, S. 231 f.; vgl. auch: „Hauptmanns Weg", in: *Die Schaubühne*, Nr. 10, 1911.

‚Romance' (1911) überträgt Lukács das „ästhetisch-soziologische" Bestreben seines ersten Buches zum Drama auf eine „metaphysische" Ebene. Die Ambivalenz der dramatischen Gattung bleibt hier ungelöst, „als ob einerseits die wichtigsten Postulate der Technik des Dramas die Tragödie geradezu als ihre Befreiung aus dem Zustand der abstrakten Forderung als ihre wahre Realisation bedingen würden, und andererseits als ob es für die Tragödie – in der Sphäre des Ästhetischen – nur eine adäquate Erscheinungsform gebe, die des Dramas".[32] Dieses „untragische" Drama bezeichnet Lukács mit dem Begriff der „Romance". Hauptgegenstand dieser Skizze sind die „dramatischen Märchen" des späten Shakespeare, das Werk Calderons, die „utopischen" Stücke Lessings sowie das indische Drama. In der Form des untragischen Dramas können die Pole, die in der Tragödie endgültig voneinander getrennt waren, – die Welt und Gott, das Leben und *Das* Leben – nebeneinander bestehen. Dieses, dem Stil der „Romance" eigene Paradox ergibt sich aus „dem Widerstreit und der Einheit des irdisch Irrationalen und des transzendent Notwendigen, [aus] dem Distanzproblem der Vereinigung von Gottesnähe und Lebensnähe".[33]

Daß in diesem Fragment die Irrationalität und die scheinbare Abwesenheit jedes Sinnes durch ein transzendentes Stilprinzip (den „Zufall" des happy end, der der Immanenz des Schicksals in der Tragödie gegenübersteht) ausbalanciert wird, klingt wie ein Echo auf Ernst Blochs kritisches Urteil über die *Metaphysik der Tragödie*. Bloch hat das polemische Argument später in seiner „Theorie des Dramas" ausgeführt: „wo sind hier Mord, Tod und tragische Finsternis geblieben? ... Das Freigelassenwerden zum Selbstgericht ist so ungeheuer viel, daß es an sich schon, eben durch die fehlende Macht der äußeren oder oberen Welt: unkonvergent zum tragischen Schicksal zu sein, diese Welt als leise positiv gottgedachte voraussetzt, daß also ... die geschichtlich und religiös gesprengte Lukácssche Immanenz der Tra-

---

[32] *Die Ästhetik der ‚Romance'. Versuch einer metaphysischen Grundlegung der Form des untragischen Dramas* (Typoskript, vermutlich 1911), S. 1, *Lukács-Archiv*.

[33] Ebd., S. 22.

gödie in eben dieser scheinbaren Selbstvollendungsform irgendwie zu einer ihr ganz unadäquaten Transzendentalphilosophie der Freundlichkeit und Gottfülle des Daseins hinausführt."[34] In dieser Kritik ist genau die Position umrissen, der Lukács nun zuzustimmen schien. Das untragische Drama als „Form der Formen" hält sich näher am Leben: Die dramatische Zeitlichkeit, die der des Märchens verwandt ist, rückt an die epische Zeit heran, wie auch der Begriff „Romance" andeuten möchte. Die Zeit selbst war auf die Bühne getreten, um den Übergang zwischen den beiden Teilen der Shakespeareschen Romance par excellence, *The Winter's Tale,* darzustellen.

Romance – Trauerspiel – Film

Der *Ästhetik der ‚Romance'* zufolge ist im Märchen die Spur der Metaphysik eines vergangenen goldenen Zeitalters aufbewahrt: Dessen Form erscheint als eine ins Ästhetische säkularisierte Mythologie. Im Gegensatz zur tragischen Formgestaltung, die die Tiefe des Seins sucht, wird hier alles an die Oberfläche gebracht.[35] Im Märchen bewegen sich die Figuren wie Marionetten oder wie auf einem Bild ohne Tiefenperspektive. Im Dialog oder im Essay ging es nach Lukács nicht anders: je tiefer die Frage war und auf einen verborgenen Sinn verwies, desto mehr schrumpften die Bilder zu einem Oberflächenspiel, desto mehr wurden die Figuren zu Masken.

So hat das untragische Drama für den Verfasser der *Ästhetik der ‚Romance'* die Formen des Märchens und des sokratischen Dialogs in sich aufgenommen und verwandelt. Die „Helden" dieser durchaus unklassischen Form sind der Weise – im griechischen und indischen Drama – oder – im christlichen – der Märtyrer und die rettende Frau *(mulier salvatrix).* Als Lebensethik und Erkenntnis

---

[34] E. Bloch, *Geist der Utopie* (1. Fassung), München – Leipzig 1918, S. 69 und S. 71.

[35] Vgl. *Die Ästhetik der ‚Romance'* ..., S. 7: „Das Märchen als vollendete Form ist par excellence antimetaphysisch, untief, rein dekorativ. Es ist eine allegorische Arabeske, deren Sinn für immer verloren, deren Transparenz dadurch nur Lokalfarbe ist, und deren über sich selbst Hinausreichen zum phantastisch-grotesken Ornament geworden ist."

zugleich besteht hier die Funktion der Weisheit darin, die dem Schicksal innewohnende Illusion zu enthüllen. „Die Gegenwart des Weisen lähmt das Schicksal", schreibt Lukács, unter seinem Auftreten „macht das Ereignis Halt."[36] Der Weise kämpft zugunsten der menschlichen Seele auf Kosten der Kreatur: Als Beispiele führt der Essayist insbesondere Prospero, den „Zauberer" aus Shakespeares *Tempest*, und die „utopischen" Figuren des Nathan oder der Minna von Barnhelm bei Lessing an. Im Märtyrer-Drama erscheint der – oder die – Heilige als christliches Pendant zum Weisen. Aber weil die Erlösung eine Figur des Jenseits ist, hat auch hier sein Opfer keine tragische Funktion mehr.

Weder als tragischer Augenblick noch als messianische Zeit aufgefaßt, wird in diesem Fragment die Zeitlichkeit des Dramatischen zur innerweltlichen Gegenwart. Diese schließt die Gegensätze der vergangenen Ewigkeit der Tragödie und der akosmischen Gegenwart der mystischen Erfahrung nicht mehr aus, sondern stellt ihre paradoxe Synthese im Stillstellen des Geschehens dar. Über den „epischen" Charakter des Romance-Dramas zeichnet sich hier schon eine spezifische Aufmerksamkeit gegenüber der Zeit als Dauer ab – was einige Jahre später einen zentralen Platz in der *Theorie des Romans* (1916) einnehmen wird.

Als Mittler zwischen tragischer und epischer Kunst tendiere das untragische Drama über die Figur des Weisen dazu, eine „demokratische Form" zu vollenden. War der tragische Heroismus eindeutig eine „aristokratische" Tugend, sucht Lukács tatsächlich hier eine Form, die keine getrennten „Kasten" zwischen den Menschen schafft: einen utopischen Entwurf, in dem die Versöhnung einen „Weg zur Vollendung des Lebens" darstellen könnte.[37] Künstlerisch gesehen sei dieser Versuch aber jenseits von Calderon gescheitert. Selbst in den letzten Dramen Shakespeares sei es der Romance nicht gelungen, das Ideal einer ausgereiften Form zu erfüllen. Als Kunstgattung „zerfällt" sie schließlich im barocken Drama. Den-

---

[36] Ebd., S. 27.

[37] „Das Problem des untragischen Dramas", a.a.O., S. 234.

noch: indem sie der „symbolischen, in sich einheitlichen Form der Tragödie" gegenübersteht, birgt für den Essayisten die „über sich herausweisende, allegorische Form [der Romance]" einen nicht nur historischen, sondern auch metaphysischen Wert.[38]

Die Ähnlichkeit und die Analogien bis in die Formulierungen hinein mit der späteren Arbeit Benjamins über das barocke Trauerspiel – ohne daß letzterer Kenntnis von Lukács' Manuskript hätte haben können – sind erstaunlich. Die Formanalyse des Dramas ist in beiden Texten von ähnlicher Art, die ästhetische Bewertung fällt jedoch unterschiedlich aus. Während Benjamin sich bemühen wird, das Trauerspiel als Idee oder als Fragment zu „retten", sieht Lukács darin eine problematische Form, die unvollkommen bleiben mußte. Die Vollendung des Lebens, ihre Darstellung in einer solchen Form des Dramas, bleibt für ihn als unlösbares Problem der Moderne, als „das Mysterium ohne Theologie" bestehen.[39]

Der strenge Gegensatz zwischen Tragödie und „Romance" – denn das Drama muß nach Lukács entweder tragisch oder untragisch sein, ohne daß eine Mischform möglich wäre – deckt sich offensichtlich nicht mit einer rein ästhetischen Wertung. Dieser stellt lediglich den ästhetischen Index einer Frage dar, die an die Problematik der Interpretation selbst gebunden ist. Wahrscheinlich ist hier sogar der Punkt erreicht, wo sich – vom jungen Lukács aus – die Hermeneutik Benjamins und Martin Heideggers grundsätzlich voneinander trennen. Das Tragische ist ein Symbol für das Schicksal und die Endlichkeit des Menschen. Heidegger, der hierin der *Metaphysik der Tragödie* sehr nahe war, wird dies in den Begriff des „Seins zum Tode" übertragen, das allein eine Eigentlichkeit gegenüber dem alltäglichen Leben gewährt. Unter dem Blickwinkel der Tragödie dachte Lukács „Sinn und Sein ... [als] identisch": Eine Behauptung, die Heidegger, für den die Frage nach dem Sein die einzige philosophisch bedeutungsvolle war, zu seiner hätte machen können.[40]

---

[38] *Die Ästhetik der ‚Romance'* ..., S. 12 f.

[39] „Das Problem des untragischen Dramas", a.a.O., S. 234.

[40] „Der Dramatiker des neuen Ungarns", in: *Pester Lloyd*, 2.03.1913, S. 21, dessen Anlaß die *Mysterienspiele* Béla Balázs' waren: „Dieser zum

Aus der Perspektive des „untragischen" Dramas oder des Trauerspiels zerfällt aber die Einheit des Sinns zugunsten eines im Schein fragmentierten; demnach ist seine Form notwendig eine *allegorische*. Dies ist der wesentliche Gedanke, der Benjamins Rehabilitierung der Ästhetik des Barock zugrundeliegt. Im Gegensatz zur griechischen Tragödie verkörpert das barocke Trauerspiel das moderne Drama, in dem der Mensch sich mit der Krise des christlichen Mythos konfrontiert sieht. Daher seine Affinität zur Melancholie und zur Sehnsucht nach einer Welt, die durch das Göttliche geordnet ist. Indem der Glaube an das Jenseits fragwürdig wird, nimmt jeder Sinn den Charakter des Scheins an. Deshalb muß sich vom Standpunkt der untragischen Form aus die Richtung der Interpretation des Seins umkehren: denn nur der „Trug des Scheins kann zur Sicherheit des Wesens führen", schreibt Lukács lange bevor Benjamin eine ähnliche Position entwickeln wird.[41]

Als modernes Pendant zum untragischen Drama vollende die neue Kunst des Films eine solche Figur. Lukács, der mit dem Dichter und späteren Filmtheoretiker Béla Balázs befreundet war, hat schon sehr früh in *Gedanken zu einer Ästhetik des Kinos* (1911) die historische Tragweite des Films erfaßt.[42] Im filmischen Medium – es handelt sich um den noch ganz „unliterarischen" Stummfilm – ist der Sinn identisch mit dem Schein. Nichts als Bilder! Die dem tragischen Drama eigene Tiefe sei hier gänzlich verschwunden. Und wenn die Akteure auch endgültig ihre Seele verloren haben, dann, um zu einem Körper zu gelangen. Die Ewigkeit des Tragischen mache im Kinematographen dem Flüchtigen und Vergänglichen Platz;

Sein erwachte Sinn ist in der gewöhnlichen Wirklichkeit ... immer verborgen ... Darum bedeutet für diesen Tragiker seine Mystik keine Abwendung vom Leben und seiner Formenwelt ... *Sein und Sinn, Wesenhaftigkeit und Leben, Gegenwart und Ewigkeit sind* für diese Mystik *identisch* ..." (meine Hervorhebung); vgl. ferner: M. Heidegger, *Sein und Zeit* (1927), Tübingen 1979, insb. §51.

[41] *Die Ästhetik der ‚Romance' ...*, S. 37.

[42] „Gedanken zu einer Ästhetik des Kinos", in: *Pester Lloyd*, 16. 04. 1911, S. 45 ff.; eine zweite Fassung, deren Schluß weniger radikal ist, erschien in der *Frankfurter Zeitung* vom 10. 09. 1913.

Traum und unendliche Möglichkeit haben die Stelle von Schicksal und Notwendigkeit eingenommen. Das „lebendige Leben", meint Lukács, sei im Schein selbst Wirklichkeit geworden. Sollte sich diese Kunstform als paradigmatisch für die Epoche erweisen, dann würde jede ontologisch fundierte Hermeneutik hinfällig werden: Die Frage nach dem Sinn wäre grundsätzlich überholt; das ist zumindest die Konsequenz, vor der – hier im Gegensatz zu Lukács oder Heidegger – Benjamin in den dreißiger Jahren nicht zurückweichen wird.[43]

Ethik der Güte und Gnadendrama

Nicht zu Unrecht hat Ernst Bloch Lukács als ein „Genie der Moral" bezeichnet. Der Bereich des Ethischen wird bei ihm jedoch ganz von der Ästhetik aus konstruiert. Denn in der – scheinbar ästhetischen – Scheidung zwischen tragischer und untragischer Form kehrt noch einmal das Problem des Kierkegaardschen Entschlusses wieder: *entweder* Ethik *oder* Religion. War die Tragödie eine bis in die Ethik gereinigte Kunstform, so behauptet Lukács mit seinem Versuch über das untragische Drama, die „Grenze zwischen Kunst und Religion" erreicht zu haben.[44] Wie jene des Essays transzendiert die untragische Form des Dramas die reine Sphäre des Ethischen, und zwar in Richtung einer eindeutig religiös gefärbten Ethik. Eine vorläufige Formulierung dieser „zweiten Ethik" findet sich schon in einem 1912 verfaßten Text Lukács', dem eigenartigen Dialog *Von der Armut am Geiste*.

Der Titel ist der Predigt Meister Eckharts entlehnt, in welcher der Mystiker das *Beati pauperes spiritu* des Matthäus kommentiert.[45] Der

---

[43] „Gedanken zu einer Ästhetik des Kinos", wieder in: *Schriften zur Literatursoziologie*, Neuwied 1961, S. 77; vgl. W. Benjamin, „Das Kunstwerk im Zeitalter seiner technischen Reproduzierbarkeit" (1936) in: *Illuminationen*, Frankfurt/M. 1977, S. 148 ff.

[44] Brief an P. Ernst (undatiert), zitiert von F. Fehér in: „Die Geschichtsphilosophie des Dramas, die Metaphysik der Tragödie und die Utopie des untragischen Dramas. Scheidewege der Dramentheorie des jungen Lukács", *SL*, S. 53.

[45] Vgl. M. Eckehart, *Deutsche Predigten*, a.a.O., S. 303 ff.; vgl. ferner in

Dialog Lukács', gewiß der literarischste seiner Versuche, ist biographisch in einer Zeit des Zweifels entstanden, in der der Essayist nach dem Selbstmord seiner engen Freundin, Irma Seidler, von Todesgedanken heimgesucht war. Der Text ist als fiktiver Brief einer Frau konzipiert, der ihre Begegnung mit einem jungen Freund kurz vor dessen Freitod wiedergibt. Gegenstand dieses „letzten Gesprächs" ist der Selbstmord der Schwester der „Verfasserin", mit welcher die männliche Hauptfigur auch verbunden war. Im Laufe des Dialogs erläutert der „Held" der Gesprächspartnerin, in welcher paradoxen Weise er Schuld für den Tod ihrer Schwester trägt. Schuldig ist er einzig vor Gott geworden, und zwar deshalb, weil er der geliebten Frau helfen wollte. Darin habe er verkannt, daß das Retten*wollen* die Güte voraussetze, eine Tugend, die er nicht besaß und nicht erzielen durfte, denn er war selber für ein anderes „Werk" bestimmt: das der künstlerischen Formen. „Sie mußte sterben, damit mein Werk vollendet werde, damit für mich nichts in der Welt bleibe als mein Werk"; dies nicht eingesehen zu haben, ist seine eigentliche Schuld.[46] Die Protagonistin ist in ihrer eigenen „Güte" am Ende des Dialogs in der Lage, seine Position zu begreifen, nämlich: „die Kasten auf metaphysischer Grundlage neu errichten" zu wollen.[47]

In der Tat liegt dem Argument der Hauptfigur ein neues umfassendes System ethischer Werte zugrunde, in dem sich drei verschiedene „Kasten" oder „Stände" unterscheiden lassen: die des täglichen Lebens, von der sozialen Pflicht beherrscht; die der Kunstformen, in der alles der Verwirklichung des Geistes auf Kosten des Lebens unterworfen wird; schließlich die des „lebendigen Lebens", die Sphäre der Güte und der Gnade. Das „lebendige Leben" als höchste Stufe dieses ethischen Systems, spielt auf Dostojewski an. Prinz Mychkin, Sonja und Alioscha, der jüngste der Brüder Karamasoff, deren Güte als „fruchtlos, verwirrend und ohne Folgen" bezeichnet

---

der Übersetzung von G. Landauer: *M. Eckharts mystische Schriften*, Berlin 1903, S. 102 ff.

[46] „Von der Armut am Geiste", in: *Neue Blätter*, H. 5-6, 1912, S. 80; vgl. ferner: György Lukács, *Tagebuch 1910-1911*, Berlin 1991.

[47] Ebd., S. 90.

wird, erscheinen in diesem Dialog als Figuren eines Dramas der „Gnade". Die Sphäre ihrer Güte liegt jenseits des Tragischen; sie ist das „Wunder, die Gnade und die Erlösung. Das Heruntersteigen des Himmelreiches auf die Erde".[48] Die Güte ist ein Begnadetsein, und einzig deren Träger können die Formen zerbrechen und anderen helfen wollen.

Die mittlere Kaste ist die der „Armen am Geiste" – eben die, für welche der Held bestimmt war, was dieser zu spät erkannte. Nach der Eckartschen Vorstellung heißt dies Prinzip: nichts als das Gefäß des göttlichen Willens zu sein.[49] Hier muß man sich ganz vom täglichen Leben abwenden und akzeptieren, daß das von Gott bestimmte Werk notwendigerweise widermenschlich sei und sogar auf dem Tod von Menschen fuße. Die Frauen sind eindeutig aus dieser Kaste ausgeschlossen. Denn, so sagt die Hauptfigur des Dialogs, es gibt bei ihnen keinen Platz für das Werk, sondern nur für „die Tragödie oder die Frivolität".[50] Darum hätte der Held ihr sinnloses Ende in Kauf nehmen müssen. Hier erinnert das von Lukács bis ans Ende gedachte Bekenntnis zur Misogynie an jene asketischen und „machiavellischen" Figuren Thomas Manns, die – wie in *Der Zauberberg* oder in *Mario der Zauberer* – zur Vollendung ihres Werkes nicht vor dem Verbrechen zurückschrecken dürfen. Auch das „lebendige Leben" ist im Dialog als ein „Werk" anerkannt, aber ein anderes war der Hauptfigur auferlegt worden. Dies wird als ethische Konstruktion wie folgt dargelegt: „Was hier gemeinsam ist, ist der Weg zum Werk, die Ethik der Tugend, jedes Werk ist aber von allen anderen scharf geschieden."[51] Mit anderen Worten hat der

---

[48] Ebd., S. 74.

[49] *M. Eckharts mystische Schriften*, a.a.O., S. 306 f.

[50] „Von der Armut am Geiste", a.a.O., S. 85: „[Die Frauen] können Werk und Leben in keine Einheit bringen und müssen darum das eine in Frivolität untergehen lassen, oder selbst zugrunde gehen." Vgl. dazu: A. Heller, ",Von der Armut am Geiste'. Ein Dialog des jungen Lukács", in: J. Matzner (Hg.), *Lehrstück Lukács*, Frankfurt/M. 1974, S. 117, ferner: G. Mattenklott, „Exkurs über Georg von Lukács", in: *Blindgänger*, Frankfurt/M. 1986, S. 158 und S. 162.

[51] Ebd., S. 89.

Held gehandelt, als wäre er von der Güte besessen, ohne dafür begnadet zu sein: „Güte ist die Pflicht und die Tugend einer höheren Kaste, als die meine ist".[52] Die „Sünde", die er begangen hat – und deshalb muß er den Todesweg gehen –, heißt: die Kasten, die verschiedenen Tugenden „vermengt" zu haben.

Es handelt sich also in diesem Text nicht mehr um eine Moral der Weltablehnung wie in der Tragödie, sondern um eine Ethik, die – mindestens hypothetisch – an die sozialen Formen zurückgebunden wird. Das Gebot einer solchen Ethik kann nur so formuliert werden: „Lasse, was Du nicht tun mußt."[53] Dieses „Tun müssen" ist im Unterschied zum universell gedachten Kantischen „Sollen", für die jeweilige gesonderte Kaste, der man angehört, festgesetzt. Die hier angesprochenen Kasten sind gewiß im alten Kastensystem Indiens zu verorten – einem geläufigen Gegenstand im Max-Weber-Kreis, den Lukács in der Zeit zu frequentieren begann. Gemäß der Interpretation Ernst Blochs, der in diesem Zusammenhang auch auf eine katholische Klosterordnung hingewiesen hat, wären die Lukácsschen Kasten nicht nur streng voneinander getrennt, sondern so gedacht, daß Askese und Pflichten mit der jeweils höheren hierarchischen Position zunehmen.[54] Die Vermischung der Kasten, das heißt die Überschreitung der einzigen absoluten Regel, stellt die größte Schuld dar. Es handelt sich hier gleichwohl um eine Umformulierung der hinduistischen Karmalehre. Denn die Erlösung vermag das Kastengesetz nicht zu transzendieren, sie kann „keinen Plural haben".[55] So ist die in diesem Dialog entwickelte Lukácssche Mystik aufs neue „aristokratisch" in dem Sinne, daß die höchste Tugend, die „Güte", hier die Eigenart der Kaste derjenigen ist, denen die göttliche Gnade zuteil wurde.

Eine solche religiöse Ethik, die eine Einteilung der Menschen in

---

[52] Ebd., S. 91.

[53] Ebd., S. 87.

[54] Vgl. E. Blochs Interview in: M. Löwy, *Pour une sociologie des intellectuels révolutionnaires*, a.a.O., S. 297, und: M. Weber, *Gesammelte Aufsätze zur Religionssoziologie II*. Hinduismus und Buddhismus (1921), Tübingen 1988, S. 116 ff.

[55] „Von der Armut am Geiste", a.a.O., S. 91.

streng getrennten Kasten vornimmt, setzt sich von jeder messianischen „demokratisch"-gemeinschaftlichen Vorstellung eindeutig ab. Wiederum hat hier Bloch das Gegenargument gebracht, denn für ihn wäre „die Frage der Gesamterlösung bei einer einzigen, moralisch real gelungenen Selbsterlösung [schon] aktuell."[56] Der offensichtliche Widerspruch zwischen der Auffassung des „Gnadenspiels" und jener des untragischen Dramas bestätigt aber die Vermutung, daß beide auf unterschiedliche Sphären anspielen, mit denen Lukács als „Stadien" auf dem Weg zum Werk experimentiert.

Diese strenge Dualität seines Denkens begann sich erst unter dem Impuls der jüdischen Mystik zu lösen. Die Veröffentlichung der *Legende des Baalschem* (1908) in der Übertragung von Martin Buber ist für Lukács wie für den Großteil der jüdischen Intellektuellen seiner Generation eine wahre Offenbarung gewesen. Nach begeisterter Lektüre veröffentlicht er in der ungarischen Zeitschrift *A Szellem* eine Sammelrezension der chassidischen Erzählungen Bubers unter dem Titel *Jüdischer Mystizismus* (1911). Hierin beschreibt er den Chassidismus als „die einzig wahre große Bewegung seit dem deutschen Mystizismus der Reformation und dem spanischen der Gegenreformation."[57] Wenig später hat Béla Balázs in sein Tagebuch aus seinen

---

[56] E. Bloch, *Geist der Utopie*, (1. Fassung), a.a.O., S. 71.

[57] Vgl. „Zsidó miszticismus", in: *A Szellem*, Nr. 2, 1911, S. 256: „Die chassidische Bewegung ... war ein primitiv-mächtiger Mystizismus ... Was hier am auffallendsten ist, ist wie sehr ungebunden jeder Mystizismus zur Religion ist; trotz aller seiner tiefen Religiosität: Baalschem interpretiert ebenso frei das Alte Testament, benutzt es ebenso als Körper für seine neuen Symbole wie Eckhart das Neue Testament. Besonders interessant ist, wie sehr die jenseitige Welt und das Leben nach dem Tode, der vernachlässigste Teil der alten jüdischen Religion, in den Mittelpunkt dieses Mystizismus gerät ... Daß es hier nicht um Einfluß geht (jedenfalls für das Wesentliche nicht), das wird von mehreren Arten und originellen Variationen der alten Probleme frappant demonstriert. Zum Beispiel: die ethische Interpretation der Reinkarnation bei Baalschem. Hier sehen wir noch einen interessanten Nachweis der Einheit der Mystizismen; wie auch überall sonst geht es nicht um einen genialen Menschen, sondern um eine mystische Bewegung. Aber auch hier, wie immer, ist der erste der Grundlegende, der Klassiker, der ‚Meister' und nach ihm kommt Dekadenz und Barock.

Unterhaltungen mit Lukács folgendes notiert: „Seine neue große Philosophie: der Messianismus ... Er hat den Juden in sich entdeckt! Die Suche nach den Vorfahren. Die chassidische Sekte ..."[58] Ästhetisch relevant ist dabei, daß in der chassidischen Erzählung Mystik und Sage zusammenfließen. Buber schreibt in der Einleitung zu seinem Buch: „Die Mystik wird Besitz des Volkes, und zugleich nimmt sie die ganze Erzählerglut der Sage in sich auf ... In der Ekstase rückt alles Vergangene und alles Zukünftige zur Gegenwart zusammen. Die Zeit verschrumpft, die Linie zwischen den Ewigkeiten verschwindet, einzig der Augenblick lebt, und der Augenblick ist die Ewigkeit."[59] Nach der Buberschen Auffassung haben sich hier Mystik und Kunst des Erzählers vereinigt. Tatsächlich scheint Lukács erst in der Zeitlichkeit der chassidischen Erzählung die „Splitter" der messianischen Zeit entdeckt zu haben.

Die Unentschiedenheit seiner Position bleibt dennoch bestehen. Gewiß hatte Paul Ernst für den jungen Essayisten das Wesen des modernen Atheismus zum Ausdruck gebracht, einer „Welt, wo, mit Nietzsches Wort, Gott gestorben ist, wo der Mensch ... das Maß aller Dinge wurde".[60] Der geringste Zweifel an der Abwesenheit Gottes könnte aber – wie Bloch es schon anmerkte – die neutragische Auffassung der Ethik ins Schwanken bringen. Anläßlich des neuen Dramas von Paul Ernst, *Ariadne auf Naxos* (1912), äußert Lukács in einem gleichbetitelten Essay von 1916 seine eigenen Zweifel: „Wenn es aber

---

Das Verhältnis von Rabbi Nachman zu Baalschem ähnelt in vielen Hinsichten dem von Suso zu Eckhart ..."

[58] Vgl. B. Balázs, „Notes from a Diary", in: *The New Hungarian Quartely*, Nr. 47, 1972, S. 124 (Eintragung vermutlich aus dem Jahre 1913).

[59] M. Buber, *Die Legende des Baalschem* (1907), Frankfurt/M., o.J., S. 11 und S. 18.

[60] „Ariadne auf Naxos", in: W. Mahrholz (Hg.), *Paul Ernst zu seinem 50. Geburtstag*, München 1916, S. 16 f.; vgl. ferner: P. Ernst, *Ariadne auf Naxos*, Weimar 1912, und Lukács' Brief an P. Ernst vom Oktober 1912 in: *Briefwechsel ...*, S. 299: „Gerne schreibe ich über Sie in ‚Neue Blätter'. Am besten über ‚Ariadne'; über den Übergang von Ethik zu Religion." Hofmannsthal hatte 1911 den gleichen Stoff bearbeitet, ohne daß Lukács darauf reagierte.

doch einen Gott gibt? [Wenn] ein anderer, aus jüngerem Geschlechte, von anderem Wesen und in anderen Beziehungen zu uns jetzt im Werden ist?"[61] Wenn dies der Fall ist, dann wäre die Ethik nicht mehr vom tragischen Helden getragen, sondern vom Aufrührer, dem Verfechter eines anti-göttlichen, „luziferischen" Prinzips, so wie er bei Dostojewski in Erscheinung tritt. Der Glanz eines kommenden Gottes vermag das aristokratische Prinzip der Tragödie endgültig zu verbannen. Das neue Stück Ernsts, das in Dionysos den „Gott der Liebe" feiert und das Lukács ein „Gnadendrama" nennt, steht von nun an *über* der Tragödie, so wie bei Kierkegaard „die Religion über der Ethik". Während der tragische Held nur im Ethischen atmen konnte, bewegen sich die Figuren des neuen Dramas ausschließlich in der Gnade, und ihre Güte gehört der Sphäre des „Überethischen" an.[62] So verdichten sich dem Kritiker zufolge in einer solchen dramatischen Gattung alle die Bestimmungen der erneuerten „Religiösität", nach welcher die Moderne sich sehne.

Erst an der ästhetisch-philosophischen Deutung der einzelnen Dramenformen lassen sich die verschiedenen Stadien der Lukácsschen Ethik ablesen. Das „Gnadendrama" erscheint schließlich als Überwindung der Tragödie und zugleich als fehlendes Glied zwischen untragischer Form und mystischer Legende – als „Mittler" zwischen Weisheit und Erlösung – und verkörpert den Wunsch nach einer religiösen Ethik, die im Ersten Weltkrieg radikal apokalyptische Züge annehmen wird.

III. Webersches Zwischenspiel

In der intellektuellen Biographie Lukács' findet sein Interesse am ästhetischen Gegenstand auch andere Ausdrucksformen als die des Essays. Ab 1912 begann er im Hinblick auf eine Habilitation in Heidelberg die ersten Kapitel eines umfangreichen „Systems" der Äs-

---

[61] „Ariadne auf Naxos", ebd., S. 17; diese Stelle stellt möglicherweise schon eine Anspielung auf den „fremden Gott" des christlichen Ketzers Marcion dar.

[62] Ebd., S. 23 f.

thetik zu schreiben. Dieses Projekt bildet in der Entwicklung des jungen Intellektuellen eine Art Klammer. Erst in jener Zeit, in der er regelmäßig am Max-Weber-Kreis teilgenommen hat, wurde bei ihm eine systematische philosophische Herausforderung spürbar. Von Anfang an scheint Lukács die essayistische Form kaum als etwas anderes als ein Übergangsstadium innerhalb des zu vollendenden philosophischen Werkes betrachtet zu haben. Schon in der Einleitung zu *Die Seele und die Formen* war der Essayist vorgestellt worden als „ein Täufer, der auszieht, um in der Wüste zu predigen von einem, der da kommen soll, dessen Schuhriemen zu lösen er nicht würdig sei".[63] Lukács hat immer wieder in dieser Zeit seine „Kritiker"-Arbeit als eine Propädeutik zum „erlösenden System" dargestellt. „Wenn das [philosophische] System, das hier entstehen soll", schreibt er etwa 1913 an Félix Bertaux, „nicht bloß eine gelehrtenhaft-methodologische Zusammenfassung der Erkenntnismöglichkeiten sein wird, sondern *das laut gewordene Wort der unausgesprochenen Religiosität unserer Zeit*, die wirkliche Antwort auf ihre Frage – dann können wir wieder auf eine deutsche Kultur hoffen."[64] Entgegen dem Anschein blieb also die Forderung nach einer religiösen Ethik wach, auch während Lukács seine *Philosophie der Kunst* (1912-1914) als den ersten Teil des großen „Systems", das er eine zeitlang gemeinsam mit Bloch zu verfassen beabsichtigte, entwarf.

Negative Soziologie

Dem Heidelberger „ästhetischen Fragment" liegt ein gegenseitiges Bündnis zwischen Soziologie und Kunstwissenschaft zugrunde, das Lukács schon in einem zwei Jahre zuvor auf Ungarisch geschriebenen Text über die *Theorie der Literaturgeschichte* programmatisch erläutert hatte.[65] Das eigene Dasein des Kunstwerkes wird hier zum

---

[63] „Über Wesen und Form des Essays ...", *SF*, S. 29.

[64] Brief an F. Bertaux vom März 1913, in: *Briefwechsel* ..., S. 319.

[65] Vgl. in dt. Übers.: „Zur Theorie der Literaturgeschichte" (1910), in: *Text + Kritik*, Nr. 39-40, 1973, S. 24 ff.: „Die Synthese der Literaturgeschichte in einer neuen, organischen Einheit ist eine Vereinigung von Soziologie und Ästhetik."

einzigen Faktum und Gegenstand der Ästhetik, die es als autonome Disziplin zu entwickeln gilt. Dafür radikalisiert Lukács die Ansätze der Kunstgeschichte und -theorie der Jahrhundertwende und insbesondere die Kritik der Kunst als „Ausdruck", wie sie von Gottfried Semper, Konrad Fiedler oder Alois Riegl vertreten wurde. Indem er den Glauben an eine restlose Mitteilbarkeit der künstlerischen Intention, sei es in der Form des Rieglschen „Kunstwollens", sei es in der der Semperschen „Eigengesetzlichkeit des Materials" aufgibt, führt Lukács zugleich den Begriff des „notwendigen Mißverständnisses" als einzig mögliche ästhetische Mitteilungsform ein.[66] Die Idee des „doppelten Mißverständnisses", die er von Leó Popper übernimmt und weiterentfaltet, geht von der grundlegenden Inadäquatheit zwischen schöpferischer Absicht und vollendeter Schöpfung einerseits, zwischen dem Kunstwerk selbst und seiner Rezeption andererseits aus. Das Mißverständnis bedingt das Dasein der Kunstwerke als solches. Diese Auffassung greift gewiß auf die romantischen Ursprünge der Hermeneutik bei Dilthey zurück und kehrt diese gleichwohl um: Jedes Verstehen gilt – sei es im Raum- oder Zeitabstand – als ein „Mißverstehen"; erst wenn dies als *konstitutiv* für das Kunstwerk anerkannt wird, kann die Geschichtlichkeit einer Schöpfung kein Hindernis mehr für die Zeitlosigkeit ihres ästhetischen Wertes darstellen.

Das Mißverständnis ist demnach nicht nur eine negative Notwendigkeit, sondern stellt sich im Gegenteil als „produktiv" heraus. Lukács übernimmt zwar Poppers Vorstellung, die Gesetze der Technik und des Materials seien selbst die „meta-subjektiven Träger" des Werks und nicht die künstlerische Intention – wie noch bei Fiedler oder Riegl.[67] Um aber das Verhältnis Form-Material als komplexe Funktion des „künstlerischen Mißverständnisses" be-

---

[66] Vgl. G. Lukács, *Heidelberger Philosophie der Kunst (1912-1914)*, Darmstadt – Neuwied 1974, S. 39 f; zur Verbindung zwischen der Idee des „Mißverständnisses" und der der ästhetischen „Rezeption" vgl. H.R. Jauß, *Ästhetische Erfahrung und literarische Hermeneutik*, Frankfurt/M., 1982, S. 676 f.

[67] *Heidelberger Philosophie ...*, S. 41.

schreiben zu können, stützt sich Lukács viel eher auf die abstrakte „Logik" des Neukantianers Emil Lask, als daß er sich die Popper-sche Theorie des notwendigen Mißlingens vom einzelnen Kunstwillen zu eigen macht.[68]

Zu den wichtigsten Konsequenzen aus dem „Mißverständnis"-Begriff gehört hier, daß die Geschichtlichkeit des Kunstwerks nicht mehr im Widerspruch zur „universellen" Gültigkeit seines Wertes liegt: „Die Allgemeinheit des ästhetischen Wertes besteht also nicht darin, wie für jeden anderen Wert, daß das Subjekt auf das Allgemeine der Norm bezogen wird ..., sondern in einer solchen Beschaffenheit des realisierten ästhetischen Wertes, des Werks, die es gestattet, daß dieses Verhältnis zwischen Subjekt und Wert jedem Subjekt gegenüber möglich werde. Diese Allgemeinheit hat die künstlerische Form zu leisten und sie leistet sie durch ihre, das Mißverständnis hervorrufende Fähigkeit".[69]

Lukács versucht die Einzigartigkeit des ästhetischen Wertes vor dem Hintergrund zu bestimmen, daß jede Geschichtlichkeit sich in einem Verhältnis zu den Wertsetzungen ausdrückt. Hierin trifft er Max Weber, der ihn in diesem Projekt unterstützte: Der letzte Teil des umfangreichen Textfragments von Lukács „Geschichtlichkeit und Zeitlosigkeit des Kunstwerks" stellt in der Tat eine Auseinandersetzung mit dem Soziologen dar. Die Anerkennung einer grundsätzlichen Geschichtlichkeit der Werke führt hier weder zum Relativismus – der die Frage der immer möglichen Wiederentdeckung oder Aktualisierung eines ästhetischen Wertes nicht beantworten könne –, noch zur teleologischen Geschichtsphilosophie im Sinne des deutschen Idealismus. Nach diesem Entwurf ließe sich die Kunstphilosophie vielmehr als eine Typologie der Stile auffassen. Die Aufgabe der Ästhetik müßte sich demnach darauf beschränken, eine „negative Soziologie" auszuarbeiten, die nicht mehr als ein „Verstehen" der Stile gegenüber der geschichtlichen Irratio-

---

[68] Vgl. E. Lask, *Die Logik der Philosophie und die Kategorienlehre*, Tübingen 1911, S. 57 ff.; zu Poppers Theorie vgl. Kap. 3 der vorliegenden Arbeit.

[69] *Heidelberger Philosophie ...*, S. 201.

nalität fordert. Hier wird ein Zugriff erprobt, der in der Kunstbetrachtung als Gegenstück zur Weberschen Religionssoziologie erscheint. Denn ähnlich wie Weber, der die religiösen Formen unter dem Gesichtspunkt der Rationalisierung des Guten und des Bösen untersuchte, schreibt Lukács jeder Kunstform – als „innerweltlicher Erlösung" – die Funktion einer wahren Theodizee zu.[70]

Wenn das Heidelberger „System" auch Fragment blieb, so skizzierte es gleichwohl eine originelle „Hermeneutik" der unterschiedlichen Objektivationsformen, für welche das eigene Dasein des Werkes nichts anderes als dessen Rezeption in der Geschichte darstellt. Jedoch endet die *Philosophie der Kunst* auch vor einer Entscheidung: „Die Geschichtsphilosophie der Kunst wird sich also *entweder* mit der letzten Irrationalität des einmaligen geschichtlichen Ablaufs ... begnügen, *oder* sie wird metaphysisch werden müssen: sie wird, in diesen von keiner rein ästhetischen Systematik faßbaren Begriffen von Entwicklungsstadien der Kunst Spuren und Zeichen des letzten, metaphysischen Sinns des Weltlaufs erblicken ..."[71] Obgleich die immanente Ästhetik schon in Richtung einer Geschichtsphilosophie weist, scheint das Wesentliche hier, daß die Webersche „Kulturphilosophie" die Oberhand über jede geschichtlich-teleologische Auffassung behält. Gerade als fragmentarischer Versuch, eine „negative Soziologie" zu begründen, bildet die *Philosophie der Kunst* den Entwurf einer möglichen Alternative zum latenten Hegelianismus der späteren Werke, von *Die Theorie des Romans* und mehr noch von *Geschichte und Klassenbewußtsein* (1923).[72] Diese „theoretische Klammer" einer „geschichtsneutralen" Stiltypologie nimmt in Lukács' Werk eine solche Ausnahmestellung ein, daß er im Alter verneinen wird, sie jemals geschrieben zu haben. Anscheinend mußte dieses Zwi-

---

[70] Ebd., S. 213 ff.

[71] Ebd., S. 231 f. (meine Hervorhebung).

[72] Vgl. G. Márkus, „Lukács' ‚erste' Ästhetik", *SL*, S. 228; sowie: R. Rochlitz, *Le jeune Lukács*, a.a.O., S. 367 ff.; ferner: G. Lukács, *Heidelberger Ästhetik (1916-18)*, Darmstadt – Neuwied 1975, und *Geschichte und Klassenbewußtsein* (1923), in: *Frühschriften II*, Neuwied 1968.

schenspiel verleugnet werden, um dem späteren Bekenntnis zu Hegel Platz zu machen.

IV. Bloch, Dostojewski und die gnostische Wende

Die Bedeutung der intellektuellen Beziehung zwischen Lukács und Ernst Bloch vor und während des Ersten Weltkrieges ist bekannt. Die Nähe der beiden Denker birgt jedoch zugleich etwas eminent Widersprüchliches. Als sie sich 1910 bei Simmel in Berlin kennenlernten, war Bloch ein junger, mystisch angehauchter Hegelianer. Lukács seinerseits trat gerade in seine „neutragische" Phase ein. Drei Jahre später zeichnete Marianne Weber in Heidelberg folgendes Bild von Bloch: „[Es] war ein neuer jüdischer Philosoph da – ein Jüngling mit enormem ... Selbstbewußtsein, er hielt sich offenbar für den Vorläufer eines neuen Messias und wünschte, daß man ihn als solchen erkannte."[73] Vermutlich hat Lukács in dem intellektuellen Mystiker Bloch des Weber-Kreises endlich die prophetische Figur gefunden, die der Kritiker in *Die Seele und die Formen* ankündigte.

Messianische Musikphilosophie

Bei Bloch liegt jeder Kategorie der Erfahrung eine originär mystische Auffassung zugrunde. In der Zeit seines Zusammentreffens mit Lukács arbeitete er an seiner „Theorie des Noch-nicht-Bewußten", die er dann in den Kapiteln von *Geist der Utopie* (1918 und 1923 für die zweite Fassung) darlegte. Dort weisen die verschiedenen Modi der Beziehung zur Welt auf ebenso viele Formen der mystischen Erfahrung – Erfahrung des Ornaments, des Wachtraums, des tiefsten Staunens oder der Selbstbegegnung –, welche in der Kunst der Musik gipfeln.[74] Gershom Scholem hat die Mystik als die

---

[73] Marianne Weber, *Max Weber*. Ein Lebensbild (1926), München 1984, S. 476; hierzu vgl. ferner: E. Karádi, „Bloch und Lukács im Weber-Kreis", in: A. Münster, M. Löwy, N. Tertulian (Hg.), *Verdinglichung und Utopie*, Frankfurt/M. 1987, S. 30 ff; sowie das Kapitel: „Im Schatten Max Webers", in: N. Bolz, *Auszug aus der entzauberten Welt*, München 1989, S. 13 ff.

[74] Nach Bloch verweist die musikalische Zeit über die Offenbarung des

romantische Periode der Religion bezeichnet, die religiöse Erfahrung einer Epoche, in der der Abgrund zwischen Gott und dem Menschen die Form eines inneren Bewußtseins angenommen hat. Wo das monistische Universum des mythischen Zeitalters zerstört erscheint, sucht die Mystik über die unmittelbare Erfahrung der göttlichen Wirklichkeit diese frühere Einheit wiederherzustellen.[75] Blochs Mystik ist eine durchaus synkretistische. In ihr mischen sich die Quellen mehrerer religiöser Traditionen: die der Gnosis und der christlichen Mystiker des Mittelalters, der Taboriten und Münzer, die der jüdischen apokalyptischen Bewegungen, der Kabbala und der Alchimie, der russischen und östlischen Mystik usw. Was sich trotz aller Unterschiede als gemeinsamer Bezugspunkt der von Bloch rezipierten heterodoxen Strömungen herausstellt, ist deren Bestreben, in der Gegenwart ein Kräftefeld zu erhalten, um anerkannte religiöse Werte der Vergangenheit wiederzubeleben. Darin eben besteht die Singularität der Blochschen Position: daß seine mystische Auffassung nicht nur individuelle und ekstatische Flucht, sondern messianisch gefärbt ist im Sinne einer kollektiven und innerweltlichen Ausrichtung.

Erst in der ketzerischen Tradition vollzieht sich Scholem zufolge die Erlösung in Gestalt der messianischen Freiheit als Symbol des diesseitigen Lebens; für den reinen Mystiker dagegen kann dieses Leben niemals die ganze Fülle der Beziehung zu Gott erreichen.[76] Bloch zitiert nicht zufällig wiederholt den christlichen Häretiker

---

göttlichen Namens auf die messianische Zeit; vgl. *Geist der Utopie* (2. Fassung 1923), Frankfurt/M. 1973, S. 201: „Beginnt ... endlich der gelebte Augenblick, in sich selber gehalten ..., zu tönen: dann haben sich die Zeiten gewendet, dann ist der Musik, der ... über den Ausgang dieser Welt mit hinausgehenden Kunst, die erste Fügung des Ebenbilds, die ganz andere Nennung eines Gottesnamens gelungen, des so verlorenen wie ungefundenen." Vgl. ferner: G. Scholem, „Der Name Gottes und die Sprachtheorie der Kabbala", in: ders., *Judaica 3*, Frankfurt/M. 1970, S. 50 ff.

[75] Vgl. G. Scholem, *Die jüdische Mystik in ihren Hauptströmungen*, Frankfurt/M. 1980, S. 8 ff.

[76] Vgl. G. Scholem, *On the Kabbalah and its Symbolism*, New York 1965, S. 37 f.

Marcion und die jüdisch-chassidische Heterodoxie als Inbegriff einer solchen „messianischen Geistigkeit".[77] Seine Behauptung einer tiefen Übereinstimmung zwischen der individuellen Erfahrung der „Selbstbegegnung" und der Apokalypse der Welt verweist in der Tat auf eine eschatologische Grundkonstruktion. Hierin stellte aber Blochs Position den genau korrespondierenden Pol zur neutragischen Auffassung Lukács' dar.

Trotz oder vielleicht sogar dank des „Naturschutzparkes für Differenzen", den Bloch und Lukács sich zu kultivieren bemühten, zeichnen sich *Geist der Utopie* und *Die Theorie des Romans* durch eine tiefe Komplementarität des Denkens aus. Zwar überschneiden sich die in beiden Schriften behandelten ästhetischen Gegenstände kaum, aber man muß nur die Lukácssche Arbeit an der Romanform und die Blochsche Philosophie der Musik gegenüberstellen, um die Bedeutung ihrer respektiven Positionen zu erfassen.

Die Grundkategorie, mit der Bloch sich der Musik annähert, ist die Mimesis. In seiner „Philosophie der Musik" finden die verschiedenen musikalischen Formen ihren Ursprung in der Verflechtung mehrerer mimetischer Ausducksweisen: dem aus dem endlosen Vorsichhinsingen entstandenen Schrei; dem aus dem primitiven Tanz hervorgegangenen Rhythmus (oder der Synkope); schließlich der aus dem dramatischen polyrhythmischen Spiel kommenden harmonischen Polyphonie.[78] Gegenwärtig sind diese Figuren jeweils in jedem einzelnen der geschichtlichen Stile: in den Formen des Liedes, der barocken Oper, der Symphonie oder der modernen Oper. Alle drei werden jedoch erst in dem Typus des „dramatischen Symphonischen", dem in der Literatur die Romanform entspricht, wieder zusammengefügt. Modellhaft nennt Bloch hier die Beethovensche Sonate, die auf einen dramatischen Kontrapunkt hin konstruiert ist, in dem das Leben der Akkorde nicht mehr bloßes Ergebnis der Polyphonie ist, sondern zum Primat wird. Jeder Zusammenklang ist möglich geworden; seine

---

[77] Vgl. E. Bloch, „Symbol: Die Juden" (1912/13), in: *Durch die Wüste*, Frankfurt/M. 1981, S. 137 f.; sowie: *Geist der Utopie*, 1. Fassung (1918), a.a.O., S. 330, und 2. Fassung (1923), a.a.O., S. 272.

[78] E. Bloch, *Geist der Utopie* (2. Fassung), a.a.O., S. 50 ff.

Neuheit selbst legitimiert den Ausdruck. Als Form „reißt die Kraft, die rhythmisiert, ein mehrstimmiges Geschehen an sich ... [Der] Kontrapunkt ... gewährt erst in diesem behaltenen, ‚historischen' Horizontalismus das Zugleich, das Insgesamt, die emporgetragene Gestalt".[79] Die Aktualität Beethovens kündigt die Modernität Mahlers an: nämlich in der Funktion des Sprechgesangs als Wiederherstellung von Schrei und Stimme sowie der Atonalität, in welcher Expression und Dissonanz vorrangig werden.

So wird jede Kompositionsweise von Bloch grundsätzlich historisiert. Die Musik findet ihre Grundlage in der „kategoriellen Wiederholung von Geschichtsphilosophie und Ethik der Innerlichkeit"[80] Für ihn ist das musikalische Kunstwerk Ausdruck eines jeweils individuellen und geschichtlichen Sinns. Denn Geschichte bedeutet weniger den Verlust eines festen, transzendentalen Ortes, als die Eigenheit des Sinns selbst. Die großen „Individualitäten": Mozart als Gestalter des reinen Gesangs, Bach, der neuzeitliche Architekt der Polyphonie, Beethoven und Wagner, die Meister des dramatischen Kontrapunktes, sind die vielseitigen Gestalten eines immer wieder neuen Sinns. Nach dem „luziferischen" Beethoven läßt Bloch zufolge die letzte Stufe des „großen geistigen Ich" noch auf sich warten. Er ahnt jedoch in Schönberg das Symbol dieser Zukunftsmusik.[81]

Spätestens an der Charakterisierung Beethovens wird klar, daß dem Mimesisbegriff, der der Blochschen Philosophie der Musik zugrunde liegt, eine genaue theologische Bedeutung innewohnt: Die grundlegenden Typen musikalischer Formen korrespondieren bei ihm in der Tat mit der Auflehnung gegen die „Unerlöstheit" der Welt. Indem er einen besonderen mimetischen Modus wiedereinsetzt, stellt jeder Stil eine Verbindung zur kommenden Erlösung her. Um ihre messianische Aufgabe zu erfüllen, muß die utopische Musik die drei Figuren der Mimesis zugleich wieder etablieren. Eine solche Musik würde zur „integralen Expression" neigen, sie wäre

---

[79] Ebd., S. 174 und S. 177.

[80] Ebd., S. 180.

[81] Vgl. ebd., S. 157 ff., und ferner: F. Fehér, „Am Scheideweg des romantischen Antikapitalismus", *SL*, S. 267.

reiner Ton. Dort versöhnten sich die Natur und das Sollen, denn der Ton ist „erlöste physis".[82] Schreibt die Blochsche Philosophie der Musik ihrem Gegenstand die Vorahnung der Erlösung des Menschen zu, so erscheint sie als ästhetisches Vorspiel auf das kommende „System des theoretischen Messianismus".

Philosophie der epischen Formen

Schon 1915 hat Lukács aufgrund des neuen Projektes einer „Ästhetik des Romans" die Niederschrift des „ästhetischen Systems" unterbrochen. Hauptgegenstand der zukünftigen *Theorie des Romans* ist die Darlegung einer „transzendentalen Kartographie" anhand der literarischen, insbesondere der epischen Formen. Sich an der Hegelschen Ästhetik orientierend, stellt Lukács die Romanform dem Epos gegenüber, das auf eine noch wesenhafte Welt verweise: auf das Homerische Griechentum, den ursprünglichen Schoß des Sinns. Jenseits der „geschlossenen Kulturen" herrsche eine transzendentale Obdachlosigkeit; die menschlichen Handlungen und Schöpfungen der Vergangenheit werden zu unentzifferbarer „zweiter Natur". Da das zur Konvention erstarrte Sinnhafte nicht mehr wiederzubeleben ist, werde der Roman, der als moderne epische Form der extensiven Totalität des Lebens einen Sinn zurückzugeben sucht, grundsätzlich *problematisch*. Hier liege der tiefere Grund für die Ironie des Romans, die Lukács die negative Mystik der gottlosen Zeiten nennt.

Anhand der Entstehungsformen von literarischer Dichtung untersucht der Essayist in geschichtsphilosophischer Perspektive diesen „problematischen" Charakter des Sinns. Die ästhetische Hauptthese des Buches besteht in der Behauptung, daß mit dem modernen Roman die erlebte Zeit, die Bergsonsche *durée*, zum konstitutiven Prinzip der Form wird. Flaubert, der für Lukács dies als erster in der *Education Sentimentale* gestaltet hat, wird damit zum Inbegriff moderner Literatur. Im Roman „trennen sich Sinn und Leben und damit das Wesenhafte und Zeitliche".[83] Als gelebte – und erzählte – Erfah-

---

[82] Ebd., S. 206, sowie: N. Bolz, „Der Geist des Kapitalismus und der Utopie", in: A. Münster u.a. (Hg), *Verdinglichung und Utopie*, a.a.O., S. 51.

rung von Zeitlichkeit offenbart die Romanform den epischen Charakter dieser Siege über die Zeit, die die Erinnerung und Hoffnung darstellen. In dem Maße, wie der Sinn die Seinstotalität verlassen hat, um überall im bloß Seienden gegenwärtig zu sein, wird für Lukács die Zeit selbst zum Träger des Epischen: „Der Trostgesang [des Romans] erklingt aus der ahnenden Einsicht, daß überall Keime und Fußspuren des verlorenen Sinnes sichtbar werden".[84]

Die Aufgabe einer neuen Epik wäre es demgemäß, einen einheitlichen Sinn wiederherzustellen. Für Lukács geht es nicht darum, wie später für Walter Benjamin oder Theodor W. Adorno, sinnhafte Momente der Vergangenheit gerade in ihrer Vergänglichkeit zu „retten". Der Sinn bleibt für ihn unwiderruflich zweite Natur, „ein erstarrter, fremdgewordener, die Innerlichkeit nicht mehr erweckender Sinneskomplex ..., eine Schädelstätte vermoderter Innerlichkeiten ..., [der] nur durch den metaphysischen Akt einer Wiedererweckung des Seelischen ... erweckbar [wäre], nie aber von einer anderen Innerlichkeit belebbar." [85] Die Vergangenheit stellt weniger einen sich geschichtlich verwandelnden Sinn, der fortlebt und der Aktualisierung bedarf, als eine bloße Konvention, eine reine „Objektivierung" dar – was später der marxistische Lukács etwas dialektischer „Verdinglichung" nennen wird. In dieser Auffassung des Sinns als Objektivierung erscheint die genaue Komplementarität zum mimetischen Leitgedanken Blochs. Die Funktion der Dauer im modernen Roman reflektiert diesen paradoxen – und zum Scheitern verurteilten – Versuch, sich von der toten Konvention zu befreien. Das Geschichtliche und das Gesellschaftliche erscheinen hier als dem menschlichen Wesen Äußerliches, und die Wesenhaftigkeit eben den „nicht problematischen" Epochen vorbehalten:

---

[83] G. Lukács, *Die Theorie des Romans.* Ein geschichtsphilosophischer Versuch über die Formen der großen Epik (1916), Darmstadt – Neuwied 1984, S. 109.

[84] Ebd., S. 109 f.

[85] Ebd., S. 55; vgl. Th.W. Adorno, „Die Idee der Naturgeschichte" (1932), in: *Philosophische Frühschriften*, Frankfurt/M. 1973, S. 357; sowie: W. Benjamin, *Ursprung des deutschen Trauerspiels*, a.a.O., S. 144 ff.

den „geschlossenen" Gemeinschaften des Griechentums oder der Christenheit als ewigen Heimstätten der Totalität des Sinns.

Je nachdem, ob die Seele des Helden „schmaler" oder „breiter" ist als die Außenwelt, in der er sich bewegt, unterscheidet Lukács mehrere Typen des Romans: im „abstrakten Idealismus" (wie ihn vor allem Cervantes vertritt) bedeutet die Verengung der Seele und ihr Festhalten an einem erstarrten Ideal ein groteskes Vorbeigehen an der Wirklichkeit, wodurch keine epische Einheit der Form mehr erreicht werden könne; im Typus der „Desillusionsromantik" hingegen (als dessen radikalster Vertreter Flaubert erscheint) ist die Seele die einzig wahre Realität und das Scheitern jedes Ansatzes der Gleichsetzung mit der Welt wird selbst zum Gegenstand einer Form, die sich entsprechend im bloßen Nacheinander von subjektiven Reflexionen und Stimmungen auflöse; weder im Bildungsroman als dem Versuch einer Synthese zwischen diesen beiden Typen (insbesondere in Goethes *Wilhelm Meister*) noch zuletzt bei Tolstoi, in dessen Werk die Romanform einen Endpunkt und die europäische Romantik ihren Abschluß findet, gestaltet sich Lukács zufolge ein neues Epos. Als Gattung bleibt der Roman prinzipiell von dem unwesentlichen und kontingenten Charakter seiner Zeit geprägt; nichts scheint hier die Erlösung der Welt, deren Echo Bloch in den musikalischen Formen aufgespürt hatte, versprechen zu können. Im Gegenteil, der einzige Autor, der für Lukács plötzlich ein Licht in die Dunkelheit der entzauberten Welt bringt, trägt lediglich dazu bei, die Form des Romans zu zerbrechen: Es ist Dostojewski, der mit einigen Zeilen am Ende der *Theorie des Romans* aufgerufen wird. Der russische Schriftsteller habe keine Romane im eigentlichen Sinn geschrieben, sondern kündige eine wirklich epische Erneuerung der Form an. Allein aufgrund dessen erlangt Dostojewski hier den Stellenwert eines Visionärs.[86]

---

[86] Michail Bachtin wird 1929 auf einer ganz anderen theoretischen Grundlage einen ästhetischen Bruch von ähnlicher Bedeutung bei dem russischen Schriftsteller sehen; vgl. ders., *Problemy poetiki Dostojewskowo*, Moskau 1963 (dt. Übers.: *Probleme der Poetik Dostoevskijs*, München 1971).

Jenseits des Romans: Dostojewski

Der unvollendete Entwurf zu dem zweiten geplanten Teil der *Theorie des Romans*, der – mit dem Manuskript der *Philosophie der Kunst* – nach Lukács' Tod noch im Schließfach einer Heidelberger Bank gefunden wurde, stellt ein Dokument ersten Ranges dar, um seine „gnostische" Wende zu begreifen. Er wurde inzwischen in Budapest unter dem Titel *Dostojewski Notizen und Entwürfe* veröffentlicht. Ferenc Fehér hat als erster den Versuch einer Rekonstruktion des Projekts unternommen. Diese eindrucksvolle philologische Arbeit berechtigt zu einer grundlegenden Neubewertung der Lukácsschen Reflexion über den geschichtsphilosophischen Gehalt der epischen Formen.[87] Die „Notizen" enthalten viel mehr als eine bloße Materialsammlung im Hinblick auf eine Dostojewski-Monographie: denn was hier skizzenhaft formuliert wird, sind die latente Theologie und die Geschichtsphilosophie, die der Romantheorie zugrunde lagen. Das Fragment überrascht zunächst durch seine apokalyptischen Züge, die in Kontrast zum Kulturpessimismus des ersten Teils des Werkes stehen. Hier findet die These vom grundsätzlich problematischen Charakter der Schöpfungen der Vergangenheit und ihres Sinnes eine neue Wendung.[88] Dostojewski, der die Welt der Konvention zerschlägt und mit der traditionellen Romanform endgültig bricht, sei vielleicht der Homer oder Dante einer erneuerten Welt – dieser rätselhafte Schluß der *Theorie des Romans* wird in den Notizen so dargelegt: „Die Seelensubstanz ... der Welt D[ostojewski]s bedingt, daß der Zustand der Erlöstheit als Lebensproblem gegeben ist."[89] In der Tat stehen die Frage des Athe-

---

[87] Vgl. G. Lukács, *Dostojewski Notizen und Entwürfe*, Budapest 1985, sowie die unersetzliche Studie von F. Fehér: „Am Scheideweg des romantischen Antikapitalismus" (Teil III: Replik auf den Krieg: das Buch über Dostojewski. Lukács als ‚geheimer' deutscher Protagonist), *SL*, S. 275 ff.

[88] Vgl. auch die etwa zeitgleiche Kritik an Solovjeff in Lukács Buchbesprechung: „W. Solovjeff: Die Rechtfertigung des Guten", in: *Archiv für Sozialwissenschaft und Sozialpolitik*, H. 3, 1916-17, S. 979.

[89] Unter dem Stichwort „Gottesreich ist in euch", in: *Dostojewski Notizen ...* (Nr. 99), S. 70.

ismus und die der Erlösung im Mittelpunkt des Entwurfs. Lukács versucht von neuem mit Hilfe der Dostojewkischen Figuren jene „zweite Ethik" zu begründen, die die abendländische Moralauffassung, wie sie in Kants Idee der Pflicht ihren Ausdruck fand, endgültig überwinden könnte.

Während der erste Teil des Dostojewki-Projekts, *Die Innerlichkeit und das Abenteuer*, sich noch im ästhetischen Rahmen der *Theorie des Romans* bewegt, gewinnt im zweiten Teil, der *Die Welt ohne Gott* übertitelt ist, der kulturdiagnostische Impuls die Oberhand. Hierin wird eine historische Typologie ausgearbeitet, die anhand der Atheismusfrage einen dreifachen Antagonismus zwischen Europa und Rußland konstruiert.[90] Der europäischen Geschichte, der Pflichtethik und der Hegelschen Versöhnung mit der Wirklichkeit stellt Lukács die russische Geschichte, die religiöse Ethik und die sich auflehnenden Helden Dostojewskis gegenüber. Das, was Hegel als den Siegeszug des objektiven Geistes, als spezifisch abendländisches Aufblühen des Geistes, das in Deutschland seinen „Höhepunkt" finde, beschrieben hatte, erscheint Lukács umgekehrt als Tragödie der deutschen Geschichte und Kapitulation des Geistes vor dem preußischen Staat. Am Ursprung dieser Depravation stehe die lutherische Kirche, die seit ihrer Gründung bereits den modernen Staat ankündigt. Der „westliche" Verfall Deutschlands sei letztlich die Folge dieser Verwirklichung des Geistes in der Sphäre der Institutionen.

Dem abendländischen Geist setzt Lukács also die Seele der Helden Dostojewskis entgegen. Die neuepische Welt des russischen Schriftstellers überschreite die Romanform deshalb, weil sie auf die „Seelenwirklichkeit" aufgebaut sei.[91] Denn die Menschen Dostojewskis leben ohne Distanz zum Wesen ihrer eigenen Seele. Der

---

[90] Vgl. *Dostojewski Notizen ...* (Aufriß), S. 35 f.

[91] Vgl. „Béla Balázs: Tödliche Jugend" (1918), in: *Georg Lukács, Karl Mannheim und der Sonntagskreis* (Hg. E. Karádi, E. Vezér), Frankfurt/M. 1985, S. 154; dieser Artikel enthält in nuce die ganze Konzeption der Notizen; vgl. ferner in bezug auf „Seelenwirklichkeit": *Dostojewski Notizen ...*, S. 65.

höchst polemische Begriff der „Seelenwirklichkeit" – oder: „Seelensubstanz" – ist hier als grundlegende Alternative zum Hegelschen „Geist" gedacht. Diese Wirklichkeit gestalte eine Welt jenseits des sozialen Lebens, in welcher die „Notwendigkeit" eines jeden einzelnen für seinen Nächsten den „Zufall" gesellschaftlicher Zugehörigkeit schon ersetzt habe – daher auch ihre Nähe zu einer erlösten Welt. So glaubt Lukács im Dostojewskischen „lebendigen Leben" Beweisspuren dafür zu finden, daß einzig Rußland als eine Kultur, in der die einzelne Seele nur in Verbindung mit den anderen existiert, „uns" – und das heißt: die deutsche Kultur – „vor der westlichen Zivilisation [zu] retten" vermag. Eigentlich kehrt der Essayist mit seiner radikalen Kritik am Individualismus die Webersche Analyse des abendländischen Rationalisierungsprozesses genau um. Und die russische Geschichte stellt dessen utopisches Gegenbild dar. Über die Prosa Dostojewskis bildet das Russentum den „transzendentalen" Ort der sich neu konstituierenden, diesmal eindeutig religiösen Ethik.

Gnostische Ethik

Die Konstruktion jener „zweiten Ethik", als deren Vorboten die Helden Dostojewskis erscheinen, geht nun – anders als im Dialog *Von der Armut am Geiste* – mit der endgültigen Überwindung des tragisch-elitären Ethos einher. Unter dem Titel *Das kommende Licht* skizziert Lukács im dritten und letzten Teil der Dostojewski-Notizen eine radikal theologische Interpretation der Großinquisitor-Parabel des Romans *Die Brüder Karamasoff*. Wer könne der Messias einer von Gott verlassenen Welt sein? Nicht Christus, als von einer selbst luziferischen Kirche institutionalisiert –, sondern allein Jesus als der Gott-Mensch, der gegen Jehovah, gegen den „gerechten und allmächtigen" Vatergott kämpft. Die Geschichte der Institutionalisierung und der Entfremdung Jesu – das, was Lukács das „Jehovaische" nennt – finde ihr Gegenmodell allein in der russischen mystischen Gemeinde. Jede moralisch-sittliche Geltung von Recht und Staat wird hier bestritten; dem Rechtsstaat wird die Idee einer „ethischen Demokratie" im Sinne der Forderung an jeden einzelnen, sein Christentum ohne institutionelle Vermittlung auszuüben, entgegengesetzt.[92] Wenn der Essayist dem schweigenden Jesu der Großinquisitor-Parabel eine Stimme zu verleihen versucht, erkennt man hier zugleich die gegen Hegel polemisierende Kritik Kierkegaards am Christentum als institutionalisierter Religion wieder.

Lukács macht letztlich aus den „Heiligen" Dostojewskis die Vorläufer einer neuen Gemeinschaft, die der Güte und Brüderlichkeit als Prinzipien der Sittlichkeit Gestalt verleihen könnte. Die russische religiöse Gemeinde wird im Grunde als der – wie utopisch auch immer gedachte – Ort der Theokratie eines *neuen*, bei Dostojewski beschworenen Gottes vorgestellt; sie wird zum Topos einer Religion ohne Kirche als letzter Rettungsmöglichkeit gegenüber der europäischen Zivilisation. Man erinnere sich hier an das Gespräch zwischen Schatow und Stawrogin in *Die Dämonen*, in dem das russische Volk als „das einzige ‚Gottesträgervolk' [erscheint], das kommt, um die Welt im Namen des neuen Gottes zu erneuern und zu erlösen."[93]

Mehr noch als der orthodoxe Mönch – und das Paradox ist hier nur scheinbar – erscheint in den Dostojewski-Notizen der russische Atheist als die messianische Figur, die jene erneuerte Welt ankündigt. Denn im Gegensatz zu dem westlichen Gottlosen, der schlichtweg nicht mehr glauben kann, verkörpert der russische Atheist den Menschentypus, der gerade als Folge seiner innerweltlichen Abwesenheit sich danach sehnt, an Gott zu glauben.[94] In Dostojewskis Werk sei

---

[92] *Dostojewski Notizen* ... (Nr. 73), S. 101 f.

[93] F. Dostojewski, *Die Dämonen* (Übers. M. Kegel), München 1977, (2. Teil, Kap. 1, §VII), S. 281; vgl. auch: *Die Brüder Karamasoff* (Übers. E.K. Rashin), Hamburg 1975, (Buch VI, Kap. III), S. 362: „Behütet das Volk und beschützt sein Herz. Erzieh es in der Stille. Dies ist eure mönchliche große Aufgabe und Sendung, denn dieses Volk ist das Gottesträgervolk." Die möglichen Beziehungen zwischen der theokratischen Idee und der russischen „obschchina", der traditionellen Bauerngemeinde, werden in den Lukácsschen Notizen nicht angesprochen.

[94] Vgl. *Dostojewski Notizen* ... (Nr. 10), S. 61 f.: „Das letzte Schwanken des Iwan-Typus ist: zwischen Sein und Nichtsein Gottes ..., darum als Konsequenz des Nichtsein[s] Gottes: nicht neue Moral, sondern: alles ist erlaubt ... Es müssen – andeutungsweise – der neue, schweigende, unserer Hilfe bedürftige Gott und seine Gläubigen (Kaljajeff), die sich auch für Atheisten halten, geschildert werden – (Ob es nicht drei

dies schon der Fall bei Iwan Karamasoff, dem „Autoren" der Großinquisitorlegende, der zwischen „Einsamkeit" und „Empörung" schwankt. Dieser repräsentiere jedoch nicht die letzte Stufe des Atheismus, die dem „Terroristen" vorbehalten ist. Lukács spielt, nachdem er die Unentschiedenheit des Iwan-Typus in Erinnerung gebracht hat, auf den Dichter und Terroristen Kaljajev an, der 1905 den Großfürsten Sergei, Generalgouverneur Moskaus, ermordet hatte. Dieser verstand seine eigene Tat nicht nur als ein politisches, sondern als ein ethisches und sogar wahrhaft religiöses Opfer.[95] Im Terroristen sieht der Essayist die messianische Berufung des Kriminellen verkörpert.[96] Weil er einen größeren Teil menschlicher Schuld auf sich nimmt, stehe der Verbrecher Gott am nächsten. Derart ist der dämonische Inhalt dieser neuen Ethik, der die erneuerte epische Form bei Dostojewski entspricht: „Wo ist die Grenze zwischen der ersten Ethik [der kantischen Pflichtethik] und einer Luziferischen Ethik? ... Ästhetisch: wann wird der Roman zum Epos?"[97]

Vermutlich aber ist es Aljoscha Karamasoff, derjenige der Brüder Karamasoff, der jener „zweiten Ethik" am nächsten steht. Die durchaus konstruierte Abhängigkeit der akosmistischen Liebe des jüngeren Bruders, der den Weg des Mönchtums gewählt hatte, vom „Luziferismus" Iwans, wird von Lukács in einem Dostojewski offenbar sehr nahe kommenden Sinn aufgewertet. Man weiß, daß der Autor in der vorgesehenen Fortsetzung des Karamasoff-Romans vorhatte, Aljoscha als Terroristen auf dem Schafott enden zu lassen.[98]

Schichten von Atheisten gibt: 1) Niels Lyhne, 2) Iwan Karamasoff, 3) Kaljajeff?)". Vgl. ferner S. 98, wo Lukács unter der Aufschrift „Die letzen Worte Christi" u.a. Matthäus, 27 (46): „Mein Gott, mein Gott, warum hast du mich verlassen?" sowie Lukas, 12 (53) zitiert.

[95] Vgl. B. Sawinkov, *Erinnerungen eines Terroristen*, Berlin 1930, S. 29.

[96] Vgl. *Dostojewski Notizen ...* (Nr. 19), S. 47, und (Nr. 64), S. 95 f: „Zu Ende gehen ... Notwendig verbrechen ..."; ferner: F. Fehér, „Am Scheideweg des romantischen Antikapitalismus", *SL*, S. 314.

[97] *Dostojewski Notizen ...* (Nr. 83), S. 159 f.

[98] Vgl. F. Fehér, „Am Scheideweg des romantischen Antikapitalismus", *SL*, S. 308; und: *Die Brüder Karamasoff*, a.a.O., (1. Buch, Kap. V), S. 37 f.

Das Umschlagen von Aljoschas Güte in „letzte und erlösende" terroristische Gewalt – dies sei die äußerste Konsequenz des „Dämonismus", wie ihn Lukács bei Dostojewski am Werk sieht. Wenn die „zweite Ethik" als „luziferisch" bezeichnet wird, so ist diese Kategorie implizit der Gnosis „marcionitischen" Ursprungs entlehnt.[99] Die Doktrin Marcions, des von den Kirchenvätern im zweiten Jahrhundert bekämpften christlichen Ketzers, gipfelte in der Ablehnung der alten Schöpfung und sah in Jesu das Vorzeichen eines *neuen* Gottes, der den bösen Demiurgen überwinden würde. Marcion lehrte ausdrücklich, „der Mensch müsse von allem Natürlichen erlöst werden, von allem, was er ist und was ihn umgibt: von der Welt, von dem Gesetz, von der Sünde, von dem eigenen Ich und auch von der Gerechtigkeit".[100] Indem er – in der Folge Blochs – an diese Tradition anknüpft, kehrt Lukács die abendländische Moral

---

[99] Ernst Bloch selbst bestätigt: „Ein solches Gebilde aus dem Naturschutzpark war z.B. die Definition über den Ursprung der Kunst. [Lukács] sagte, er ist luziferisch. ‚Luziferisch' ist eine Lieblingskategorie gewesen von ihm, geeint in unserem großen Lehrer, Marcion, 200 nach Christi, natürlich ... Also, er sagte, ‚luziferisch', d.h. sie ist in ‚Aufruhr', die Kunst, und sie ist es von Anfang an gewesen gegen den Mythos ..." in: „E. Bloch kommentiert ‚Gelebtes Denken'", *Ernst Bloch und Georg Lukács. Dokumente zum 100. Geburtstag*, Budapest 1984, S. 302.

[100] Die Marcion betreffende wichtigste Quelle ist der *Adversus Marcionem* von Tertullian; für den Ketzer ist die Welt ein geschlossenes Gehäuse eigener Gesetzlichkeit – „*haec cellula creatoris*" – aus dem man heraus muß. Bloch ist anscheinend der erste, der ihn in diesem Kontext zitiert (vgl. Anm. 77), vermutlich vor dem Hintergrund der Weberschen Charakterisierung des Kapitalismus als „stahlhartes Gehäuse"; vgl. hierzu J. Taubes, „Das stählerne Gehäuse und der Exodus daraus. Ein Streit um Marcion, einst und jetzt", in: ders. (Hg.), *Gnosis und Politik*, München 1984, S. 9 ff.; die moderne Marcion-Rezeption setzt etwas später ein: vgl. A. Harnack, *Marcion. Das Evangelium vom fremden Gott*, Leipzig 1921; für das Zitat: E. Friedell, *Kulturgeschichte der Neuzeit* (1927-31), München 1976, S. 1343 f., der Marcion auch im Zusammenhang mit Dostojewski zitiert; vgl. ferner: H. Jonas, *Gnosis und spätantiker Geist*. Teil 1 (1934), Göttingen 1988, insb. S. 173 ff. und 230 ff.; sowie: E. Bloch, *Das Prinzip Hoffnung III* (1959), Frankfurt/M. 1980, S. 1501 ff., und: ders., *Atheismus im Christentum*, Frankfurt/M. 1973, S. 198 ff.

durch eine Dialektik des Bösen um, die seinen eschatologischen Horizont begründet. Als letzte, rettende Gewalt symbolisiert die terroristische Tat gleichwohl das religiöse Opfer des Sohnes, das als Vorzeichen einer erlösten Welt, deren Vater noch unbekannt ist, verstanden werden will.

*

Das Motiv des neuen Epos in der *Theorie des Romans*, welches dasjenige der Erneuerung der Tragödie im früheren Werk ablöste, erscheint zuletzt als ästhetischer Index einer diesmal insgesamt gnostisch fundierten Geschichtsphilosophie. Als episches Pendant zum „Gnadendrama" Paul Ernsts transzendiert das Werk Dostojewskis die Romanform nun auf ein „dramatisches Epos" hin. Dostojewskis Heilige, Verbrecher und Terroristen setzen eine von messianischer Hoffnung getragene „ethische Theologie" in Szene, die Lukács der Welt der Konvention und des modernen Staates entgegensetzt. Die anarchisch-religiöse Forderung nach der buchstäblichen Abschaffung des Rechts und des Staates, die radikale Ablehnung aller abendländischen Werte stellen eine eindeutig apokalyptische Antwort auf den Ausnahmezustand im Ersten Weltkrieg dar. Nie war Lukács Blochs „revolutionärer Gnosis" aus *Geist der Utopie* näher.[101]

Das Streben der Welt nach einer endgültigen Parusie schien sich zunächst in der russischen Revolution zu bestätigen, in deren Folge Lukács sich dem Kommunismus anschließt und dann zum Mitgründer des „westlichen Marxismus" wird. Daß das von Grund auf modernistische Programm der Bolschewisten wenig mit der Erneuerung einer mystischen Gemeinschaft zu tun hatte und daß die Oktober-Revolution nicht gerade der legitime Nachfahre Dostojewskis gewesen ist, deutet im Fall des jungen Lukács auf ein „Mißverständnis" hin, das eine idealtypische Bedeutung für einen Großteil der deutsch-jüdischen mitteleuropäischen Intellektuellen dieser Generation besitzt.

---

[101] Diesen Ausdruck verwendet Bloch 1963, um sein früheres Werk zu bezeichnen: vgl. *Geist der Utopie* (2. Fassung), a.a.O., S. 347.

Während das in deutscher Sprache entworfene Buch über Dostojewski unvollendet blieb, hat Lukács wenig später in einem, diesmal auf Ungarisch verfaßten Artikel vom Dezember 1918, in welchem er sich erneut auf den russischen Schriftsteller stützt, seine letzten Zweifel gegenüber dem Bolschewismus zum Ausdruck gebracht: „Man hat leider nur selten die Marxsche Geschichtsphilosophie von seiner Soziologie bewußt getrennt", schreibt er in *Der Bolschewismus als moralisches Problem*, „und so haben viele nicht bemerkt, daß die zwei kardinalen Elemente – der Klassenkampf und die sozialistische Gesellschaftsordnung – nicht der gleichen Begriffsbildung entstammen, auch wenn sie noch so eng zusammenhängen ... Das Wollen [einer demokratischen Weltordnung] ist ein so wichtiges Element in der sozialistischen Weltanschauung, daß man es nicht entfernen kann, ohne den ganzen Bau in Gefahr zu bringen. Dieses Wollen macht nämlich das Proletariat zum sozialistischen Erlöser der Menschheit ... Man darf eine geschichtliche Feststellung nicht als Fundament des moralischen Wollens der neuen Weltordnung betrachten. Man muß das Schlechte *als* Schlechtes, die Unterdrückung *als* Unterdrückung, die Klassenherrschaft *als* Klassenherrschaft bezeichnen. Man muß daran glauben – und das ist das wahre ‚credo quia absurdum est' –, daß der Unterdrückung nicht wieder ein Kampf der Unterdrückten um die Macht folgen wird, sondern die Selbstvernichtung der Unterdrückung ... Der Bolschewismus basiert auf der metaphysischen Annahme, daß aus dem Schlechten Gutes stammen kann, daß es möglich ist, sich – wie Razumichin in *Raskolnikov* sagt – durchzulügen bis zur Wahrheit. Der Verfasser dieser Zeilen kann diesen Glauben nicht teilen, und darum sieht er in den Wurzeln der bolschewistischen Position ein unlösbares moralisches Problem."[102]

Kurze Zeit, nachdem er diesen Text veröffentlicht hatte, bekannte sich Lukács – endgültig – zum Kommunismus und engagierte sich in der Ungarischen Räterepublik. Er hatte alle Kierkegaard-

---

[102] „A bolsevismus mint erkölcsi probléma", in: *Szabad Gondolat*, Dez. 1918, S. 228 ff., dt. Übers.: „Der Bolschewismus als moralisches Problem", in: *Taktik und Ethik*, Darmstadt – Neuwied 1975, S. 28 ff.

schen „Stadien" durchlaufen und konnte nun eindeutig bei Hegel wiederanknüpfen, Marx rezipieren und *Geschichte und Klassenbewußtsein* schreiben, um sich später schließlich mit der widerständigen Wirklichkeit zu versöhnen und während der dunklen Stalin-Ära zum Theoretiker des literarischen Realismus zu werden.

5. Feuilleton und Film
Siegfried Kracauers Ästhetik des Mediums

„I was still a young boy when I saw my first film. The impression it made upon me must have been intoxicating, for I there and then determined to commit my experience to writing. To the best of my recollection, this was my earliest literary project. Whether it ever materialized, I have forgotten. But I have not forgotten its longed-winded title, which, back home from the moviehouse, I immediately put on a shred of paper. *Film as the Discoverer of the Marvels of Everyday Life*, the title read. And I remember, as if it were today, the marvels themselves. What thrilled me so deeply was an ordinary suburban street, filled with lights and shadows which transfigured it. Several trees stood about, and there was in the foreground a puddle reflecting invisible house façades and a piece of the sky. Then a breeze moved the shadows, and the façades and the sky below began to waver. The trembling upper world in the dirty puddle- this image has never left me."[1]

Mit dieser Reminiszenz an sein erstes literarisches Projekt, von dem – wie von einem schon gedruckten Artikel – nur die Überschrift in der Erinnerung des Autors geblieben ist, schließt das Vorwort zur *Theory of Film* (1960), dem letzten im amerikanischen Exil vollendeten Buch Siegfried Kracauers. Die Erinnerung an die schmutzige Pfütze könnte auf das Jahr 1903 zurückgehen: schon damals führte der junge Gymnasiast des in der Frankfurter jüdischen Gemeinde angesehenen Philanthropin ein Tagebuch, dem er unter anderem seine Ängste anvertraute.[2] So dargestellt erscheint das Gedächtnisbild jedoch zu literarisch inszeniert, um einen „biographischen" Hinweis auf Kracauers Faszination für *movies* zu geben. Sehr viel realer ist da-

---

[1] *Theory of Film*. The Redemption of Physical Reality, New York 1960, S. XI (dt. Übers.: *Schriften*, Bd. 3, Frankfurt/M. 1973, S. 14.

[2] Eines der wiederkehrenden Themen dieses Tagebuchs ist die in einem starken Stottern begründete Unfähigkeit Kracauers, mit anderen zu kommunizieren; vgl. Siegfried Kracauer 1889-1966 (Hg. I. Belke, I. Renz), *Marbacher Magazin*, 1988, Nr. 47, S. 5.

für die in dieser Erinnerung freigelegte Verbindung zwischen dem in der Pfütze widergespiegelten Straßenbild und der Tätigkeit des Schreibens selbst. Die den Prozeß der Niederschrift hier auslösende Funktion des bewegten Licht- und Schattenspiels erinnert stark an den ersten Schreibversuch des Proustschen Erzählers, wie ihn der Autor von *A la recherche du temps perdu* in Szene gesetzt hat.[3] Gewiß verweist dieser „kinematographische" Schock, der eine reine Sichtbarkeit der Welt enthüllt, auf eine für Kracauers „Berufung" ganz zentrale Erfahrung.

Besser als den meisten Intellektuellen seiner Generation ist es ihm zunächst gelungen, Berufung und Beruf zusammenzufügen. Den wesentlichen Teil seines Schaffens verwirklichte Kracauer in seiner Eigenschaft als Kulturredakteur und Verantwortlicher für das Filmressort der *Frankfurter Zeitung*, der wichtigsten liberalen Tageszeitung der Weimarer Republik. Die zwischen 1921 und 1933 für dieses Blatt geschriebenen Texte bilden nicht nur durch ihre Masse den Kern des Werkes – mehr als 1800 Essays, Kritiken, Besprechungen und kleine Arbeiten wurden dort veröffentlicht –,[4] sondern vor allem durch den in ihnen formgewordenen Typus un-

---

[3] Gemeint ist die Martinville Episode in *Du côté de chez Swann*, die die Wiederaufnahme eines Feuilletonartikels darstellt, den Proust unter dem Titel „Impressions de route en automobile" in *Le Figaro* vom 19. November 1907 veröffentlicht hatte; vgl. M. Proust, *A la recherche du temps perdu*, Paris 1987, Bd. 1, S. 161 f. (dt. Übers. E. Rechel-Mertens: *Auf der Suche nach der verlorenen Zeit*. In Swanns Welt 1, Frankfurt/M. 1982, S. 239 f.)

[4] Vgl. T.Y. Levin, *Siegfried Kracauer. Eine Bibliographie seiner Schriften*, Marbach/N. 1989; zur Ausgabe: vgl. *Schriften, Bd. 5. Aufsätze (1915-1965)*, 3 Bde. (Hg. I. Mülder-Bach), Frankfurt/M. 1990 [= *Schriften* 5.1-3], die um die zweihundert in der *Frankfurter Zeitung* [= FZ] veröffentlichten Feuilleton-Aufsätze umfassen; der Band 6 wird die Filmkritiken vereinigen. Es ist bedauerlich, daß die Ausgabe der *FZ*-Artikel nach Genres getrennt und nicht vollständig und chronologisch erfolgt ist, was die Wechselbeziehung zwischen „Feuilleton" und „Filmkritik" deutlich gemacht hätte; dazu vgl. vom Verfasser: „Avant-propos", in: S. Kracauer, *Le voyage et la danse. Figures de ville et vues de films*, Paris 1996, S. 7 ff. Zusätzliche *FZ*-Artikel sind in: S. Kracauer, *Berliner Nebeneinander. Ausgewählte Feuilletons 1930-33* (Hg. A. Volk), Zürich 1996, wiedergedruckt worden.

mittelbarer Erfahrung. Wahrscheinlich kein anderer Autor, abgesehen von seinem Vorgänger in der Berliner Redaktion der *Frankfurter Zeitung*, Joseph Roth,[5] hat so radikal das Genre der Feuilleton-Kritik erneuert wie Kracauer: In ihm vereinigen sich die Empfindsamkeit des Reporters, die analytische Fähigkeit des Soziologen und die Souveränität des Stilisten. Berauscht von den Erscheinungsformen städtischer Modernität hatte er zwar bei Georg Simmel gelernt, die Einzelheiten des neuen urbanen Lebens zu reflektieren, übertraf aber bald an „kinematographischer" Genauigkeit seinen Mentor. Denn wovon Kracauer in seinen Essays hauptsächlich Kunde gibt, sind bis lang ungesehene Straßenbilder, die – direkt oder durch das Filmmedium betrachtet – dem schwankenden und flüchtigen Bild ähneln, das sich in der schmutzigen Pfütze spiegelte.

Warten

Die Einstellung 1921 zuerst als fester freier Mitarbeiter und ab 1924 als Kulturredakteur der *Frankfurter Zeitung* bildet eine erste Zäsur in seinem Leben. Es ist eine Entscheidung für das Schreiben, die den Bruch mit den „Brotberufen", vor allem mit der unbeliebten Arbeit in Architekten-Büros bedeutete – denn neben Philosophie und Soziologie hatte Kracauer Architektur studiert. Auch wenn sein ganzes essayistisches Werk durchaus von einer Affinität zu dem architektonischen Grundproblem, der Beherrschung des Raumes, zeugt, hat er sein neues Dasein als eine Befreiung empfunden.

Als Gegner eines rein spekulativen Denkens war für Kracauer die spezifisch moderne Form philosophischer Reflexion die Soziologie. Seine ersten Schriften, *Georg Simmel. Ein Beitrag zur Deutung des geistigen Lebens unserer Zeit* (1920) – eine Monographie über den Soziologen der Großstadt, die unveröffentlicht blieb – und die noch in klassischer Form geschriebene Abhandlung *Soziologie als Wissenschaft* (1922) sind vorwiegend der Beziehung zwischen den beiden

---

[5] Vgl. J. Roth, *Werke 2. Das journalistische Werk 1924-28*, Köln 1990, das die Artikel, die in der Berliner Zeit Joseph Roths als Korrespondent der *FZ* entstanden sind, vereinigt.

Disziplinen gewidmet.⁶ Dieses „akademische" Interesse für die Soziologie hat sich gleichwohl im Feuilleton der *Frankfurter Zeitung* niedergeschlagen: in Kongreßbesprechungen oder Rezensionen, in denen die wichtigen Arbeiten der Zeit, die von Ernst Troeltsch, Max Weber, Georg Simmel, Max Scheler usw. systematisch diskutiert wurden.⁷

Aber neben der kritischen Aneignung der sich formierenden soziologischen Tradition ist bei dem jungen Essayisten auch der Wunsch spürbar, eine eigene Position in der intellektuellen Nachkriegslandschaft zu etablieren. Dabei ist seine Diagnose der Moderne gewiß von dem ihm umgebenden „romantischen Antikapitalismus" geprägt, dem die ganze Epoche als sinnentleert galt. Auch wenn Kracauer die zivilisationskritische Begrifflichkeit des jungen Georg Lukács aus der *Theorie des Romans* zum Teil übernimmt, so doch ohne dessen „apokalyptische" Schlußfolgerungen in Kauf zu nehmen.⁸ Tatsächlich kommt in den ersten wichtigen für die *Frankfurter Zeitung* verfaßten Artikeln zugleich ein beinahe „unzeitgemäßer" kultureller „Liberalismus" zum Ausdruck. Damit nimmt Kracauer eine distanzierte Position ein, die, ohne die Bedeutung der Extreme zu verkennen, dennoch „in der Mitte" verankert bleiben will.⁹ Diese „Gemäßigtheit" spiegelt sich insbesondere in dem Essay *Nietzsche und Dostojewski* (1921) wider, in dem er den Gegensatz zwischen beiden Denkern zu relativieren sucht, während die entschiedene Beru-

---

⁶ Vgl. das Einleitungskapitel zur ersten Schrift: „Georg Simmel" (1920), in: *Das Ornament der Masse*. Essays (1963), Frankfurt/M. 1977 [= *Ornament ...*], S. 209 ff.; und: *Soziologie als Wissenschaft*. Eine Erkenntnistheoretische Untersuchung (1922), in: *Schriften* (Hg. K. Witte), Bd. 1, Frankfurt/M. 1971.

⁷ Vgl. insb. zu M. Scheler: „Katholizismus und Relativismus" (*FZ* 19.11.1921), *Ornament ...*, S. 187 ff.; zu E. Troelsch und M. Weber: „Die Wissenschaftskrisis" (*FZ* 8.-22.03.1923), ebd., S. 197 ff.; ferner: „Georg Simmel: Philosophie der Kunst" (*FZ* 4.07.1923), *Schriften 5.1*, S. 233 ff.

⁸ Vgl. „Georg von Lukács' Romantheorie" (1921/22), in: *Schriften 5.1*, S. 117 ff., insb. 122 f.

⁹ Zur „Gemäßigtheit" Kracauers vgl. „Die Bekenntnis zur Mitte" (*FZ* 2.06.1920), in: *Schriften 5.1*, S. 55 ff.

fung auf Dostojewski im Deutschland der Nachkriegszeit als Zeichen der Radikalität schlechthin galt.[10] Die reflektierte Distanz gegenüber der messianischen Tendenz seiner Generation – deutlich in seiner Kritik der zeitgenössischen Werke von Ernst Bloch, Oswald Spengler, Martin Buber und Franz Rosenzweig – hat etwas Untypisches.[11]

Auf die in der Folge des Weltkrieges heftig empfundene und durch die enttäuschten Hoffnungen auf eine politische Revolution noch verstärkte Sinnleere, die die neue Gesellschaft prägt, hat Kracauer in einem seiner ersten „programmatischen" Essays, *Die Wartenden* (1922), drei mögliche Reaktionen gesehen. An erster Stelle steht die der Intellektuellen, die sich an den wachsenden Relativismus dieser Zeit anschließen – die Soziologie Simmels sei hierfür das herausragende Beispiel. Die entgegengesetzte Reaktion ist die der religiösen Orientierung. Die Neubelebung religiös geprägter Strömungen ist für den Essayisten Ausdruck einer verstärkten Sehnsucht nach einer „Gemeinschaft", die der Inflation sozialer Auflösungsprozesse, die alle traditionellen Bindungen zersetzen, Einhalt gebieten soll. Von dieser Form des Widerstandes gegen den Relativismus durch die Neuschaffung eines Absoluten zeugen für Kracauer so widersprüchliche Richtungen wie die der Anthroposophen, des „messianischen" Sturm und Drang – die revolutionären Intellektuellen sind hier das klassische Beispiel – oder auch der „Geistesaristokraten", die sich um eine charismatische Figur wie den Dichter Stefan George gruppieren. In ihrer Zeit isoliert, gibt es schließlich die Skeptiker: klarsehend genug, um die Entzauberung der modernen Welt zu akzeptieren, ohne dies jedoch auf der Ebene der letzten Werte legitimieren zu wollen. Als hervorstechende Figur erscheint hier Max Weber mit seinem „prinzipiellen Skeptizismus" und seinem heroischen Festhalten an einer „Klarheit" im

---

[10] Vgl. „Nietzsche und Dostojewski" (1921), ebd., S. 95 ff.; ferner: Georg Lukács, *Die Theorie des Romans* (1916), Berlin 1920, sowie: ders., *Dostojewski. Notizen und Entwürfe*, Budapest 1985.

[11] Vgl. insb. zu E. Bloch: „Prophetentum" (*FZ* 27.08.1922), in: *Schriften S.1*, S. 196 ff.; zu O. Spengler: „Untergang" (*FZ* 9.10.1923), ebd. S. 243 ff.; zu M. Buber und F. Rosenzweig: „Die Bibel auf Deutsch" (*FZ* 27.04.1926), in: *Ornament...*, S. 173 ff.

Urteil, in einer Zeit, von der er dennoch meint, sie sei ohne Wahrheit.[12]

Weder Relativist noch Vorkämpfer einer neuen Gemeinschaft definiert Kracauer seine eigene Position – weniger radikal als die Webers – als den Skeptizismus des „Wartenden". Das Warten ist ein Zustand „zögernden Geöffnetseins", eine mittlere Position, die sich dem Drängen der Zeit nicht verschließt, aber zugleich jeden Enthusiasmus, der zu einer chiliastischen Heilserwartung führen könnte, mäßigt.[13] „Warten" stellt eigentlich das klare Gegenteil einer Flucht aus der Wirklichkeit dar, denn der Einsatz dieser Position besteht darin, die Bedingungen der Möglichkeit für eine „Soziologie" abzustecken, die der Physiognomie einer Epoche der „transzendentalen Obdachlosigkeit" angemessen sei. Implizit skizziert Kracauer hiermit eine neue Funktion des Essayisten, für den das Feuilleton ein der Beschleunigung der geschichtlichen Zeit und der Instabilität der sozialen Phänomene angemessenes Medium bilden könnte.

Das Feuilleton als Medium

Die Illusion der klassischen Soziologie mit ihren Bemühungen, sich in den Rang einer reinen Wissenschaft zu erheben, verweist für Kracauer auf die Frage ihres Untersuchungsgebiets sowie auf die Form ihrer analytischen Methode. Er war sich über die Folgen, die die Wahl des „diskursiven Standortes" für den „Erkenntnistypus" der sozialen Wirklichkeit selbst hat, ganz bewußt. Was die Ebene der eigenen Analyse- und Darstellungsform betrifft, hat seine Anstellung bei der *Frankfurter Zeitung* die Bevorzugung des Essays gegenüber der akademischen Abhandlung besiegelt. Wie für eine ganze Generation nach Nietzsche war das philosophische System auch für Kracauer obsolet geworden. Rudolf Kassner mit seinem Rückgriff auf die englische Tradition und, in dessen Nachfolge, der junge Lukács hatten schon um die Jahrhundertwende dazu beigetragen, die Form des Essays ganz zu erneuern. Als Mittler zwischen

---

[12] Vgl. „Die Wartenden" (*FZ* 12.03.1922), in: *Ornament*..., S. 108 ff.

[13] Ebd., S. 116.

Kunst und Wissenschaft forderte dieses Genre fortan jene Tiefe des Denkens ein, die das große spekulative System, das der akademischen Scholastik verfallen war, nicht mehr einzulösen vermochte. Im Bereich der Soziologie hieß der Virtuose des Essays, der Meister der kleinen Form, der die Details des städtischen Lebens zu erfassen und sie zu interpretieren wußte, Simmel. Kracauer hat sehr früh die Affinität zwischen den Gegenständen, denen sich der Analytiker der modernen Großstadt zuwendete, und der essayistischen Schreibweise erkannt. Trotz seiner späteren theoretischen Vorbehalte gegenüber dem Berliner Soziologen wird seine eigene Arbeitsform diese Idee voll bestätigen.

Die Produktionsbedingungen und -zwänge einer Tageszeitung waren – selbst in den zwanziger Jahren – ganz andere als die einer Zeitschrift, sei es im akademischen, sei es im künstlerischen Bereich. Mit drei Ausgaben täglich war der Veröffentlichungsrhythmus eines großen Tageblattes wie der *Frankfurter Zeitung* selbst Element des urbanen Lebenstempos: In ihm stellt sich der Zeittakt dar, nach dem die politischen, finanziellen und kulturellen Ereignisse abrollten. Ein solcher Rhythmus spiegelte nicht nur die Betriebsamkeit und Nervosität einer Zeit der politischen Krise und der Inflation; solange das Medium unmittelbarer Information schlechthin, die Rundfunkübertragung, noch kein ausreichend großes Publikum hatte, um der Tageszeitung Konkurrenz zu machen, ist es deren Veröffentlichungsrhythmus, der den Gang der gesellschaftlichen Wirklichkeit skandierte.

Die Aufgabe des Feuilletons in einer Tageszeitung war es vor allem, zu „unterhalten", und zwar nicht nur zur Zerstreuung der Leser beizutragen, sondern auch über Kunst, Literatur und die zeitgenössische kulturelle Produktion zu reflektieren. Insofern gehörte das Feuilleton zum Bereich des „Zweckfreien". Die Seitengestaltung der *Frankfurter Zeitung* bekräftigte dessen Funktion als Gegengewicht zur „nützlichen" Information: schon auf dem Titelblatt waren zwei Drittel der Seite aktuellen politischen Ereignissen gewidmet, das letzte Drittel „unter dem Strich" dem Feuilleton.[14]

---

[14] Dem sind noch die „Sonderbeilagen" hinzuzufügen: Hochschul-, Reise-, Bäderblatt und Illustriertes Blatt, das klassischere Literaturblatt

Für ein *Massen*publikum schnell lesbare Texte zu produzieren, die genauso *flüchtig* sind wie die Ereignisse, die sie berichten oder kommentieren: darin besteht das Funktionsapriori einer Tageszeitung. Diese zwei Momente bestimmen in gleichem Maße die Textformen des Feuilletons selbst. Ebenso gehorchen die in jener Zeit neu entstehenden städtischen Attraktionen wie Variétés, Music-Hall-Revuen, Kino, usw. dieser doppelten Regel des Vergänglichen und des Massencharakters, und sie wurden tatsächlich – hier jenseits der *Frankfurter Zeitung* – mit zu den bevorzugten Themen des Feuilletonartikels. Die Anpassung an den Rhythmus dieser neuartigen profanen Feierlichkeiten – als Pendant zu jenem der produktiven Tätigkeit – erweist sich als einer der Hauptzwänge, denen die Arbeit des Feuilletonisten unterliegt. Die Stadt als gesamtästhetisches Phänomen ist sein Gegenstand geworden.

Tanzen, Reisen und die Mode

Der eigene Produktionsrhythmus Kracauers ist mit durchschnittlich drei Artikeln pro Woche während der Jahre bei der *Frankfurter Zeitung* relativ konstant geblieben. Eine Zäsur wird jedoch um 1924-25 erkennbar – es ist, nach den schweren politischen und finanziellen Krisen, die Zeit der „Stabilisierung" der Weimarer Republik –, und zwar in der Form einer qualitativen Verschiebung in der Auswahl seiner „Gegenstände". Die Neuausrichtung seiner Arbeit zu diesem Zeitpunkt läßt sich zunächst an der Übernahme des Filmressorts im Feuilleton der *Frankfurter Zeitung* festmachen.[15] Aber gleichzeitig unterliegen auch die bis dahin noch relativ klassischen Themen seiner Essays einem spürbaren Umwandlungsprozeß. Der Reflexion über das großstädtische Leben als solchem und vor allem über die zeitgenössischen Massenattraktionen wurde ein

---

sowie das lokale Stadtblatt, in dem Kracauer in seiner Frankfurter Zeit auch sehr viel veröffentlicht.

[15] Der Anteil der Filmkritiken im Verhältnis zu Kracauers journalistischer Gesamtproduktion entwickelt sich folgendermaßen: ca. 10% 1923, etwa ein Viertel 1924, die Hälfte 1925, zwei Drittel 1928-29, mehr als 40% während der Berliner Zeit zwischen 1930 und 1933.

immer größerer Platz eingeräumt. *Die Reise und der Tanz*, Anfang 1925 veröffentlicht, ist der erste wichtige Essay dieser Art. Die Analyse der zeitgenössischen Begeisterung, die sich für den Tanz und die Reise entfaltete, gab Kracauer dort die Gelegenheit, seine Analyse der Moderne zu präzisieren.

Das Tanzen, bemerkt der Essayist, hat sich von seinen traditionellen Formen und Gelegenheiten gelöst, um *reine Bewegung* in der Zeit zu werden, welcher nun ein regelrechter „Kult" gewidmet wird. Auch die Reise reduziert sich mit den modernen Fortbewegungsmitteln auf einen *bloßen Ortswechsel,* ohne noch ein wirkliches Interesse für die Einzigartigkeit des jeweiligen Ziels zu zeigen. Was konnte sich hinter der neuartigen Schwärmerei für Formen der Bewegung verbergen, welche jeden eigenen Gehalt verloren zu haben schienen? Reine Skandierung der Zeit, wird der moderne Tanz zur Darstellung des Rhythmus an sich. Die Zeit scheint in ihm nicht mehr a priori, als Takt, der den Tanzschritt regelt, zu existieren, sondern nur noch *a posteriori* als abstrakte Skandierung – durch die frei gewordenen Körperbewegungen. Es ist, als würde die mechanisierte Zeitlichkeit selbst zum Gehalt der im Tanz gemachten Erfahrung. Diese vollzöge sich also nicht mehr in der Zeit, sondern mache aus deren Verwandlung ein „Geschehnis", das die beunruhigenden Momente des Untätigseins auszufüllen vermag. Ähnliches gelte auch für die Beziehung der Reise zum Raum. Folgt man der Kracauerschen Analyse, bricht der Horizont des aufgeklärten Zeitalters, der noch durch die apriorischen Kategorien des Kantischen Systems – Raum und Zeit – gestützt wurde, unter den doppelten Schlägen der Eisenbahn und des Jazzrhythmus endgültig zusammen. Die Idee der Ewigkeit, die das System trug, überläßt ihren Platz der Herrschaft einer zirkulären Zeitlichkeit, für die symbolhaft die Mode steht. In der Tat diktiere die Mode eben den Tanz oder den Urlaubsort, die gerade *up to date* sind.[16]

Die Intensität, mit der die Städter sich den neuen Rhythmen hingaben, gilt Kracauer als Zeichen für die Suche nach einer Wirklichkeit, die sich unaufhaltsam zu entziehen scheint. Diese Wirklichkeit sei nichts

---

[16] Vgl. „Die Reise und der Tanz" (FZ 15.03.1925), in: *Ornament...*, S. 41 f.

anderes als das Jenseits, die Sphäre einer unfindbar gewordenen Ewigkeit, deren Verlust der moderne Tanz zu kompensieren versuchte. Hier liegt die eigentlich *theologische* Bedeutung, die Kracauer den neuen Tanzformen als Ausdruck der Krise in der Beziehung des Menschen zum Tod zuschreibt. Den gesellschaftlichen Kontext, in dem diese gewaltsame Umwandlung stattfand, stellt vor allem das Aufkommen der modernen Technik dar. Die nicht beherrschten Mächte der „Mechanisierung" drängen so zur „Technisierung alles Geschehens", daß die Technik zum Selbstzweck zu werden droht.[17] Der Mangel an Rationalität in dieser Entwicklung fand für Kracauer im Geschwindigkeitsrekord einen symbolischen Ausdruck. Wie der moderne Tanz tritt auch er als Beschwörung der Ewigkeit innerhalb der chronometrischen Zeit selber auf – als eine Art Ersatz für ein Jenseits des Zeitlichen in einer Epoche, die nur noch das Flüchtige kennt. Zudem scheint mit der im Tanz und in der Reise unbewußt gesuchten Wirkung die Befreiung davon angestrebt, was den Menschen gerade als Kreatur ausmacht: die irdische Schwere; als ob die darauf zurückzuführende Schwebeillusion die untergründige Angst vermindern würde, die das Bewußtwerden einer gnadenlos chronologischen Zeit auszulösen vermochte. Aber weder eine nostalgisch „romantische" Verdammung noch eine blinde Bejahung des „Fortschritts" erlauben es für Kracauer, diese neuen Phänomene verständlich zu machen. Im Gegensatz zu vielen seiner Generation hat er versucht, sich ihnen in ihrer Ambivalenz zu nähren: während sie zeichenhaft für ein Zivilisationsproblem insgesamt stehen, stellen sie dennoch zugleich einen zwar „uneigentlichen", aber doch „vorläufigen" Ausgleich dar. Nur durch ihre bis zum Ende gedachte Negativität – das ist die paradoxe Formel, mit der Kracauer *Die Reise und der Tanz* abschließt – ließe sich die Utopie erahnen: die Beherrschung der Technik durch den Menschen.

Verbotener Blick

Die Reise und der Tanz weist die typische Struktur der „programmatischen" Texte Kracauers aus den zwanziger Jahren auf. Aus-

---

[17] Ebd., S. 45.

gangspunkt solcher Essays sind jene neuen großstädtischen Erscheinungen, die zum Massenerfolg wurden, wie exotische Tänze, Revuen und das Variététheater, die sportlichen Wettkämpfe oder fotografische Starporträts usw. In ihnen analysiert Kracauer eine grundsätzliche Zweideutigkeit in dem Sinne, daß sie zugleich Zeichen des utopischen Wunsches nach einer von der Natur befreiten Ratio und der Rückkehr derselben zum Mythos seien. Aber dieser im wesentlichen *analytischen* Form des Essays macht innerhalb der Kracauerschen Feuilletonarbeit eine andere, *literarischere* Textform Konkurrenz: die „Statdminiatur". In diesem zweiten Texttypus – oft einfache Erzählung eines marginalen Ereignisses im Leben der Stadt – scheint der „Inhalt" der analytischen Artikel in die „Form" selbst überzugehen.

Drei Wochen nach der Veröffentlichung des Essays *Die Reise und der Tanz* – als ein Beispiel unter vielen – hat Kracauer über ein verwandtes Thema einen kurzen Text verfaßt, der über eine Episode seiner nächtlichen Streifzüge berichtet. Die in *Der verbotene Blick* (1925) erzählte Szene spielt spät abends in einem populären Tanz-Kabarett. Ein merkwürdiges Ritual scheint diesen Ort zu verzaubern: Das tägliche Spektakel gipfelt in der Ingangsetzung eines Pianellas mit tanzenden Puppen. Als Zeuge dieses Augenblicks sieht sich der Erzähler plötzlich von rätselhaften Phantomen umgeben. Die Erzählung versucht den Moment deren Erscheinens, von dem ab der Leser direkt angesprochen und geduzt wird, genau zu erfassen. Als ein Augenblick, in dem die Welt des Traums und die der Wirklichkeit zusammenstoßen, provoziert der Tanz der mechanischen Figuren einen schrecklichen Spiegeleffekt: Das Bild des Automaten kollidiert mit der unmittelbaren Erinnerung an die tanzenden Paare, die sich so in phantomhaften Figuren verdoppeln. Wie in einer Halluzination beschreibt der Erzähler diese Schatten als Überlebende des Nichts – „gestorben zweifellos, aber nicht durchaus tot" –, die zwischen der Welt der Lebenden und des Automaten schweben.[18] Um sich diesem Schock-Phänomen, dieser Offenbarung einer anderen

---

[18] Vgl. „Der verbotene Blick" (*FZ* 9.04.1925), in: *Straßen in Berlin und anderswo*, Frankfurt/M. 1964 [= *Straßen ...*], S. 96 f.; wieder in: *Schriften 5.1*, S. 296 ff.

Zeit durch den Mechanismus der Pianella-Tänzer zu nähern, führt Kracauer die Metapher des verbotenen Blicks ein: „in diesen Augenblicken ..., in denen das Nirgendwo dich bei sich hält, trifft die flüchtigen Passagiere der verbotene Blick. Das aber ist es ..., daß du, der du auch nur Phantom bist in der nichtigen Leere, heimgesucht wirst von verwunschenen Figuren, die den Durchgang verwehren und dich hineinziehen in ihre Verlorenheit."[19] Vom verbotenen Blick getroffen zu sein, heißt zugleich auch anzusehen, was zu sehen verboten ist: nämlich die grauenerregende Vision einer „gefräßigen Zeit", die sich dem erstarrten Betrachter enthüllt – Trugbild einer „ewigen Wiederkehr der Moden und Embleme, dem Larventanz durch die Jahrtausende".[20] Was hier, beschrieben in der Atmosphäre eines religiösen Opferrituals, für einen kurzen Augenblick erfahren wurde, ist die Schwelle einer Gegenwart, die von keiner Ewigkeit mehr getragen wird. Als das Spektakel beendet ist, beginnen die Paare erneut zu tanzen, und ihre rhythmischen Bewegungen scheinen wie ein einfacher Reflex, um den verbotenen Blick auszutreiben.

Mit dieser schlicht erzählten Episode, die eine nächtliche „Halluzination" festhält, versucht der Autor das Verhältnis des gelebten Augenblicks im festlichen Tanzrhythmus zur Zeitlichkeit der alltäglichen Gewohnheiten, die der Automatenmechanismus darstellt, zu durchleuchten. Keine komplexe Analyse, kein Urteil: Der Erkenntnisgehalt in dieser Miniatur liegt vorerst in dem Distanzierungseffekt, der durch den Vorgang des Erzählens entsteht.

Optische Signale und Reklame

Die Kracauersche Metapher des „verbotenen Blicks" bezeichnet einen blinden Fleck im Funktionieren des Alltags. Das, was die tägliche Wiederholung verdeckt, bilde genau die reale Quelle, die Bedeutung der unbewußten Angewohnheiten. Immer, wenn im zyklischen Ablauf des Alltäglichen etwas Neues erscheint, verweist dies buchstäblich auf einen „mythischen" Moment. Nichts charak-

---

[19] Ebd., S. 298.

[20] Ebd. S. 299.

terisiert den Blick und die Schreibweise Kracauers besser als die extreme Empfänglichkeit für das, was sich in den Gewohnheiten der Großstadt von Tag zu Tag unmerklich veränderte. In diesem Sinne könnten seine chronologisch geordneten Stadtminiaturen als eine Art anonymes „Tagebuch" der Großstadt – zuerst Frankfurts, dann Berlins – gelesen werden.

Ein einfaches Detail oder eine unbewußte Geste auf der Straße wurde dem „Stadtethnographen" Kracauer häufig zur profanen Epiphanie. So berichtet etwa der Artikel *Chauffeure grüßen* (1926) von einer neuen Gewohnheit zwischen Taxifahrern und Verkehrspolizisten: der Austausch einer flüchtigen Geste der Hand an der Mütze, während der eine mit seinem Auto an dem anderen vorbeifährt, der dabei ist, den Verkehr zu regeln.[21] Mit detektivischem Eifer untersucht Kracauer die mögliche Bedeutung dieses merkwürdigen „Rituals", das keine Ausnahme zu kennen scheint. Es handelt sich dabei nicht um ein stummes „Guten Tag" zwischen Personen, die sich kennen – die Beteiligten tauschen nicht einmal einen Blick aus. Es ist auch nicht eine dieser militärähnlichen Grußformen, die man einem Vorgesetzten oder auch einem Kollegen schuldet – die sich hier „Grüßenden" gehören zu verschiedenen sozialen Kategorien, die sonst nichts miteinander zu tun haben. Dieses rein optische Grußsignal, das Kracauer hier zum Gegenstand erhebt, hat keinerlei genaue Funktion; es steht vielmehr als allgemeines Zeichen für die gemeinsame Abhängigkeit der Beteiligten von derselben Macht: Beide, Taxifahrer und Verkehrspolizist, stehen im Dienst des Straßenverkehrs. Laut Kracauer grüßen sie sich als dessen Repräsentanten.[22] Die grüßende Geste stellt gewissermaßen die Markierung des Augenblicks ihrer „kinetischen Begegnung" im endlosen Fließen des städtischen Verkehrs dar.

Die quasi fotografische Empfindlichkeit für solche Phänomene, die Kracauer in dieser Art von Stadtminiaturen „festgehalten" hat, spiegelt auch seinen an die tägliche Produktion der Tageszeitung

---

[21] Vgl. „Chauffeure grüßen" (*FZ* 20.08.1926), in: *Schriften 5.1*, S. 376 f.

[22] Ebd. S. 377.

gebundenen Schreibrhythmus wider. In der Tat ist zu bezweifeln, ob ein solcher Essay in einem anderen Medium als dem des Feuilletons geschrieben worden wäre. Ebensowenig hätte der Bericht von einer Revue- oder Modeschau Platz in einer soziologischen Fachzeitschrift der Zeit gefunden.

Der Artikel *Chauffeure grüßen* scheint wie eine implizite Antwort auf jene Szene in Kafkas *Amerika* zu sein, in der der Held, als er in den riesigen Telegraphensaal der Fabrik seines Onkels tritt, merken muß, daß „das Grüßen abgeschafft war".[23] Für Kracauer bekräftigt die Existenz von solchen neuartigen Erscheinungen des sozialen Austauschs – wie die optischen Grußsignale der Chauffeure – die Idee, nach welcher die Auflösung traditioneller Normen mit der Entstehung neuer flüchtiger, aber nicht weniger bedeutungsvoller Begegnungsformen einhergeht. Darin liege *a contrario* ein Beweis dafür, daß die technisch-ökonomische Rationalisierung die Welt nicht vollständig entzaubere.

Besonders deutlich wird dies in der Werbung, deren neuen Formen sich der Essayist beispielsweise im Artikel *Lichtreklame* (1927) widmet. Besteht der Sinn jeder Werbung darin, den Waren, die sie anpreist, zum Verkauf zu verhelfen, dann scheint für Kracauer nichts weniger sicher als die Wirkung der nächtlichen Reklametafeln, die seit kurzem die Straßen der Großstädte beleuchten.[24] Die Tafeln sind keine stofflichen Träger, in die, wie in das Papier, geschriebene Zeichen eingetragen werden. Die Leuchtslogans, Sym-

---

[23] Vgl. F. Kafka: *Amerika*, Frankfurt/M., 1956, S. 37: „[Es war] ein Zwischenhandel, welcher die Vermittlung aller Waren und Urprodukte für die großen Fabrikskartelle und zwischen ihnen besorgte ... daher ein Geschäft, welches ... unaufhörliche telephonische und telegraphische Verbindungen mit den Klienten unterhalten mußte. Im Saal der Telephone war das Läuten sinnverwirrend ... Mittendurch den Saal war ein beständiger Verkehr von hin und her gejagten Leuten. Keiner grüßte, das Grüßen war abgeschafft, jeder ... sah auf den Boden, oder fing mit den Blicken wohl nur einzelne Worte oder Zahlen von Papieren ab ..." Kracauer bespricht den Roman in der *FZ* vom 23.12.1927; vgl. „Amerika. Zu dem Nachlaß-Roman Franz Kafkas", in: *Schriften 5.2*, S. 103 ff.

[24] Vgl. „Lichtreklame" (*FZ* 15.01.1927), in: *Schriften 5.2*, S. 19 ff.

bole und Buchstaben sind sicher identifizierbar, in ihrer „Immaterialität" funktionieren sie aber nur schwerlich als eine aus eindeutigen Zeichen zusammengesetzte Schrift. Im Gegenteil ist es gerade ihr Glanz, der sich dem Betrachter einprägt, und nicht selten verbinden sich remanente Fragmente nach anderen als den beabsichtigten Regeln. So können Buchstaben und Zeichen hinter geometrischen und abstrakten Formen verschwinden und zufällige Kompositionen entstehen, deren Bedeutung rätselhaft bleibt. Ihres eigentlichen Zwecks entfremdet, leuchten diese „geronnenen Feuerwerke" gleichsam als die neuen Götzen der Großstädte.[25] Als wahre Illuminationen haben die Leuchtreklamen, so Kracauer, die Engel am Firmament eines fremd gewordenen Himmels ersetzt. Aus den Rückständen einer unerreichbaren Funktionalität ersteht für den Essayisten die Mythologie der Großstädte. Hier liegt auch eine Bestätigung dafür, daß die Wahrheit der Moderne nicht mehr im zerfallenden Religiösen, sondern im Allerprofansten liegt.[26]

Neue Kulte ohne Götter

Der Tanz stellt nur den Grenzfall einer Reihe von Erscheinungen dar, die rein formal gesehen vom klassischen Ornament kommen. Das Ornament aber gehört zu jener Art von zweckfreien Oberflächenphänomenen, von denen aus – so die methodologische Voraussetzung Kracauers – das „Unbewußte" einer Gesellschaft entziffert werden müßte. Denn genau da, wo solche Äußerungen am bedeutungslosesten erscheinen, am wenigsten von einer Absicht durchdrungen, enthülle sich eine tiefere Wirklichkeit. In diesem Sinne besitzen für Kracauer die Tanzrevuen, die großen Sportumzüge und andere in den Stadien und den neuen Vergnügungsorten dargebotenen „menschlichen Karusselle" einen exemplarischen Charakter.

In einem der ausschlaggebenden *Frankfurter Zeitung*-Essays dieser Zeit versammelte Kracauer diese Phänomene unter dem Titel *Das Ornament der Masse* (1927). Das Material, aus dem die neuen

---

[25] Ebd., S. 20 f.

[26] Vgl. hier insbesondere: „Die Bibel auf Deutsch", a.a.O., S. 186.

beweglichen Riesenornamente sich zusammensetzen, sind menschliche Körper, etwa jene der – damals weltberühmt gewordenen – *Tiller Girls* oder der Sportler im Stadion. Die abstrakten Figuren, die ausgeführt werden, funktionieren aber für den Betrachter nur unter der strengen Voraussetzung, daß der einzelne sich in der *Masse*, die allein die Konturen der zur Schau gestellten bewegten Figur bildet, gänzlich auflöst. In dieser aufkommenden Form der Unterhaltung entdeckt der Feuilletonist Kracauer eine doppelte Affinität mit dem in der Produktionssphäre herrschenden Prinzip. Genau wie in dieser existieren die in heteronome Fragmente zerteilten Individuen – wie die Beine der *girls*, die maschinenhafte Bewegungen ausführen – nur als funktionale Kettenglieder einer sie übersteigenden Totalität; zugleich bildet das bewegliche Ornament, hier genaues Abbild der ökonomischen Produktion im ganzen, einen *Selbstzweck*.[27] Die Neigung der städtischen Massen für diese Art von Veranstaltung ist zugleich als ästhetischer Reflex und Spiegelbild eines Systems ökonomischer Rationalisierung, das sein eigenes Prinzip verkennt, zu verstehen. Für Kracauer wäre es müßig, die Legitimität solcher Zertreuungsformen zu bestreiten, denn deren Grad an gesellschaftlicher Wirklichkeit sei bedeutungsvoller geworden als jener, mit dem sich die klassischen Kunstformen immer noch brüsten zu können glauben.

Zwischen den literarischen Miniaturen und den großen programmatischen Essays Kracauers gilt es an dieser Stelle, zwei Haupttendenzen zu unterscheiden: die wesentlich *analytische* Ebene, die sich von seiner theoretisch konstruierten Auffassung der Moderne ableitet, und die *metaphorische*, die der unmittelbar rezeptiven – und literarisch umgesetzten – Annäherung an die Phänomene verpflichtet ist. Auf der analytischen Ebene manifestiert sich – ganz deutlich in den Essays *Das Ornament der Masse* und *Die Photographie* (1927) – eine Geschichtsphilosophie, als deren Hauptfigur eine aus der Aufklärung hervorgegangene utopische Vernunft erscheint. Hier stehen die modernen Mächte der Mechanisierung für das System

---

[27] Vgl. „Das Ornament der Masse" (*FZ* 9.06.1927), in: *Ornament* ..., S. 51 f.

kapitalistischer Produktionsweise. Zwar Etappe im Prozeß der Entmythologisierung, ist die Ratio des Wirtschaftskapitalismus jedoch eine getrübte Vernunft, unfähig, ihre eigenen Forderungen nach Naturbeherrschung zu verwirklichen. Im Gegensatz zu den romantischen Kritikern des Kapitalismus, deren antikapitalistische Haltung sich aus einem unerbittlichen Antimodernismus speist, wirft Kracauer der industriellen Produktion vielmehr vor, *zu wenig* zu rationalisieren. Die Aufgabe einer „ungetrübten" Vernunft wäre es also, den Prozeß der Entzauberung zu vollenden, wozu die kapitalistische Rationalisierung selbst nicht mehr in der Lage sei. Das Aufkommen von Phänomenen wie das „Ornament der Masse" außerhalb der Produktionssphäre deutet Kracauer schon als Zeichen für eine Vernunft, die vom Mythos überwältigt zu werden droht. Als „jedes ausdrücklichen Sinnes bare rationale Leerformen des Kultes" verweisen die in den Sportstadien von den Massen rezipierten abstrakten Bewegungen auf die schlechte Abstraktion eines Produktionsprozesses, der, weit davon entfernt, die Beherrschung der Natur zu vollbringen, sich als Reich einer zweiten Natur erweist.[28] In einer der ersten Synthesen Marxscher und Weberscher Analysen umreißt hier Kracauer – gewiß vor dem Hintergrund eines anthropomorphen Begriffs der Vernunft – eine der Schlüsselfiguren, die in den vierziger Jahren von Adorno und Horkheimer in der *Dialektik der Aufklärung* systematisiert wird: das Umschlagen von Vernunft in Mythos.[29]

Im Unterschied zur analytischen stellt die zweite Textebene das metaphorische Feld der Aneignung von Phänomenen dar. Da, wo die Analyse die neuen städtischen Rituale noch als „*Leerform*", als „*götterlosen* mythologischen Kultus" enthüllen wollte,[30] führt die unmittelbarere Annäherungsform, die an der Oberfläche der Erscheinungen festhält, Stilfiguren ein wie: „Der Tanz *ist* heute ein Kult der Bewegung", oder auch: „[Chauffeure und Schutzleute] ste-

---

[28] Ebd., S. 61.

[29] Vgl. Th.W. Adorno, M. Horkheimer, *Dialektik der Aufklärung* (1947), Frankfurt/M. 1988, S. 9 ff.

[30] „Das Ornament der Masse", a.a.O., S. 60 und S. 62.

hen im Zeichen *des* Verkehrs. Als *seine* Exponenten begrüßen sie sich."[31] Zwischen beiden Formulierungstypen herrscht eine nicht geringe Spannung. Die Denkform Kracauers scheint hier implizit zwischen zwei Grundentwürfen zu schwanken: denn in dem einen sind die neuen Zertreuungsphänomene wie die des Massenornaments „Kulte" nur im formalen Sinn einer Analogie, und das Fehlen jedes Inhalts entspricht einem *Mangel*, der auf das Versprechen einer absolut funktionellen Vernunft verweist;[32] in dem anderen aber werden Beschreibungsmuster verwendet, deren immanente Metaphorik dazu tendiert, den abstrakten mythischen Mächten einen Gehalt, ein *positives* Dasein zu verleihen – deren „Kult" also nicht mehr als *Leerform* dargelegt werden kann. Die „Bewegung", der „Verkehr", die „Technik" und die „Geschwindigkeit" sind Namen für diese abtrakten Mächte an sich. Diese noch unbeachteten „Kulte" wären dann nicht nur als Symptom einer zwar anthropomorphen, aber pathologischen Vernunft zu dechiffrieren, sondern vielmehr als „ästhetische Rituale" eines neuen, zum Schicksal des modernen Menschen gewordenen „Polytheismus".

Die erste hier angesprochene Ebene in Kracauers Texten ist eindeutig von der Marxschen Geschichtsphilosophie gefärbt: Sie nimmt quasi-gnostische Züge dort an, wo die Utopie als Umschlagen einer vollendeten Negativität gedacht wird. Die zweite Grundtendenz verweist – oft mittels Weberscher Begrifflichkeit – jedoch auf die Stoßrichtung und Sprache Nietzsches, auf seine Kritik an der Fortschrittsidee und seinen Angriff gegen die anthropomorphe Vernunft. Die Denkart Kracauers bleibt insgesamt von der inneren Spannung zwischen der apriorischen Konstruktion einer geglückten Entmythologisierung – als utopischer Figur der Verwirklichung

---

[31] „Die Reise und der Tanz", a.a.O., S. 41, sowie: „Chauffeure grüßen", a.a.O., S. 377 (meine Hervorhebung); ebenso schreibt Kracauer Aufsätze unter dem Titel „Kult der Zerstreuung" (*FZ* 4.03.26), in: *Ornament...*, S. 311 ff., oder auch: „Autokult" (*FZ* 24.02.1931), in: *Berliner Nebeneinander*, a.a.O., S. 108 ff.

[32] Die regulative Idee wird hier mit einer ironischen Distanz verstanden, da die Vernunft utopisch ist im Sinne des Märchens; vgl. „Das Ornament der Masse", a.a.O., S. 55.

des Menschen in der Geschichte – und der genauesten Registrierung der aufkommenden unpersönlichen Mächte durch die neuen „trivialen" ästhetischen Formen, die unwillkürlich jene Kräfte zu „bezwingen" versuchen, geprägt.[33] Die Opposition, die sich schon Ende der zwanziger Jahre im Zentrum des Kracauerschen Schreibens abzeichnet, und sich mit der Ausdifferenzierung seines „miniaturistischen" Stils noch verstärkt, erscheint schließlich als die des Festhaltens an einer „geschichtstheologischen" Auffassung gegenüber dem literarischen Experiment einer „ästhetischen Soziologie" neuer gesellschaftlicher Phänomene.

Der Film als „Antikult"

Unter den neuen Unterhaltungsformen, die sich während der Zeit der wirtschaftlichen Stabilisierung durchsetzten, sind es vor allem zwei, die einen gewaltigen Erfolg genossen: die Tanzrevuen und das Kino. Die Massenbegeisterung wurde so groß, daß man bald dazu überging, die beiden Darbietungen in einem „Gesamtkunstwerk" miteinander zu vereinen. Die großen Lichtspieltheater verwandelten sich in Vergnügungspaläste, die die Filmvorführungen systematisch in ein umfangreiches Variété-Programm integrierten. Kracauer hat in *Kult der Zerstreuung* (1926) eine überaus scharfe Satire auf diese neue Mode verfaßt. Die ästhetische – und damit auch: ethische – Legitimität der Zerstreuung sieht er gerade gefährdet durch die rückständige Tendenz, die Eigenart der kinematographischen Apperzeption in einer Vielzahl von aus der Welt der Bühne herstammenden Erscheinungen aufzulösen. Hier zeigt sich für ihn die Neigung, dem Ganzen des Spektakels einen heiligen Charakter zu verleihen. Ebenso wie die barockähnliche Architektur dieser neuen Etablissements weisen auch deren Inszenierungen, die den dem Film eigenen Illusionseffekt zunichte machen, auf eine Regression ins Kunstgewerbliche. Für Kracauer drückt sich in diesem Phänomen eine kaum versteckte Angst vor dem Entzauberungspotential des Films aus, der als einzige der neuen

---

[33] Solche Mächte gehören zur Ordnung der *physis*, auch wenn sie vom Menschen geschaffen wurden.

"Kunstformen" die Ungeordnetheit der großstädtischen Sinneseindrücke ohne jede Verschleierung reflektieren kann.[34]

Die Radikalität, mit der der Feuilletonist Kracauer sich – gegen deren kultische Verbrämung – *für* die Massenzerstreuung ausspricht, um sie durch das Filmmedium einer gesellschaftlichen Immanenz zurückzugeben, ist exemplarisch. Denn die Rolle, die er dem Film als Erneuerer ästhetischer Formen zuspricht, korrespondiert zugleich mit einer soziologischen Umwälzung. Allein durch dieses neue Medium strukturiert sich die Erfahrung eines neuen kollektiven Subjekts: des Großstadtpublikums. Seine Homogenität verdankt es in erster Linie der alltäglichen Apperzeption im urbanen Tempo. Es stellt die relativ undifferenzierte *Masse* der Lohnabhängigen dar: "vom Bankdirektor zum Handlungsgehilfen, von der Diva bis zur Stenotypistin".[35] Der Großteil des Kinopublikums der Zeit setzt sich in der Tat aus der Schicht der "neuen Angestellten" zusammen und steht einem Kleinbürgertum entgegen, das an den in Kitsch verfallenden alten Kunstformen festhält. Diese Bestimmung des Publikums wurde von der eigenen soziologischen Untersuchung *Die Angestellten* bekräftigt – Pionierarbeit einer "urbanen Ethnographie" –, die Kracauer 1929 in Berlin unternahm und zuerst im Feuilleton der *Frankfurter Zeitung* veröffentlichte. Nach dieser literarisch brillant umgesetzten "Feldforschung" bilden die neuen Angestellten jene Schicht ohne Tradition, die am empfindlichsten auf die Veränderungen des städtischen Lebens reagiert.[36]

Bei Kracauer wird das gesellschaftliche Subjekt nicht mehr ausschließlich, wie in der marxistischen Theorie, über den Produkti-

---

[34] Vgl. "Kult der Zerstreuung" (*FZ* 4.03.26), in: *Ornament* ..., S. 311 ff.

[35] Ebd. S. 313.

[36] In seinem ersten publizierten literarischen Versuch *Ginster. Vom ihm selbst geschrieben*, Berlin 1928, neigte Kracauer schon zu "Pseudoreportage", in: *Die Angestellten. Aus dem neuesten Deutschland*, Frankfurt/M. 1930, tendiert die soziologische Untersuchung zur "literarischen Ethnographie" (wieder jeweils in: *Schriften 7* und *Schriften 1*); hierzu vgl. ferner: I. Mülder, *Siegfried Kracauer – Grenzgänger zwischen Theorie und Literatur. Seine frühen Schriften 1913-1933*, Stuttgart 1985, insb. S. 115 ff.

onsprozeß definiert, sondern als rezeptives Konsumenten-Publikum der nun universell gewordenen ästhetischen Form: nämlich des Films. Die zentrale Begrifflichkeit, die er ins Spiel bringt, um die ästhetische Legitimität des neuen Mediums zu rechtfertigen, die Opposition von Zerstreuung und Kult, wird Kracauers Freund Walter Benjamin in seinen eigenen Arbeiten wiederaufnehmen. In dem berühmt gewordenen „Kunstwerk"-Essay (1936) bedient sich Benjamin genau dieser Begrifflichkeit, um den radikalen Wandel festzumachen, dem die Funktion der Kunst mit dem Aufkommen der technischen Reproduzierbarkeit insgesamt unterliegt.[37]

Wenn Kracauer nur wenig Interesse für das Theater zeigte, dann deshalb, weil er darin vor allem ein Residuum traditioneller Kunstformen sah, die nicht dazu geeignet waren, den Impulsen seiner Zeit Ausdruck zu geben. Seine Argumentation wird immer von einer Befreiung des Films vom Theater geleitet. Mit dem Clown jedoch hat der Essayist eine der „niederen" Bühne angehörende Figur vielfach gewürdigt. Sei es im Variété oder im Zirkus, dem Clown kommt nun die utopische Kraft eines modernen Märchens zu.[38] Selbst wenn er ein Gleichgewichtskünstler ist, beugen sich seine Bewegungen – anders als die der *Tiller Girls* – keiner Funktionalität. In *Akrobat-schöön* (1932) zum Beispiel illustriert der Clown die perfekte Umwertung der alltäglichen Verhältnisse. Seiner Natur nach ist er unfähig, sich einer ihm unverständlichen zweckmäßigen Rationali-

---

[37] Vgl. W. Benjamin, „Das Kunstwerk im Zeitalter seiner technischen Reproduzierbarkeit" (1936), in: *Illuminationen*, Frankfurt/M. 1977, insb. S. 143 und S. 166; die Wechselbeziehung mit Kracauer ist wahrscheinlich in diesem Text am spürbarsten; vgl. von letzterem: „Zu den Schriften W. Benjamins" (FZ 15.07.1928), in: *Ornament ...*, S. 249 ff., sowie von W. Benjamin: „Ein Außenseiter macht sich bemerkbar", in: *Gesammelte Schriften III*, Frankfurt/M. 1972, S. 219 f.; zum Vergleich zwischen beiden Autoren siehe: D. Frisby, *Fragments of Modernity in the Work of Simmel, Kracauer and Benjamin*, Cambridge 1985 (dt. Übers.: *Fragmente der Moderne. Georg Simmel – Siegfried Kracauer – Walter Benjamin*, Rheda-Wiedenbruck 1989).

[38] Vgl. „Drei Pierrots schlendern" (FZ 14.10.1926), in: *Straßen ...*, S.119 ff.; „Begegnungen mit hilflosen Figuren" (FZ 17.02.1931), ebd., S. 147 ff.

tät zu unterwerfen. Wenn er ein Ziel erreicht, dann ohne vorüberlegte Absicht, und immer über einen Umweg, der sich als das Wesentliche seines Unternehmens erweist. Schlüssel seines Spiels ist, daß er im Augenblick lebt; deshalb steckt in der Umkehrung der einfachsten Gewohnheiten, welcher er sich mit kindlicher Ausdauer hingibt, die tiefgründigste Fabel.[39] Wechselte der Clown von der Bühne auf die Leinwand, ist sein Erfolg bei den Massen aus diesem Grund sicher. Hier war Kracauer sogleich mit dem weltweiten Publikum einig: Chaplin, der sich nach *The Gold Rush* mit seinem Film *The Circus* (1928) in Europa durchsetzte, ist zunächst der große Regisseur der Epoche.[40]

Auf die Kracauersche Forderung nach einer Reduktion des „kultischen" Elements in der Zerstreuung hatten, sogar noch vor Chaplins europäischem Erfolg, der Filmregisseur Ewald André Dupont und der Kameramann Karl Freund mit *Variétés* (1925) eine schlagende Antwort gegeben. Schon in diesem Film behauptet sich die Tendenz des Kinos, alle anderen Unterhaltungsformen zu umfassen. Die Konkurrenten des Films, die Varieté- und Zirkusdarbietungen auf der Bühne der Vergnügungspaläste, werden hier zum bevorzugten Gegenstand des neuen Mediums. Die Fähigkeit des Films, diese neuen „Rituale" des modernen Lebens zu erfassen, scheint in seinen formalen Eigenschaften begründet zu liegen: der privilegierten Wiedergabe der Bewegung und des Vergänglichen sowie einer Massenrezeption in der Zerstreuung.

Varietédarbietungen, sportliche Wettbewerbe, Lunaparks, Tanzkabaretts sind tatsächlich – ebenso wie die Straße – Orte des Flüchtigen par excellence. Als Übergangsorte werden sie für den Essayisten zur mythischen Stätte der modernen Metropole, an denen eine zufällig zusammengesetzte Menschenmasse mit ihren Ido-

---

[39] Vgl. „Akrobat schöön" (*FZ* 25.10.1932), in: *Straßen* ..., S. 137 ff.

[40] Vgl. „The Gold Rush" (*FZ* 6.11.1926), in: *Kino*. Essays, Studien, Glossen zum Film (Hg. K. Witte), Frankfurt/M. 1974, S. 166 f., wo Kracauer Chaplin als ein „Loch", aus dem das reine Menschliche herausstrahlt, darstellt; sowie: „Chaplin. Zu seinem Film Zirkus" (*FZ* 15.02.1928), ebd., S. 167 ff.; zwischen 1926 und 1931 widmet der Kritiker Chaplin fünf Essays.

len kommuniziert, bevor sie an ihre mühevolle Arbeit zurückkehrt. Von Kracauers Interesse für genau die Gegenstände, denen sich der Film dieser Zeit zuwendet, zeugen seine Stadtminiaturen. Dies mag mit der eigenen Faszination für diese flüchtigen Brüche des Alltags unmittelbar zusammenhängen. Die Affinität seines Wahrnehmungsvermögens mit der Empfindlichkeit des kinematographischen Mediums hat in der Tat etwas Verblüffendes. Ein Automat, ähnlich dem, der im Essay *Der verbotene Blick* evoziert wurde, taucht in einer entscheidenden Sequenz des Films *Der lebende Leichnam* (1929) von Fedor Ozep auf, den er später besprechen wird.[41] In *Berlin, Symphonie einer Großstadt* (1927) von Walter Ruttmann ist nicht nur ein Verkehrspolizist zu sehen, der auf den Handgruß eines für den Zuschauer unsichtbaren Taxifahrers mit einem beiläufigen Grußzeichen antwortet. Greift man ganz zufällig irgendeine Sequenz aus diesem Dokumentarfilm heraus – Verkehrssignale, eine Lokomotive, einen Luna-Park, Regenschirme, Sportler jeder Art, ein Rennen, einen Zeitungsverkäufer, eine Café-Terrasse usw. folgen aufeinander ohne jeden Übergang – so ist unter den Einstellungen nicht eine einzige, zu der man nicht eine Miniatur Kracauers zum selben Gegenstand assoziieren könnte.[42]

*

Die Eisenbahn

Ein Bahnhof in einer großen Stadt; ein Kind, das auf einer Bank sitzt, beobachtet die Reisenden, die in der Bahnhofshalle eintreffen und in Scha-

---

[41] Vgl. „Der lebende Leichnam" (*FZ* 28.02.1929), in: *Kino ...*, S. 96; zu dieser Koinzidenz vgl. H. Schlüpmann, „Der Gang ins Kino ein ‚Ausgang aus selbstverschuldeter Unmündigkeit'", in: *Frauen und Film*, 1989, Nr. 47, S. 75.

[42] Die entsprechenden in der *FZ* veröffentlichten Artikel wären: „Kleine Signale" (10.10.1930); „Lokomotive über die Friedrichstraße" (28.01.1933); „Berg- und Talbahn" (14.07.1928); „Falscher Untergang der Regenschirme" (7.04.1926); „Sie sporten" (13.01.1927); „Trabrennen in Mariendorf" (11.07.1930); „Der Zeitungsverkäufer" (30.07.1930); „Café im Berliner Westen" (17.04.1932); alle wieder in *Schriften 5.1-3*.

ren hinausströmen. Die Abfahrt- und Ankunftstafeln der Züge; das Kind studiert sie aufmerksam; es löst eine Bahnsteigkarte; ein Lichtsignal kündigt die bevorstehende Ankunft eines Zuges an. Aufgeregt geht das Kind auf den Bahnsteig zu, mitten in die Menge der Reisenden hinein, löst sich dann aus ihr, um sich dorthin zu stellen, wo die Lokomotive gerade gehalten hat. Die Lokomotive, gesehen aus der Perspektive des Kindes, und der Fahrer, der am Fenster eine Pfeife raucht; eine Limonade, ein Zeitungsverkäufer und ein Gepäckträger: das Kind betrachtet sie voller Bewunderung. Der Zug fährt wieder an; traurig, verläßt das Kind den Bahnhof. Die Nacht: in seinem Zimmer wacht das Kind vom Pfeifen der Züge auf.

Erst Anfang 1930, als er als Korrespondent der *Frankfurter Zeitung* nach Berlin zog, hat Kracauer den Artikel *Die Eisenbahn* veröffentlicht. Die vorhin skizzierten „Einstellungen" stellen den Versuch dar, den Anfang dieses Textes in „drehbuchartiger" Form umzuschreiben. Denn von der ersten Zeile an ist das Erzählverfahren in diesem Essay einer optischen Technik verpflichtet. Das Kind, das in diesen „filmischen" Sequenzen erscheint, ist kein anderer als der Erzähler, der sich an seine eigene Vergangenheit erinnert. Der Bahnhof, „Oase der Improvisation inmitten der Wüste des Alltags", ist der magische Ort seines heimlichen Glücks: die Züge pünktlich zu ihrer Zeit ankommen zu sehen.[43] Der Text stellt eine Collage aus fünf eigenständigen Episoden dar, die jeweils durch eine kurze Ich-Erzählung eingeleitet werden. „Bahnhöfe", „Abfahrt", „Expreßzüge", „weiter [auf Reise]", „Ankunft", diese von Kracauer in Sperrschrift gedruckten Worte könnten als Titel der verschiedenen Episoden fungieren, die mögliche Positionen des Menschen in seinem Verhältnis zur Maschine in Szene setzen: die des unbeteiligten Beobachters, die des Bahnsteigbegleiters gegenüber der des Abreisenden, die des Fernreisenden, schließlich die des Ankommenden.

In seinem Aufbau ist der Essay weitgehend inspiriert von der Ästhetik des sogenannten „Querschnittfilms", einem Genre, das sich mit Regisseuren wie Viertel, Cavalcanti, Kaufman, Ruttmann, Vertow und Vigo Ende der zwanziger Jahre durchgesetzt hatte.[44] Der Eisen-

---

[43] Vgl. „Die Eisenbahn" (*FZ* 30.03.1930), in: *Schriften 5.2*, S. 175 ff.

[44] Folgende Filme sind hier gemeint: *Das Abenteuer eines Zehnmark-*

bahn, der wirklichen „Hauptfigur" der Darstellung, kann man sich nur durch die „Montage" einer Reihe von typischen Situationen nähern. Keine klassische Reiseerzählung vermag es, die Diskontinuität zwischen der Welt desjenigen, der auf dem Bahnsteig zurückbleibt und der des anderen, der abreist, adäquat zu vermitteln. Genau diesen Bruch bemüht sich Kracauer mit der Textkonstruktion der Abfahrtsepisode zu evozieren; er weist dabei auf die ungeheure Gewalt hin, die diesem Augenblick – seiner Unausweichlichkeit wegen – innewohnt. Denn anders als das Auto, das warten kann, ist der Zug dem Fahrplan zeitlich unterworfen. Diese Gewalt kommt genau in dem Moment zum Ausdruck, in dem die Räder zu rollen beginnen – ein Bild, das im Film dieser Zeit zur standardisierten Einstellung wird. Der durch die Abfahrt des Zuges ausgelöste inhumane Bruch wird als radikale Zäsur dargestellt, die sogar Geburt und Tod symbolisieren könnte, und wird im Text selber als Einschnitt zwischen zwei eigenständigen Episoden wiedergegeben.[45]

Das Wesen der Reise jedoch enthülle sich erst während einer langen Fahrt. Denn, so Kracauer, nur wer stundenlang in einem internationalen Expreßzug sitzt, wird von einem Gefühl der Schwerelosigkeit erfaßt. Bruchstücke von Landschaften folgen ungeordnet vor den Augen des Reisenden aufeinander, der bald meint, sich nicht mehr fortzubewegen: nicht er wechselt mehr den Ort, sondern es sind die Orte, die sich zu bewegen beginnen. Die radikalste Form der Bewegung sei eben jene, die darin besteht, Unbeweglichkeit vorzutäuschen, während die umgebende Welt sich zu verschieben anfängt. Diesem Eindruck verdankt sich das besondere Glücksgefühl des im Expreßzug Reisenden, aber hier liegt auch der Grund,

---

scheins (Berthold Viertel, Béla Balázs 1926); *Rien que les heures* (Alberto Cavalcanti 1926); *Moskau* (Mikhaïl Kaufman 1927); *Berlin. Die Symphonie einer Großstadt* (Walter Ruttmann, Karl Freund 1927); *Der Mann mit der Kamera* (Dziga Vertov 1929); *A propos de Nice* (Jean Vigo 1930); vgl. ferner: Heinrich Hausers Chicago-Film: *Weltstadt in Flegeljahren* (1931), den Kracauer gegen Murnaus *Tabu* lobt, in: „Zweimal Wildnis" (*FZ* 6.10.1931), in: *Schriften*, Bd. 2, Frankfurt/M. 1979, S. 503 ff.

[45] Vgl. „Die Eisenbahn", a.a.O., S. 176.

weshalb die Ankunft – letzte Episode des Essays – ihm so schmerzlich wird. In ihrem unabwendbaren Charakter gleicht sie einem langsamen Tod. Der Raum, der während der Dauer der Reise besiegt schien, lastet erneut auf dem Reisenden, der sich wieder dem irdischen Leben eingliedern und in das Gefängnis der Welt zurückkehren muß.[46]

Die Filmtechnik liegt nicht nur der neuartigen Form dieses Essays zugrunde, sondern sie stellt zugleich dessen Gegenstand dar. Die zentrale Episode beschreibt in der Tat nichts anderes als das Einsetzen einer rein visuellen Wahrnehmung einer Bewegung, deren eigentliche Trägheit außer Kraft gesetzt und die daher äußerlich scheint. Was durch das Fenster des Expreßzuges wahrgenommen wird, entspricht ganz genau der durch den Film hervorgerufenen Illusion. Die wesentlich komplementäre Beziehung zwischen dem Kino und der Eisenbahn kann nicht besser ausgedrückt werden. Dies verweist genau auf die Umwälzung der Apperzeption, die die Maschine ausgelöst hat: Das implizite Verfahren des Essays zeugt hier davon, daß für Kracauer das filmische Medium die angemessenste Einsicht in die „maschinellen" Phänomene zu vermitteln vermag. Deshalb nimmt seine Schreibtechnik – mindestens seit der Untersuchung *Die Angestellten* – die Prinzipien des „Querschnittfilms" in sich auf: Ablehnung der klassischen Handlung, Anonymität der Protagonisten, dokumentarische Sequenzen, Montage von kurzen eigenständigen Episoden. Selbst ein Beitrag zu einer solchen Ästhetik, korrespondiert diese literarische Umformung des Essayistischen gleichzeitig mit einer erkenntnistheoretischen Forderung. Denn für Kracauer erweist sich die moderne Wirklichkeit als eine Konstruktion, der man nur mit ihr verwandten Mitteln näherkommen kann.

Montage, Raum, „Wirklichkeit"

Es ist kaum nötig, an *L'arrivée d'un train en gare* (1895) der Brüder Lumière zu erinnern, um die ursprüngliche Verbindung zwischen Kinematograph und Eisenbahn hervorzuheben. Letztere gehört

---

[46] Ebd., S. 177 f.

auch zum entscheidenden Element in den Filmen, die für Kracauer die markantesten der Produktionen der Zeit bilden. In *Berlin – Die Symphonie einer Großstadt* (1927), der bekannten dokumentarischen Montage von Bildern aus vierundzwanzig Stunden des Alltagslebens in der deutschen Metropole, ist die Eisenbahn das Paradigma für die Bewegung als solche. Ganz am Anfang des Films geht man – nach Zwischenschaltung einer Sequenz abstrakter bewegter Muster – von der Einstellung einer ruhigen Wasseroberfläche über zu dem Bild eines Morgenzuges, der auf die Metropole zufährt. Dieser Zug stellt so etwas wie das Prinzip dar, das die Stadt in Bewegung versetzen wird. In einem ersten Versuch dieser Art in Deutschland, *Die Abenteuer eines Zehnmarkscheins* (1926), einer Reihe von Episoden, die im Prinzip nur durch das zufällige Zirkulieren eines Geldscheins miteinander verbunden waren, forderte die Produktionsfirma den Drehbuchautor Béla Balázs auf, den „Querschnittcharakter" des Films durch eine klassische Liebesgeschichte zu konterkarieren. In *Berlin* dagegen wurde das neue Prinzip bis zum Ende durchgehalten, und die Verbindung zwischen den Sequenzen lief ausschließlich über das Straßenleben.[47]

An der Strenge seiner Kritik läßt sich die Hoffnung ermessen, die Kracauer in diesen Film gesetzt hatte. Trotz bemerkenswerter Aufnahmen und einzigartigen fotografischen Materials war *Berlin* eine große Enttäuschung für den Rezensenten, denn – so seine Hauptkritik – der Film vermag nur eine ganz abstrakte Idee vom Lebensrhythmus der Großstadt zu vermitteln. Die von Ruttmann ausgeführte Montage arbeitet tatsächlich mit rein formellen Analogien; er verknüpft die Sequenzen nach einem ihrem Material äußerlichen Prinzip. Die Idee einer Symphonie aus Bewegungen sei eine „literarische" Vorstellung, die noch verstärkt wird durch die rhythmische Vorherrschaft der Musik Meisels, welche jede Deutung der einzelnen ungestellten Szenen verhindert.[48] So wird in einem Genre, das

---

[47] Vgl. „Abenteuer eines Zehnmarkscheins", in: *Frankfurter Zeitung*, 5.12.1926, Stadtblatt (nicht wiedergedruckt); und: *Von Caligari zu Hitler* (zuerst engl. 1947), in: *Schriften 2*, S. 192.

[48] Vgl. „Wir schaffens" (*FZ* 17.11.1927), in: *Schriften 2*, S. 404 f.

geradezu danach verlangen würde, die Macht des rein visuellen Dokuments letztlich unterschätzt, sogar unterdrückt. Nach Kracauer gelingt es dem Film *Berlin* nicht einen einzigen Augenblick, das Leben der Metropole selbst zu symbolisieren. Entgegen seiner eigenen Absicht spreche er schließlich als ästhetisches Produkt gegen all jene, „die behaupten, daß die Montage das einzige organisierende Zentrum im Film sein muß".[49] Seinem Formalismus mangele es an jeder sozialen Substanz.

Was Ruttmann verfehlte, hat Kracauer zum großen Teil bei Dsiga Vertow eingelöst gefunden. Denn in *Der Mann mit der Kamera* (1929) stellen die Züge, die Tramways und die Omnibusse, der Verkehr insgesamt kein abstraktes Bewegungsprinzip dar. Die erste Szene, in der „der Mann mit der Kamera" erscheint, zeigt ihn bei Tagesanbruch hinausfahren, um den ersten Morgenzug zu filmen. Das Bild ist mit dem einer schlafenden Frau zusammengeschnitten. Der „Operateur", der damit beschäftigt ist, seinen Kurbelkasten zwischen den Gleisen einzubauen, um den Zug von unten aufnehmen zu können, stolpert genau in dem Moment, in dem sich der Zug nähert. Die Frau wacht plötzlich auf. Traum oder Wirklichkeit? Handelt es sich hier um das „subjektive" Erwachen aus einem Alptraum – dem erschreckenden Bild der Gefahr, in der sich der Kameramann befindet – oder aber um das „objektive" Aufwachen einer Schlafenden, die der reale Lärm eines in der Nähe vorbeifahrenden Zuges weckt? Vertow gibt dem Zuschauer keine Antwort. Gerade in dieser Art Zweideutigkeit mochte Kracauer den Grund dafür gesehen haben, weshalb das In-Gang-Setzen der Maschinen das Aufwachen der Großstadt sinnhaft vermitteln kann.[50] Sehr viel stärker als Ruttmann nimmt Vertow tatsächliche „Raumschnitte" zu einer bestimmten Zeit vor: „Zähne werden geputzt und Läden in die Höhe gezogen. Trambahnen und Fuhrwerke kündigen den Tag an ... Pleuelstangen, Straßenvolk, die Wehen einer Gebärenden ..."

---

[49] „Der heutige Film und das Publikum" (*FZ* 1.12.1928), unter dem Titel „Film 1928", in: *Ornament* ..., S. 308, hier stützt sich Kracauer in seiner Kritik auf Pudovkin; vgl. ferner: *Von Caligari zu Hitler* ..., S. 192 ff.

[50] „Der Mann mit dem Kinoapparat" (*FZ* 19.05.1929), in: *Kino* ..., S. 89.

Vertow liefert in den Szenen des Übergangs von der Nacht zum Tag, so Kracauer, „das Geheimnis jener seltsamen Stunde, in der sich das Verhältnis von Leben und Tod umkehrt".[51] Er läßt den Zuschauer in einer neuen, bisher unbewußten Wirklichkeit erwachen: im *kollektiven* Dasein des Großstadtlebens. Hinzu kommt, daß die Nähe seiner Assoziationen zu denen des Traums seinem Dokumentarfilm einen stark lyrischen Charakter verleiht.

Den anderen grundsätzlichen Unterschied zu Ruttmanns Film macht die Tatsache aus, daß der Kameramann selbst auf der Leinwand zu sehen ist. Während Karl Freund und seine Mitarbeiter in Berlin mit versteckter Kamera gedreht hatten, inszeniert Vertow den Operateur mit seiner Kamera und stellt somit das Aufnehmen der Wirklichkeit ins Zentrum des Films selber. Die mehrfach wiederholte Abfolge der Einstellung, in der man den Kameramann eine Szene kurbeln sieht, und der von ihm gedrehten Szene zeigt am deutlichsten, wie weit Vertow die neutrale Sachlichkeit Ruttmanns überschreitet. Was bei dem russischen Regisseur schon skizziert wird, ist die Idee einer grundlegenden Interaktion zwischen der Kamera und der gefilmten Realität.[52]

Gewiß ist der Kontrast zwischen den beiden Filmen auch auf den unterschiedlichen politischen Kontext zurückzuführen: Das postrevolutionäre Leben in der Sowjetunion war kaum mit der Stabilisierungszeit im Deutschland der Weimarer Republik zu vergleichen. In diesem Sinn wird Kracauer in einem späteren Urteil die Radikalität der ästhetischen Opposition zwischen dem Film Vertows und dem des deutschen Regisseurs abschwächen. Zwar gehen beide von einer ähnlichen Form aus; aber während Ruttmann bewußt jedem Sinn ausweicht, unterwirft sich Vertow zum Teil der Tendenz des sowjetischen Films, den Bildern einen Sinn aufzuzwingen.[53] Jedoch gibt es bei ihm auch Momente, in denen lose Bruchstücke von Wirklichkeit, die den Alltag des Kollektivs und des einzelnen zugleich berühren,

---

[51] Ebd., S. 90.

[52] Ebd., S. 89.

[53] Vgl. *Von Caligari zu Hitler* ..., S. 197.

zwanglos aufeinanderfolgen. Solche Fragmente evozieren für Kracauer einen diffusen, *unbestimmten* Sinn, der – entgegen den politischen Absichten Vertows – die Substanz des Films erkennen läßt.[54]

Auch in *Die Liebe der Jeanne Ney* (1927) von Georg W. Pabst kommt der Eisenbahn eine entscheidende Rolle zu: die des *deus ex machina*. Indem sie die Notbremse zieht, gelingt es der Heldin, den Annäherungsversuchen des Gauners Khalibiev zu entkommen. Durch das Anhalten des Zuges – das Pabst mit Hilfe der bald klassischen Einstellung auf die stillgestellten Lokomotivräder zeigt – wird das Spiel des Gauners ans Licht gebracht und die Unschuld Jeannes und ihres Geliebten bewiesen. Kracauer hat dieses Happy End, das in dem dem Drehbuch zugrundeliegenden Roman Ilja Ehrenburgs nicht existiert, den zahlreichen Zugeständnissen zugerechnet, die Pabst der UFA machen mußte.[55] Aber trotz seiner Tendenz zum Melodram macht dieser Film für den Kritiker einen wichtigen Schritt in Richtung auf einen neuen „Realismus".

Kracauer lobt den dokumentarischen Charakter der Bilder wie die Gewaltszenen russischer Soldaten oder die Außenaufnahme von Paris. Wichtiger aber ist, daß mit diesem Film eine neue Funktion der Montage erscheint. Pabst imitiert nicht einfach die russischen Filmemacher, bei denen – wie bei Eisenstein – diese Technik eine vor allem organisatorische Funktion zwischen einzelnen Szenen ohne jede Eigenständigkeit hat. In Pabsts Technik herrscht vielmehr eine grundsätzliche Kontinuität zwischen der Bewegung innerhalb der Bilder, der Kamerabewegung und der Montage selbst: „Jeder Schnitt ist aus einer Bewegung gemacht. Am Ende einer Einstellung bewegt sich jemand und am Anfang der folgenden wird die Bewegung fortgeführt. Das Auge ist so damit beschäftigt, diese Bewegungen zu verfolgen, daß es die Schnitte nicht wahrnimmt."[56] Bewegung und Montage bil-

---

[54] „Der Mann mit dem Kinoapparat", a.a.O., S. 91 f.

[55] Vgl. „Ilja Ehrenburg. Zu seinem Roman Die Liebe der Jeanne Ney" (*FZ* 13.03.1927), in: *Schriften* 5.2, S. 36 ff.; und: *Von Caligari zu Hitler*..., S. 183 (den Film von Pabst hat Kracauer für die *FZ* nicht rezensiert).

[56] Zitiert von K. MacPherson: „Die Liebe der Jeanne Ney" (*Close Up*, Dec. 1927, S. 21), in: *Von Caligari zu Hitler*..., S. 187.

den hier ein komplementäres Ganzes mit dem Ziel, die Vorstellung der Kontinuität physischer Wirklichkeit zu vermitteln. So bringt Pabst eine zweite Funktion der Montagetechnik zutage, die sich von der des rein visuellen Schocks unterscheidet, nämlich die Erkundung des Raumes in seiner ihm eigenen Tiefe. Pabst liefert dem Zuschauer ein Reihe von Blickmöglichkeiten, und seine „Sachlichkeit" besteht darin, diese verschiedenen Standpunkte nebeneinanderzustellen, ohne für einen Partei zu ergreifen. Als einen der ganz wenigen deutschen Regisseure hat der Filmkritiker Kracauer Pabst wegen seiner Tendenz zum dokumentarischen Realismus verteidigt – insbesondere für die Filme *Westfront 1918* (1930) und *Kameradschaft* (1931), deren reportageähnlicher Charakter von einem bemerkenswerten „Wirklichkeitssinn" zeugt.[57]

Kritik als ästhetische Soziologie

In Kracauers Hinterlassenschaft gibt es mehrere Karteikasten voll tausender winziger Zettel. Es sind die Zettel, auf welche er seine Filmnotizen niederschrieb. Ihre Zahl ist schwindelerregend. Zwischen 1924 und 1933 hat er in der *Frankfurter Zeitung* mehr als siebenhundert Filmkritiken veröffentlicht. Von ihrem Umfang, Veröffentlichungsrhythmus und ihrer Qualität her läßt sich diese Arbeit nur mit der Béla Balázs' – einem der zeitgenössischen Gründer des Genre „Filmkritik" – in der Wiener Tageszeitung *Der Tag* oder mit der späteren von André Bazin vergleichen.[58] Als Verantwortlicher des Filmressorts der *Frankfurter Zeitung* mußte Kracauer am Ende der zwanziger Jahre beinahe sämtliche auf dem deutschen Markt vertriebene Produktionen sehen. Dieser berufsbedingte Zwang hat in der Folge einen methodologischen Charakter

---

[57] Vgl. „Westfront 1918"(*FZ* 27.05.1930), in: *Schriften 2*, S. 430 ff.; und: „Grenze 1919. Zum Film Kameradschaft" (*FZ* 21.11.1931), ebd., S. 512 ff.

[58] Vgl. B. Balázs, Kritiken und Aufsätze 1922 bis 1926, insb. „Kinokritik" (1922), in: *Schriften zum Film*, 1. Bd, Berlin – München – Budapest 1982, S. 149 ff; sowie: A. Bazin, *Qu'est-ce que le cinéma?*, 4 Bde., Paris 1958-1964, dessen Kinokritik der Kracauers als sehr verwandt erscheint.

angenommen. Denn die Aufgabe des Kritikers bestand für ihn nicht darin, eine „ästhetische" Auswahl der Filme zu treffen, die den Namen „wahre Kunst" verdienen. Vielmehr handelte es sich darum, die Produktion in ihrer ganzen Spannbreite zur Kenntnis zu nehmen, um die gesellschaftliche Funktion des Kinos insgesamt zu analysieren. In diesem Sinn ist der mittelmäßige „Erfolgsfilm" für den Kritiker ebenso interessant wie das Meisterwerk. In *Über die Aufgabe des Filmkritikers* (1932) – verfaßt nach acht Jahren systematischer Tätigkeit in dieser Eigenschaft – verlangt Kracauer vom Kritiker, daß er zugleich einen Soziologenblick entwickelt.[59] Ausgehend von der Masse der Durchschnittsproduktionen sei es seine Aufgabe, die unbewußten Wünsche der Gesellschaft zu entziffern, die das Kino fiktional erfüllt. Eine solche Idee der Kritik bedeutet einen Bruch mit jeder klassischen Kunstphilosophie, indem sie in der Massenrezeption vor allem einen sozialen Konsumakt sieht, der das moderne Publikum von dem der Kunstkenner oder -sammler der vorangegangenen Jahrhunderte grundsätzlich unterscheidet. In diesem Sinne bedingt das Aufkommen der neuen industriellen Medien eine Kritikertätigkeit, die die Dekonstruktion der traditionellen Werkästhetik entsprechend zu ihrem Endpunkt führen muß.

Aus diesem Grund hat sich Kracauer Anfang der dreißiger Jahre nicht an der verbreiteten Nostalgie um den Stummfilm beteiligt. Hier ist nichts überzeugender als seine außerordentliche Aufmerksamkeit für die ersten Schritte des Tonfilms. Denn für ihn entscheidet das Publikum über die ästhetische Legitimität eines Genres, und die Reflexion des Kritikers muß sich darauf beschränken, die spezifischen Eigenschaften und Möglichkeiten des neuen Mediums darzulegen. Allein 1930, dem Jahr seiner massiven Markteinführung, widmet Kracauer mehr als ein Dutzend Artikel dem Tonfilm. Was seine Position von jeder formalen Ästhetik unterscheidet, erscheint hier noch radikaler als im Bereich des Stummfilms. „Das unbeabsichtigte Getöse der Straße zum Eingreifen in unsere Welt zu erlösen, ist dem neuen technischen Verfahren genauso vorbehalten",

---

[59] Vgl. „Über die Aufgabe des Filmkritikers" (FZ 23.05.1932), in: *Kino* ..., S. 9 ff.

schreibt er anläßlich einer der ersten Tonfilmvorführungen, „wie es der seitherigen Filmtechnik vorbehalten gewesen war, das Leben der Lichter und Schatten unserem Bewußtsein zugänglich zu machen."[60] Die zentrale Aufgabe des neuen Mediums bleibt in seinen Augen, von nun an unter Anwendung der Tonspur, vor allem die Erforschung der nicht-intentionalen Dimension der menschlichen Wirklichkeit. Deshalb kritisiert Kracauer auch unablässig diejenigen, die im Ton die Chance einer Rückkehr des Films zum Theater sehen. Im Gegensatz dazu hört er nicht auf, vor der „Tyrannei des Wortes", die ihr Pendant in der gängigen Vernachlässigung der Reproduktion von *Geräuschen* findet, zu warnen. Daß das „unartikulierte Geschehen" für ihn bedeutsamer als die menschliche Stimme war, erklärt auch Kracauers relative Feindseligkeit gegenüber dem damaligen Rundfunk.[61]

Auch die Wochenschau bleibt in einer bloßen Ereignisrhetorik verhaftet, die das kritische Potential des filmischen Dokuments fürchtet.[62] Das Ergebnis dieser neuen Bildrhetorik, die sich vor allem von Katastrophen nährt, kommt einer Mythologisierung des sozialen Lebens gleich: Nichts ist dem Genre fremder als die freie Erkundung der hör- und sichtbaren Wirklichkeit. Gewiß schwimmt Kracauer mit seiner Forderung nach „Realismus" zuerst gegen den Strom der Entwicklung des Tonfilms in den dreißiger Jahren. Er konnte jedoch ab 1932 einen Regisseur wie Jean Renoir, der seine Erwartungen zu bestätigen schien, mit entsprechender Begeisterung entdecken und würdigen. Ebenfalls in dieser Zeit meldeten sich die ersten Pioniere des Dokumentarfilms, auf deren ethnographische Tonfilmversuche Kracauer die Aufmerksamkeit zu lenken versucht hat.[63]

---

[60] „Tonbildfilm" (*FZ* 12.10.1928), in: *Schriften 2*, S. 410 f.

[61] Vgl. u.a. „Achtung, Achtung – Paris!" (*FZ* 9.10.1929), in: *Schriften 5.2*, S. 152 ff.; und „Literatur und Rundfunk" (*FZ* 7.08.1931), ebd. 357 ff.

[62] Vgl. „Die Filmwochenschau" (1931), in: *Kino ...*, S. 11 ff.

[63] Vgl. zu *La chienne* von J. Renoir: „Realistische Lösung" (*FZ* 16.09.1932), ebd., S. 152 ff.; ferner zur dokumentarischen Richtung: „Französische Tonfilm-Reportage", in: *Frankfurter Zeitung,* 4.7.1930 (nicht wiedergedruckt).

Was für die Filmkritik galt, setzte sich schnell als Aufgabe der Kritik im allgemeinen durch. Die Tendenz zur Analyse der Produktion in ihrer Gesamtheit findet sich auch im Bereich der Literaturkritik wieder. Sicherlich unterliegt diese, selbst bei Kracauer, in Auswahl und Urteil dem ästhetischen Kanon. Kafka und Julien Green sind die zwei Autoren jener Zeit, denen er besondere Achtung schenkt: In ihnen sieht Kracauer komplementäre Pole der modernen Literatur. – Wenn er auch keinen einzigen Artikel über ihn verfaßt, gehört aber Proust ebenso zu seinen wichtigsten literarischen Affinitäten. Darüber hinaus zeigt Kracauer ein anhaltendes Interesse für die russischen Autoren – insbesondere für Ehrenburg und Tretjakow, deren übersetzte Bücher er systematisch rezensiert.[64] Es ist jedoch nicht möglich, sich bei dem Feuilletonisten allein an dieser Art traditioneller Kritik zu orientieren. Denn so wäre die weitere bedeutsame Richtung seiner Kritikerarbeit nicht erfaßt: die Analyse des modernen Erfolgsbuchs.

Kracauer zeigte schon sehr früh Interesse für die „Trivial"-Literatur. Zwischen 1922 und 1925 hatte er einen langen philosophischen Traktat unter dem Titel *Der Detektiv-Roman* verfaßt (ohne ihn jedoch zu veröffentlichen), dessen Stil noch in weiten Teilen von Lukács' *Theorie des Romans* inspiriert war.[65] Vom Ende der zwanziger Jahre an wendet er sich den Bestsellerautoren zu und lenkt die Aufmerksamkeit auf die neuen literarischen Formen, die auf dem Buchmarkt entstehen: den Kriminal-, Kolportage- und Abenteuerroman, aber insbesondere die Biographie.[66] Vom großen

---

[64] Kracauer veröffentlicht zwischen 1925 und 1933 Rezensionen von *Der Prozeß, Amerika, Das Schloß* und von Kafkas nachgelassenen Schriften, ebenso wie von *Adrienne Mesurat, Léviathan* und *Epaves* von Green; ferner bespricht er auch *Michail Lykow* und *Die heiligsten Güter* von Ehrenburg sowie *Feld-Herren* und *Den Schi-Chua* von Tretjakow; über Kracauers Literaturkritik vgl. K. Witte, „Light Sorrow: Siegfried Kracauer as Literary Critic", in: *New German Critique*, 1991, Nr. 54, S. 77 ff.

[65] Vgl. *Der Detektiv-Roman*. Ein philosophischer Traktat, in: *Schriften 1*, der mit seinem „niederen" Stoff in gewisser Weise auch eine ironische Umkehrung der *Theorie des Romans* von Lukács darstellt.

[66] Vgl. u.a.: „Hamlet wird Detektiv" (*FZ* 28.03.1926), in: *Schriften 5.1*,

Bucherfolg sagt Kracauer, er sei lediglich „ein geglücktes soziologisches Experiment".[67] Denn in allen Bereichen der ästhetischen Massenproduktion verbindet sich für ihn die Aufgabe der Kritik mit der der soziologischen Ermittlung – umgekehrt könne die Soziologie auf dieses neue Gebiet nicht verzichten, will sie die schnellen gesellschaftlichen Umschichtungen erfassen. Zum Wort des Kritikers und entscheidenden Förderers der modernen Malerei, Julius Meier-Graefe, „Kunstgeschichte [werde] einmal Geschichte schlechtwegs werden",[68] korrespondiert die Konzeption Kracauers, nach welcher die Analyse der Massenkunst schließlich zur „sozialgeschichtlichen" Diagnose wird.

Die Fotografie

Vermutlich markiert der Akzent, den Kracauer Anfang der dreißiger Jahre – es ist seine Berliner Zeit – auf Kosten des „programmatischen" Essays auf die „literarische" Miniatur legt, einen Wendepunkt in der Entwicklung seiner Position gegenüber der Moderne. Begrifflich gesprochen bezeichnet diese Wandlung den deutlichen Übergang von einer ideologiekritischen Analyse der Phänomene zu einer Reflexion über die Umstrukturierung des Gesellschaftlichen durch die neuen Medien- und Kommunikationstechniken: Massenpublikation, Presse, Rundfunk, Fotografie, Film. Ist erstere noch stark „normativ" geprägt, tendiert diese schon zu einer „materialen Ästhetik". Bezeugt wird dieser Wandel am genauesten von seiner schrittweisen Annäherung an das fotografische Medium.

S. 350 ff.; „Neue Detektivromane" (*FZ* 24.04.1927), in: *Schriften 5.2*, S. 44 ff.; „Die Biographie als neubürgerliche Kunstform" (*FZ* 29.06.1930), in: *Ornament ...*, S. 75 ff.; „Über Erfolgsbücher und ihr Publikum" (*FZ* 27.06.1931), ebd., S. 64 ff.; „Richard Voß: Zwei Menschen" (*FZ* 1.03.1931), in: *Schriften 5.2*, S. 287 ff.

[67] „Über Erfolgsbücher und ihr Publikum", a.a.O., S. 67.

[68] J. Meier-Graefe, „Kunst-Schreiberei" (1927), in: ders., *Kunst-Schreiberei*, Leipzig – Weimar 1987, S. 198 f.; zur Wechselwirkung zwischen Materialästhetik und Soziologie vgl. ferner: N. Périvolaropoulou, „Cinéma, culture de masse et modernité: la vision kaléidoscopique de Siegfried Kracauer", in: *Soziographie*, 1994, Nr. 1/2, S. 197 ff.

Kracauers erster großer Essay zu diesem Thema war zunächst von einer scharfen Kritik am Gebrauch des fotografischen Porträts in der Presse motiviert. *Die Photographie* (1927) läßt sich als Variation auf jene Szene in Prousts *Recherche* lesen, in welcher der Erzähler nach langer Abwesenheit unangemeldet den Salon seiner Großmutter betritt und sie mit allen entfremdenden Merkmalen eines Fotoporträts wahrnimmt.[69] Hierin stimmt die Diagnose Kracauers mit der ambivalenten Reserviertheit überein, die die Position Prousts charakterisierte: Die Fotografie sei das schreckenerregende Zeichen für eine Menschheit, die dabei ist, jedes Gedächtnis, das noch an einer sprachlich vermittelten Tradition haftet, zu verlieren. Wie später auch bei Roland Barthes wird in diesem Essay das fotografische Medium eher in Opposition zum Film gedacht, welcher auf den utopischen Traum eines von den Naturzwängen befreiten Menschen verweise.[70]

Aber Kracauer ist nicht bei dieser ersten Position stehengeblieben. Der Hauptgegenstand seiner Kritik, das „kultische" Element der Fotografie – das Benjamin als „Aura" bezeichnen wird und das in der massenweisen fotografischen Reproduktion der Kinostars kulminiert –, entschwindet, wenn die Fotografie sich Gegenständen zuwendet, die ihrem spezifischen Material verwandt sind. *An der Grenze des Gestern* (1932): Dieser Titel einer Ausstellungsrezension symbolisiert genau die Funktion, die Kracauer dem fotografischen Medium zuschreibt. Unfähig, das ewige Leben der Diva vorzutäuschen, kann die Fotografie im Gegenteil den flüchtigen Charakter der Dinge, die zum Verschwinden verurteilt sind, offen-

---

[69] Dem fotografischen Porträt der gestorbenen Großmutter stellt Kracauer einerseits das „Gedächtnisbild" von ihr – das dem Proustschen „mémoire involontaire" sehr nahe kommt – andererseits das Foto der Filmdiva in der Zeitung gegenüber, vgl. „Die Photographie" (*FZ* 28.10.1927), in: *Ornament* ..., S. 21 ff.; und M. Proust: *Le côté de Guermantes*, in: *A la recherche* ..., a.a.O., Bd. 2, S. 130 f. (dt. Übers.: *Auf der Suche ... Die Welt der Germantes 1*, Frankfurt/M. 1980, S. 183 ff.) Vgl. dazu meinen Aufsatz: „Persée désarmé. Photographie et écriture, ou: Proust mythographe", *Futur Antérieur*, 1991, Nr. 5, S. 111 ff.

[70] „Die Photographie", a.a.O., S. 38.

legen. Über eines der berühmten von Niepce aufgenommenen Pariser Fenster schreibt der Kritiker: „Die Photographie ... wird keine lange Lebensdauer mehr haben. Schon zeigt das Bild Sprünge und Risse, schon droht die Gestalt wieder in die Monotonie des Grundes einzugehen, dem ihr Schöpfer sie abgelistet hat ... Noch ist die Erscheinung deutlich zu sehen, mit dem Fensterkreuz und der steinernen Brüstung – ein armseliges Fenster an irgendeinem Pariser Haus. Aber gerade die Richtigkeit dieses Sujets veranschaulicht das von den ersten Lichtbildern gemeinte. Sie waren zweifellos von der Mission erfüllt, das Zeitliche einer Welt zu segnen, die das Zeitliche segnet. Und die Rührung, die sich dem heutigen Betrachter beim Anblick des vergilbten Blattes bemächtigt, erklärt sich eben daraus, daß es zum Unterschied von den meisten modernen Photos das Vergängliche retten, nicht aber bis zum Überdruß verewigen will ..."[71] Der deutliche Kontrast zwischen „*retten*" und „*verewigen*", der sich zum ersten Mal in diesem Essay findet, bringt klar zum Ausdruck, wie sehr die Fotografie für Kracauer eine Ästhetik der Ruine ist. Der Bereich, wo jene ihr Wesen offenbart, ist das Vergängliche: „ihr Hauptfeld ist das versunkene Bekannte", notiert er noch in *Photographiertes Berlin* (1932).[72]

Jede Fotografie stellt eine fiktive Projektion dessen dar, was sie aufnimmt, in eine Zukunft, die immer schon Niedergang bedeutet. Indem sie sich auf der Schwelle des gerade Vergangenen aufhält, wird sie für Kracauer zum modernen Ausdruck der Melancholie. In diesem Sinne ist es nicht überraschend, daß der letzte schriftliche Eindruck, den er von Berlin gegeben hat, die charakteristischen Merkmale des Fotografischen besitzt. In seiner endgültigen Aufnahme des Metropolenlebens ließ Kracauer den Gang der Ereignisse zu einem lakonischen „Standbild" erstarren: dem des zerstörten Gebäudes des am 27. Februar 1933 in Brand gesetzten Reichstages. Die Szene ist am folgenden Tag beobachtet, wenige Stunden vor

---

[71] „An der Grenze des Gestern. Zur Berliner Film- und Photoschau", in: *Frankfurter Zeitung,* 12.7.1932 (nicht wiedergedruckt).

[72] Vgl. „Photographiertes Berlin" (*FZ* 15.12.1932), in: *Schriften 5.3,* S. 168 ff.

seiner Flucht nach Paris.[73] Der Artikel gehört zu den letzten, die er im Feuilleton der *Frankfurter Zeitung* veröffentlichen konnte.

*

Um die theoretische Distanz, die Kracauer im Laufe seiner langjährigen Arbeit als Kritiker in einer Tageszeitung zurückgelegt hat, zu ermessen, ist es nötig, sein späteres Werk, das sich zum großen Teil als Synthese dazu lesen läßt, in Betracht zu ziehen. Im Exil, zunächst in Paris, wo er seine „Gesellschaftsbiographie" *Jacques Offenbach und das Paris seiner Zeit* niederschrieb,[74] und dann ab 1941 in Amerika, haben sich seine Schreib- und Produktionsbedingungen auf drastische Weise geändert. Abgesehen von den enormen materiellen Schwierigkeiten markiert diese Veränderung einen wachsenden Verlust seines Aktualitätsbezuges, der zugunsten einer Wendung zum Geschichtlichen kompensiert wird. Im Zentrum seines Interesses bleiben jedoch die Formen der Unterhaltung, die historische Massenerfolge erringen konnten. So, wie er die Pariser Geschichte des Second Empire über das Aufblühen der Operette skizzierte, hat Kracauer die Grundzüge der Weimarer Republik durch das Prisma des in ihr erfolgreichen Kinos entworfen. Vor allem aus dem Weimarer Film schöpft er das Material für *From Caligari to Hitler* (1947), einem unter starkem finanziellen Druck geschriebenen Buch, das – obwohl nicht sein bestes – zu seinem einzigen berühmten wurde. Der „psychologischen Geschichte" verpflichtet, läßt sich das Werk sowohl als eine historische Abhandlung über den deutschen Film an sich lesen als auch über die Massenpsychologie, die in ihm gesellschaftlichen Ausdruck findet.[75]

---

[73] Vgl. „Rund um den Reichstag" (*FZ* 2.03.1933), in: *Schriften* 5.3, S. 211 ff.; es ist zu vermuten, daß dieser Aufsatz im Zug zwischen Berlin und Frankfurt auf dem Weg nach Paris geschrieben wurde.

[74] Vgl. *Jacques Offenbach und das Paris seiner Zeit* (1937), in: *Schriften*, Bd. 8, Frankfurt/M. 1976, ein Buch, das in vieler Hinsichten ein Parallelunternehmen zu W. Benjamins *Passagenwerk* darstellt.

[75] Vgl. *From Caligari to Hitler. A Psychological History of the German Film*, Princeton 1947 (dt. Übers. in: *Schriften* 2).

Theorie des Mediums

Konsequent ausformuliert wird die in der früheren Kritikertätigkeit schon angelegte materiale Ästhetik der kinofotografischen Medien jedoch erst in Kracauers *Theory of Film* (1960). Als zentraler Gegenstand dieses Werkes wird die Problematisierung der Singularität des neuen Mediums in ihrer ganzen Breite behandelt. Hier stehen sich Fotografie und Film nicht mehr direkt gegenüber. Das Buch wird mit einem Kapitel über die Fotografie eingeführt, und die Betonung liegt vielmehr auf der Kontinuität zwischen den beiden Medien, die auf demselben Materialträger beruhen. – Die Fotografie existiert als solche im Film: „subjektiv" im Standbild, „objektiv" in der Aufnahme einer unbeweglichen Natur. Bestimmend für das Grundprinzip der „fotografischen Einstellung" werden die Eigenschaften des Materials selbst. Die Gegenstände, die dem Medium als besonders verwandt erscheinen, sind Momente des Zufälligen, Produkte flüchtiger, unendlicher und unbestimmbarer – weil ungestellter – Natur; sie weisen diejenigen physischen Merkmale auf, die sehr genau durch den komplexen Apparat aus Rahmen, perspektivischer Optik und Empfindlichkeit des Filmmaterials wiedergegeben werden.[76]

Zwei Haupttendenzen lassen sich somit typisieren, je nachdem, ob in Richtung der fotografischen Einstellung hin gearbeitet wird oder man sich eher davon löst: eine „realistische" (*realistic*), die vor allem der Aufnahme roher Phänomene verpflichtet ist, und eine „formgebende" (*formative*) Tendenz, welche die Darbietung bedeutungsvoller Formen privilegiert. Ästhetisch gesehen stellt eine solche Polarität eigentlich nichts Neues in Kracauers Werk dar: denn schon seit Beginn der dreißiger Jahre, wie zum Beispiel in *Berliner Landschaft* (1931), war die Problematik dieser Gegenüberstellung vorhanden. „Vom Fenster aus gesehen", bemerkte Kracauer in diesem Essay, kann man zwei Arten städtischer Landschaften unterscheiden: jene,

---

[76] *Theory of Film* ..., S. 18 f.; die entsprechenden englischen Ausdrücke für diese Affinitäten sind: *unstaged, fortuitous, endlessness, indeterminate*, vgl. ebd., S. 60 ff.

die aus der bewußten gestalterischen Tätigkeit von Stadtplanern hervorgegangen sind, und jene, die im Gegenteil dazu nie Gegenstand eines besonderen Interesses waren und wie aus dem Zufall heraus entstanden. In ersteren kommt überall der menschliche Wille zum Ausdruck; letztere hingegen bilden bloß fragmentarische Stadtbilder, in welchen keine deutliche Absicht erkennbar ist.[77]

Eben dieses Kriterium dient in der Einleitung zur *Theory of Film* dazu, die zwei Grundtendenzen der Fotografie gegeneinander abzugrenzen: während die „realistische" Tendenz sich damit begnügt, die gegebene physische Wirklichkeit in ihrer Zufälligkeit aufzunehmen, sucht die „formgebende" Tendenz vorwiegend a priori existierende Formen oder inszeniert sie selbst. Und ebenso, wie sich für den Feuilletonisten der *Frankfurter Zeitung* die Erkenntnis der städtischen Wirklichkeit primär über die Erkundung und Entzifferung nicht-intentionaler Phänomene herstellte, steht in der *Theory of Film* das „Fixieren" der rohen, ungestellten, oft optisch unbewußten Wirklichkeit – bevorzugter Gegenstand der „realistischen" Tendenz – im Mittelpunkt der heuristischen Möglichkeiten des neuen Mediums.

Für Kracauer besteht also die wichtigste Eigenschaft des Fotografen – und das gleiche gilt für den Kameramann – vielmehr darin, die Formgebung aus dem Aufnahmeprozeß selbst zu entwickeln und nicht umgekehrt. „The photographer summons up his being, not to discharge it in autonomous creations but to dissolve it into the substances of his objects that close in on him": Die Fähigkeit zur Auflösung in die Objektwelt sei die eigentliche fotografische Begabung und nicht die Projektion seiner künstlerischen Intention auf das Außen.[78] Diese Qualität speist sich eigentlich aus der Emp-

---

[77] Vgl. „Berliner Landschaft" (*FZ* 8.11.1931), mit dem Titel: „Aus dem Fenster gesehen", in: *Straßen* ..., S. 51 ff., wo Kracauer vom „ungestellten Berlin" spricht.

[78] *Theory of Film* ..., S. 16 (dt. Übers., S. 42). Diese Idee wurde schon sehr viel früher skizziert in: „Anmerkung über Porträt-Photographie" (*FZ* 1.02.1933), in: *Schriften 5.3*, S. 196 f.: „[Der Maler] kann kraft seiner aktiven Eingriffe das Urbild, das er vor Augen hat, wirklich objektivieren; die Kamera dagegen, die nur passives Aufnahmeorgan ist, müßte sich in ihm zuletzt verlieren."

fänglichkeit des Fremden gegenüber einer Welt, die ihm unbekannt ist. Denn der Vorrang der Empfindlichkeit des fotografischen Materials vor dem Willen zur Kunst erlaubt es nach Kracauer, etwas wesentlich anderes von ganz ambivalentem Charakter zu erfassen. Die Aufmerksamkeit für das Fehlen jeder eindeutigen Bedeutung, für diesen Berührungspunkt zwischen menschlicher Wahrnehmung und äußerer Wirklichkeit, die Kracauer „psychophysische Entsprechung" nennt, beruht auf einer Affinitätslehre.[79] Die durch das fotografische Medium ans Licht gebrachte diffuse Verwandtschaft zwischen menschlichem Dasein und physischer Realität verhält sich gewissermaßen symmetrisch und entgegengesetzt zu dem, was den Mensch als sprechendes Wesen ausmacht.[80] Die „reine Sichtbarkeit", die sich hier als flüchtig, der Willkür der Phänomene unterworfen, mehrdeutig, sowie als Teil des endlosen Raums enthüllt, ist wie die Kehrseite der sprachlichen Welt: als einem dauerhaften, geregelten, eindeutigen und begrenzten Zeichensystem. Ein Simulakrum des Realen sei das fotografische Bild, und mittels ihm scheint der Mensch – für einen Augenblick lang – die Natur unter Ausschaltung seiner symbolischen Ordnung sehen zu können.[81]

Die Hauptthese des Spätwerks, nach welcher es die Bestimmung der kino-fotografischen Medien sei, die physische Wirklichkeit zu

---

[79] „Psychophysical correspondences", vgl. *Theory of Film* ..., S. 68 f.

[80] Eine ähnliche Entwicklung läßt sich bei Roland Barthes feststellen, der in seinem letzten Buch die frühere semiologische Definition der Fotografie zurücknimmt, die genaue Gegenposition einnimmt und verneint, die Fotografie sei *Thesis* und nicht *Physis*: vgl. *La chambre claire*, Paris 1980, insb. S. 138; der zweite Teil dieses Buches stellt ebenso wie Kracauers *Theory of Film* eine Auseinandersetzung mit der Proustschen Position dar; zum Vergleich zwischen beiden siehe auch: H. Schlüpmann: „Stellung zur Massenkultur. Barthes' Bemerkungen zur Photographie mit Kracauer gelesen", in: S. Weigel (Hg.), *Flaschenpost und Postkarte*, Köln – Weimar – Wien 1995, S. 157 ff.

[81] Vgl. dazu: H. Lethen: „Sichtbarkeit. Kracauers Liebeslehre", in: M. Kessler, T.Y. Levin (Hg.), *Siegfried Kracauer. Neue Interpretationen*, Tübingen 1990, S. 195 ff.; sowie: H. Schlüpmann., „The Subject of Survival. On Kracauers *Theory of Film*", in: *New German Critique*, 1991, Nr. 54, S. 111 ff.

„retten", ist tatsächlich schon fast dreißig Jahre zuvor in der Bemerkung über das Fenster von Niepce skizziert. Auch hier versteht sich das „Retten" der *physis* in Absetzung zum „Verewigen". In diesem Sinne hat sich Kracauer bemüht, die mögliche theologische Deutung des Untertitels von *Theory of Film: The Redemption of Physical Reality* in der deutschen Übersetzung zu entschärfen. *Die Errettung der äußeren Wirklichkeit* – so der übersetzte Untertitel – sollte deutlich machen, daß es sich hier nicht um eine verkappte Erlösungstheorie handelt. So wird in dem Buch „äußere Wirklichkeit" ausdrücklich und wiederholt mit „physischer" oder „materieller Realität" umgeschrieben – *physical existence, material reality* sind die entsprechenden englischen Bezeichnungen – insofern, als sie *unabhängig* vom Menschen ist.[82] Mit diesem emphatischen Begriff der „physical reality" rekurriert Kracauer im übrigen auf den Essay Erwin Panofskys, *Style and Medium in the Motion Picture*, in dem der Film zur ersten genuin materialistischen Darstellungsform in der Geschichte der Künste erklärt worden war: „It is the movies and only the movies, [hatte der Kunsthistoriker geschrieben,] that do justice to the materialistic interpretation of the universe which, whether we like it or not, pervades contemporary civilization ... The movies organize material things and persons, not a neutral medium, into a composition that receive a style, and may even become fantastic or pretervoluntarily symbolic, nor so much by an interpretation in the artist's mind as by the actual manipulation of physical objects and recording machinery. The medium of the movies is physical reality as such ..."[83] Sofern man beim späten Kracauer im Vergleich zu

---

[82] Vgl. *Theorie des Films. Die Errettung der äußeren Wirklichkeit* (1964), *Schriften 3*, dessen Übersetzung von Kracauer selbst durchgesehen worden ist; zur Bedeutung von „*physical reality*" vgl. *Theory of Film ...*, S. 28: „material reality", „physical existence", „actuality", „nature", „camera-reality" (vgl. die Übersetzung auf S. 55: „materielle Realität", „physische Existenz", „Wirklichkeit", „Natur", „Kamera-Realität").

[83] E. Panofsky, „Style and Medium in the Motion Pictures" zuerst in: *Critique*, 1947, Nr. 3, wieder in: *Three Essays on Style*, Cambridge (Mass.) – London 1995, S. 121 f.; vgl. auch ebd.: „The processes of all the earlier representational arts conform, in a higher or lesser degree, to an idealistic conception of the world. These arts operate from top

den zwanziger Jahren einen Positionswandel gegenüber den neuen Medien feststellen kann, liegt dieser doch weniger in der Analyse als im Urteil begründet. Denn schon 1927, in seinem ersten Essay zur Fotografie, hatte Kracauer bemerkt, daß „zum ersten Mal sich durch sie die Totenwelt in ihrer Unabhängigkeit vom Menschen [vergegenwärtigt]".[84] Aber dort war die „Desanthropomorphisierung" des Gedächtnisses durch die fotografischen Bilder Ausgangspunkt der Gefahr einer geschichtlichen Amnesie, die im Massengebrauch dieses Mediums angelegt war. Die Theorie des Spätwerks verwandelt die Ambivalenz seiner frühen Position in eine ausdrückliche *Positivität*. Die durch die neuen medialen Techniken ermöglichte Ent- und Verfremdung der alltäglichen Wahrnehmung wird in der *Theory of Film* zur Grundlage einer paradoxen befreienden „Therapeutik" der Sichtbarkeit, die von jeder geschichtlichen Teleologie Abschied genommen hat. Es handelt sich hier nicht mehr um die quasi gnostische Vorstellung einer zu überwindenden Natur, die der Mensch durch rationale Beherrschung „erlösen" könnte, sondern lediglich um den Anblick einer vergänglichen, vom Menschen gezwungenen Natur, deren Unterworfensein sich seinem Bewußtsein immer mehr entzieht.

In einer Variation über den griechischen Mythos von Perseus, dem Bezwinger der Medusa, faßt Kracauer am Ende der *Theory* die Vorstellung einer verdeckten Gewaltsamkeit, die der Mensch über die Natur und folglich über sich selbst ausübe, zusammen. Indem das kinofotografische Medium der Gewalt und den Greueln, die der Mensch nicht erfahren könnte, ohne Schaden zu nehmen, einen „mit Gedächtnis begabten Spiegel" vorhält, sei jenes wohl mit dem blanken Schild der Athene zu vergleichen. Nach dem Mythos konn-

---

to bottom, so to speak, and not from bottom to top; they start with an idea to be projected into shapeless matter and not with the objects that constitute the physical world ..." Der Ausdruck *From bottom to top* wird sogar zur Überschrift im letzten Kapitel der *Theory of Film*; zur geistigen Beziehung zwischen Kracauer und Panofsky vgl. ferner: *S. Kracauer – E. Panofsky, Briefwechsel* (Hg. V. Breideker), Berlin 1996, insb. S. 5, 54 und 63.

[84] „Die Photographie", a.a.O., S. 38.

te Perseus dank des ihm von der Göttin gereichten Spiegelschildes den versteinernden Blick der Medusa aushalten und sie enthaupten. Im Unterschied jedoch zum mythischen blanken Schild wäre die kinofotografische Reproduktion kein Mittel zum Zweck mehr – nämlich die Gorgone zu töten – sondern „Selbstzweck".[85] Gewiß hat Kracauer hier vor allem die Schreckensbilder der Massenvernichtung, die die Filmdokumente über die Öffnung der nationalsozialistischen Konzentrationslager enthüllten, im Blick. Zwar ist kein Sinn in irgendeiner Weise vor den aufgedeckten Leichenbergen erkennbar aber: „In experiencing the litter of tortured human bodies in the films made of the Nazis concentration camps, we redeem horror from its invisibility behind the veils of panic and imagination. And the experience is liberating in as much as it removes a most powerful taboo."[86] Überschreitet das Bildmedium offensichtlich das Tabu der Unsichtbarkeit, der Verdrängung von tatsächlicher Gewalt, so besitzt es jedoch in keiner Weise die Macht, die Ursachen des Grauens zu tilgen. Anders als der griechische Perseus verfügt der Kameramann nicht über die tödliche Waffe – die von Hermes überreichte *harpê* –, die es dem Helden ermöglichte, die Gorgone endgültig zu besiegen.[87] Dafür erlaubt es der Anblick des Grauens, zugleich die Furcht, die dessen fotografische Wiedergabe hervorruft, unwillkürlich zu überwinden. Wenn es also um „befrei-

---

[85] Vgl. *Theory of Film* ..., S. 305 f. (Übers., S. 395 f.).

[86] Ebd. S. 306 (Übers., S. 396); bemerkenswert bleibt die Tatsache, daß Kracauer an dieser Stelle ausschließlich *Le sang des bêtes* (1950) von Georges Franju zitiert, einem „lyrischen" Dokumentarfilm über Pariser Schlachthäuser, der die Gewalt gegenüber den Tieren unverhüllt zeigt – so erscheint hier dieser Film stellvertretend für den Holocaust; in dem früher im Buch (S. 92) erwähnten *Ostatni Etap* (Wanda Jakubowska, 1947-48), einer der ersten filmischen Darstellungen des Alltags in Auschwitz, wird ausschließlich der Krematorienrauch gezeigt aber keine Leichenberge – auch die Folterszenen bleiben für den Zuschauer unsichtbar.

[87] Vgl. insbesondere: Ovid, *Metamorphosen*, Buch V, V. 69 und 176; Kracauer stützt sich zwar in seiner Lektüre des Perseus-Mythos auf R. Ranke-Graves: *The Greek Myths*, Baltimore 1955, schlägt aber hier eine eigenständige Interpretation vor.

en" geht, dann ausschließlich um eine Befreiung vom Greuel, insofern es unerkannt, *unsichtbar* bleibt, und keinesfalls im Sinne einer Erlösung des Menschen in der Geschichte. Im Angesicht des Grauens und der Folgen von Gewaltherrschaft zu stehen, heißt sie potentiell überstehen zu können: darin liegt die besondere Befähigung der kinofotografischen Medien.

Kracauer findet also im Film ein Massenmedium, das es zuläßt, auf der Ebene des gesellschaftlich Imaginären – das heißt auf einer Grundlage, die nicht „moralischer", sondern „ästhetischer" Natur ist – die geschichtliche Irrationalität zu reflektieren. Hier liegt der Grund, weshalb die Massenvernichtungsszenen, das heißt eine Gewalt, die mit der Moderne bis dahin unbekannte Dimensionen angenommen hat, wiederkehrender Gegenstand seiner Filmkritik – von *Westfront 1918* bis zu den ersten filmischen Thematisierungen der Vernichtungslager wie *Ostatni Etap* – sind und in der späten Theorie paradigmatisch für das Medium selbst werden. War seine frühe Annäherung ans fotografische Medium schon eine Ästhetik der Ruine, so ist die späte Filmtheorie Kracauers eindeutig eine der Ausfallerscheinungen, der Trümmerhaufen und des Abfalls.

„Exterritorialität"

In der Tat bildet die entscheidende Erfahrung, die dem Umschlag von Kracauers ambivalenter Beurteilung des fotografischen Materials in eine definitive Befürwortung zugrunde liegt, die radikale Auslöschung der Juden durch die Nazis. Kracauer, der selbst bedroht war und 1933 überstürzt nach Paris geflohen war, hatte seine Mutter und seine Tante in Deutschland zurücklassen müssen. Später war es ihm – abgesehen von einem kurzen Treffen 1936 in Italien – nicht mehr möglich, sie wiederzusehen. Seine Bemühungen, ihre Auswanderung zu ermöglichen, schlugen fehl. 1942 wurden sie nach Theresienstadt deportiert, wo sie als Opfer der „Endlösung" starben.

Die Niederschrift der *Theory of Film* scheint bei Kracauer unter anderem dem Versuch zu entsprechen, eine ihm bis dahin nicht mögliche Trauerarbeit zu leisten. Erst die Fähigkeit des Filmmediums, dem totalitären Grauen – der entscheidenden Erfahrung seiner Generation – entgegenzublicken, schien ein Einsetzen der Trauer zu gewähren. In der Erkenntnis dieser Möglichkeit liegt vermutlich die Pointe, die den Bruch mit jeder Geschichtsphilosophie, selbst der negativen Theodor W. Adornos, motiviert. An diesem Punkt hebt der wesentliche Unterschied der Kracauerschen Position zur „Kritischen Theorie" der Nachkriegszeit an. Verglichen mit der *Theorie des Films* klingt das Kapitel über die Manipulation der Massen durch die „Kulturindustrie" in der *Dialektik der Aufklärung* – trotz der Prägnanz einzelner Bemerkungen – wie das Echo einer apokalyptischen Klage über die unwiderrufliche Sündhaftigkeit der Welt.[88] Die Unmöglichkeit, sich ein Bild von Auschwitz zu machen, das grundsätzliche Bildverbot, an dem Adorno als Erkenntnisimperativ weiterhin festhält, bildet genau das Prinzip, das Kracauer bewußt überschreitet. In der *Negativen Dialektik* wird die theologische Bilderstürmerei des Philosophen sogar eine eindeutige gnostische Färbung annehmen: „Was ans Bild sich klammert, [schreibt Adorno,] bleibt mythisch befangen, Götzendienst ... In Gestalt der Registriermaschine, der Denken sich gleichmachen und zu deren Ruhm es am liebsten sich ausschalten möchte, erklärt Bewußtsein den Bankrott vor einer Realität, die auf der gegenwärtigen Stufe nicht anschaulich gegeben ist sondern funktional, abstrakt in sich ... Die materialistische Sehnsucht, die Sache zu begreifen, will das Gegenteil: nur bilderlos wäre das volle Objekt zu denken. Solche Bilderlosigkeit konvergiert mit dem theologischen Bilderverbot. Der Materialismus säkularisierte es, indem er nicht gestattete, die Utopie positiv auszumalen; das ist der Gehalt seiner Negativität. Mit der Theologie kommt er dort überein, wo er am materialistischsten ist. Seine Sehnsucht wäre die Auferstehung des Fleisches ..."[89] Einer solchen Position hatte Kracauer mit der dem Film innewohnenden Möglichkeit gewissermaßen ein entzaubertes Äquivalent der anti-

---

[88] Vgl. Th.W. Adorno, M. Horkheimer, *Dialektik der Aufklärung*, a.a.O., S. 128 ff.

[89] Th.W. Adorno, *Negative Dialektik*, Frankfurt/M. 1973, S. 205 ff.; zu den gnostischen Motiven in der Kritischen Theorie vgl. N. Bolz, „Erlösung als ob", in: J. Taubes (Hg.), *Gnosis und Politik*, München 1984, S. 264 ff.

ken rituellen Technik des *kolossos* als eines Leichenersatzes entgegengesetzt, jenes Ritual, in dem der Schatten der Toten sich als endgültig dem jenseitigen Reich zugehörig zu erkennen gibt.⁹⁰ Daß das Grauen, dem die Opfer der Geschichte unterworfen waren, sichtbar gemacht werden kann und muß, ist für Kracauer in keiner theologischen Anschauung begründet, sondern einzig im „mimetisch-kathartischen" Potential des neuen Mediums. In seiner Filmtheorie wird die ethische Reflexion restlos unter der „ästhetischen" subsumiert. Hierin liegt die „Positivitätssünde", deren Bedeutung sein Jugendfreund Adorno, dem das Primat des Optischen als denkfeindlich galt, immer wieder verkennen wird.⁹¹ Innerhalb der Grup-

---

[90] Zur Technik des *kolossos* als Ersatz für die Leiche: vgl. J.P. Vernant, „Figuration de l'invisible et catégorie psychologique du double: le colossos", in: ders., *Mythe et pensée chez les Grecs*, Paris 1965, Bd. 2, S. 67 ff.: „Substitué au cadavre ... le *colossos* apparaît, en tant que double, comme associé à la *psuché* ... Il sert à attirer et à fixer un double qui se trouve dans des conditions anormales; il permet de rétablir entre le monde des morts et le monde des vivants des rapports corrects ... Sa fonction est tout à la fois de traduire dans une forme visible la puissance du mort et d'en effectuer l'insertion, conformément à l'ordre, dans l'univers des vivants. Le signe plastique n'est pas séparable du rite ... [Il] est ‚agi' par les hommes et lui même recèle une force active. Il a une vertu efficace."

[91] Vgl. Th.W. Adorno, „Der Wunderliche Realist. Über Siegfried Kracauer", in: ders., *Noten zur Literatur*, Frankfurt/M. 1981, insb. S. 392: „Seine Art Intellektualität hat ... viel vom nüchternen Sehen ... Sein Denken [war] eigentlich immer mehr Anschauung als Denken ..."; sowie S. 397: „Er hat in sich selbst etwas von der naiven Sehlust des Kinobesuchers; noch in den kleinen Ladenmädchen, die ihn belustigen, trifft er eine Stück seiner eigenen Reaktionsform."; schließlich S 408: „Die Fixierung an die Kindheit, als eine ans Spiel, hat bei ihm die Gestalt von einer an die Gutartigkeit der Dinge; vermutlich ist der Vorrang des Optischen bei ihm gar nicht das erste, sondern die Folge dieses Verhältnisses zur Dingwelt. Im Motivschatz seiner Gedanken dürfte man Aufbegehren wider die Verdinglichung vergebens suchen." Vgl. ferner und noch deutlicher den Brief Adornos an Horkheimer vom 30. Sept. 1964, in: M. Horkheimer, *Gesammelte Schriften*, Bd. 18: Briefwechsel 1949-1973, Frankfurt/M. 1996, S. 576: „die kleine Arbeit [Der wunderliche Realist] ... interessiert Dich vielleicht ein wenig. Jedenfalls bist Du der einzige, der sie verstehen kann. Sie ist recht hintersinnig; bezieht sich in dem, was über K. negativ gesagt ist,

pe von jüdischen Intellektuellen, die dem *Institut für Sozialforschung* verbunden waren, scheint Kracauer der einzige zu sein, der das Erkenntnispotential der vom ihm und Benjamin in den dreißiger Jahren skizzierten Medientheorie zu Ende denken konnte. Dazu war es zuerst notwendig, mit der für die Epoche typischen Tendenz zum Apokalyptischen und Katastrophischen radikal zu brechen.

Eine solche Fähigkeit ist bei Kracauer vermutlich an seine Bejahung des Exils geknüpft, an das, was er in bezug auf New York seine „Exterritorialität" genannt hat.[92] Der Preis indessen, den er für die Entscheidung, nach dem Krieg nicht nach Deutschland zurückzukehren, zahlen mußte, war wie bei vielen seiner Generation extrem hoch: Neben den beträchtlichen materiellen Schwierigkeiten und dem Verzicht auf jede berufliche Anerkennung zählt auch die Tatsache, ausschließlich in englischer Sprache schreiben zu müssen. Niemals wird er in dieser Sprache eine vergleichbare stilistische Form wiederfinden, wie er sie als außergewöhnlicher deutschsprachiger Essayist entwickelt hatte. Seine letzten englischen Schriften weisen eine viel traditionellere, manchmal bis zur Irritation redundante Art auf. Die abwartende Haltung seiner Jugendzeit mußte Kracauer vor dem Hintergrund eines dreifachen Exils schließlich dekonstruieren: Auszug aus dem eigenen Land, aus der Muttersprache, sowie aus der essayistischen Form. Die späte Tugend, die einem solchen Lebensweg entspricht, ist stoisch.

*

Die anthropomorphe Vernunft, die Kracauers theoretischer Konzeption der zwanziger Jahre zugrunde lag, wurde hauptsächlich durch die materiale Ästhetik des kinofotografischen Mediums – die

---

indirekt positiv, auf uns, Dich und mich. Vielleicht macht Dir das Stück ein wenig Freude. Den Kracauer scheint es nur geärgert zu haben, obwohl er sich weiß Gott nicht beklagen kann ..."

[92] Dieser Ausdruck erscheint in den 60er Jahren im Briefwechsel mit Adorno, welchen Kracauer in einer Mappe unter der Aufschrift „Briefe zur Exterritorialität" aufbewahrt hat; vgl. hierzu: I. Mülder-Bach, „Mancherlei Fremde", in: *Juni*, 1989, Nr. 1, S. 61 ff.

man auch eine „Kinepoetik" nennen könnte – dekonstruiert. Als erster Vorstoß einer Medientheorie weist die *Theory of Film* nicht nur jede Geschichtsphilosophie zurück, sondern ebenso die formalistische Ästhetik oder die Semiologie, die sich ihr nach seinem Tod entgegensetzen werden. Befreit von den legitimatorischen Zwängen jeder Teleologie, sind es die erzählerischen Probleme, die für den späten Theoretiker ihre ganze Wichtigkeit wiedererlangen. Eines der zentralen Anliegen der *Theory of Film* liegt gewiß auch in der Erforschung der spezifischen narrativen Möglichkeiten des neuen Mediums. Dessen angemessenste Erzählformen: die *found story*, die „gefundene Geschichte", und die „Episode", findet Kracauer etwa bei Dokumentarfilmern wie bei Flaherty, im italienischen Neorealismo oder im neuen indischen Kino eines Satyajit Ray verwirklicht. Solche Formen sind zugleich fern von denen des Theaters wie auch der Literatur. Der moderne Erzähler gleicht für Kracauer einem Fremden mit der Kamera, der sich in Szenen, deren genauer Sinn ihm entgeht, verwickelt sieht; er gleicht dem vom flüchtigen Leben der Straßen berauschten Flaneur ebenso wie dem Ethnologen, der sich auf die Suche nach einer unbekannten Kultur begibt. Und in vielen Punkten werden die Kracauerschen Forderungen gegenüber dem Film erst mit der leichten Technik des „direct cinema", dessen Aufkommen sich genau mit dem Erscheinen seines Buchs deckt, verwirklicht.[93]

Die Reflexion über die Barbarei seines Jahrhunderts war es, die Kracauer dazu führte, den gnostischen Kern einer „Kritischen Theorie", an deren Ausbildung er mit seinen Frankfurter Freunden teilhatte, umzuwerten. Aus der literarisch-soziologischen Miniatur und der Filmkritik der späten Weimarer Zeit hat er in der Folge der Katastrophe von Auschwitz nichts anderes als eine erste „Anthropologie" des fotografisch-filmischen Mediums entworfen, die auf einer konsequent zu Ende gedachten „materialen Ästhetik" fußt.

---

[93] Diese Technik direkter Aufnahme ungestellter Wirklichkeit setzt die Entwicklung der tragbaren synchronen Kamera voraus, mit der erst 1960 in *Primary* (R. Leacock und R. Drew) sowie in *Chronique d'un été* (J. Rouch, E. Morin und M. Brault) experimentiert wurde.

Erst vor diesem Hintergrund wird die Hervorhebung der Affinität zwischen „historischer" und „fotografischer" Wirklichkeit die Grundlage einer atheologischen Idee der Geschichte bilden können – dem Gegenstand seines letzten, Fragment gebliebenen Buches: *History. The Last Things Before the Last.*[94]

---

[94] Vgl. *History. The Last Things Before The Last*, New York 1969, (dt. Übers.: *Schriften*, Bd. 4, Frankfurt/M. 1971), das im wesentlichen das Verhältnis von Erzählung und historischer Zeit behandelt, und worin M. Bloch, J. Burckhardt, L. Ranke, aber auch C. Lévi-Strauss und M. Proust die zur Diskussion gestellten wichtigsten Autoren sind.

Literatur

Adorno, Th. W., „Die Idee der Naturgeschichte" (1932), in: ders., *Philosophische Frühschriften*, Frankfurt/M. 1973.
- *Negative Dialektik*, Frankfurt/M. 1973.
- *Noten zur Literatur*, Frankfurt/M. 1981.
- Horkheimer, M., *Dialektik der Aufklärung*. Philosophische Fragmente (1947), Frankfurt/M. 1988.

Arnason, J.P., *Praxis und Interpretation*. Sozialphilosophische Studien, Frankfurt/M. 1981.

Auerbach, E., *Mimesis*. Dargestellte Wirklichkeit in der abendländischen Literatur (1946), Bern ^{4}1967.

Bab, J., *Das Theater der Gegenwart*. Geschichte der deutschen Bühnen seit 1878, Leipzig 1928.

Bachtin, M., *Problemy poetiki Dostojewskowo*, Moskau 1963 (dt. Übers.: *Probleme der Poetik Dostoevskijs*, München 1971).

Balázs, B., *Schriften zum Film*, 2 Bde., Berlin – München – Budapest 1982-84.
- „Notes from a Diary", in: *The New Hungarian Quartely*, 1972, Nr. 47.

Barthes, R., *La chambre claire*. Note sur la photographie, Paris 1980.

Bazin, A., *Qu'est-ce que le cinéma?*, 4 Bde., Paris 1958-1964.

Beckmann, M., *Gesichter*. Original-Radierungen (Einleitung J. Meier-Graefe), München 1919.

Belke, I., Renz, I. (Hg.), Siegfried Kracauer 1889-1966, *Marbacher Magazin*, 1988, Nr. 47.

Benjamin, W., *Ursprung des deutschen Trauerspiels* (1928), Frankfurt/M. 1974.
- *Illuminationen*. Ausgewählte Schriften (1955), Frankfurt/M. 1977.
- *Angelus Novus*, Frankfurt/M. 1966.
- *Gesammelte Schriften III*, Frankfurt/M. 1972.

Bloch, E., „Symbol: Die Juden" (1912/13), in: ders., *Durch die Wüste*, Frankfurt/M. 1981.
- *Geist der Utopie* (1. Fassung, 1918), Frankfurt/M. 1971; (2. Fassung, 1923), Frankfurt/M. 1973.
- *Das Prinzip Hoffnung III* (1959), Frankfurt/M. 1980.

- *Atheismus im Christentum*, Frankfurt/M. 1973.
- „E. Bloch kommentiert ,Gelebtes Denken'", in: *Ernst Bloch und Georg Lukács. Dokumente zum 100. Geburtstag*, Archívumi Füzetek IV., Budapest 1984.

Boella, L., *Il giovane Lukács*, Bari 1977.

Bolz, N., *Auszug aus der entzauberten Welt*. Philosophischer Extremismus zwischen den Weltkriegen, München 1989.
- „Der Geist des Kapitalismus und der Utopie", in: A. Münster, M. Löwy, N. Tertulian (Hg.), *Verdinglichung und Utopie*. Ernst Bloch und Georg Lukács zum 100. Geburtstag, Frankfurt/M. 1987.
- „Erlösung als ob", in: J. Taubes (Hg.), *Gnosis und Politik*. Religionstheorie und politische Theologie 2, München – Paderborn 1984.

Buber, M., *Die Legende des Baalschem* (1907), Frankfurt/M., o.J.
- *Pfade in Utopia*, Heidelberg 1950.

Busoni, F., *Entwurf einer neuen Ästhetik der Tonkunst*, Triest 1907.

Cepl-Kaufmann, G., Kauffeldt, R., *Berlin-Friedrichshagen. Literaturhauptstadt um die Jahrhundertwende*. Der Friedrichshagener Dichterkreis, München 1996.

Colliot-Thélène, C., *Max Weber et l'histoire*, Paris 1990.

Deleuze, G., *Spinoza et le problème de l'expression*, Paris 1968.

Despoix, Ph., „Mystique et tragédie. La rencontre des mondes spirituels d'E. Bloch et G. Lukács (1910-1918)", in: *Réification et Utopie*. Ernst Bloch et György Lukács un siècle après, Arles 1986.
- „Von der Bühne zur Geschichte: Gustav Landauer", in: *Internationales Archiv für Sozialgeschichte der deutschen Literatur*, 1990, H. 2.
- „Persée désarmé. Photographie et écriture, ou: Proust mythographe", in: *Futur Antérieur*, 1991, Nr. 5.
- „Siegfried Kracauer. Essayiste et critique de cinéma", in: *Critique*, 1992, Nr. 539.
- „Prophétie et narration. Reflexions à partir de Max Weber", in: *Le texte et son dehors*, Supplément Futur Antérieur, Paris 1992.
- „Avant-propos", in: S. Kracauer, *Le voyage et la danse*. Figures de ville et vues de films, Paris 1996.
- Müller, L., „Bericht über das Symposium: Berlin-Budapest-Wien. Kreuzwege der Moderne um 1900", in: *Kritische Berichte*, 1987, H. 3-4.

Diderot, D., *Oeuvres esthétiques*, Paris 1988.

Dostojewski, F., *Die Brüder Karamasoff* (Übers. E.K. Rashin), Hamburg 1975.
- *Die Dämonen* (Übers. M. Kegel), München 1977.

Eckehart, M., *Deutsche Predigten und Traktakte*, München 1963.

Eibl, K., *Die Sprachskepsis im Werk Gustav Sacks*, München 1970.

Einstein, C., *Negerplastik* (1915), Berlin 1992.

Ernst, P., *Leo Tolstoi und der slawische Roman*, Berlin 1889.
- *Der Weg zur Form*. Ästhetische Abhandlungen, Berlin 1906.
- *Brunhild*, München 1908.
- *Ariadne auf Naxos*, Weimar 1912.

Euripides, *Herakles*, in: Euripide. Bd. III, Paris 1976.

Fehér, F., „Am Scheideweg des romantischen Antikapitalismus"; „Die Geschichtsphilosophie des Dramas, die Metaphysik der Tragödie und die Utopie des untragischen Dramas", in: A. Heller u.a., *Die Seele und das Leben*, Frankfurt/M. 1977.

Foucault, M., *L'usage des plaisirs*. Histoire de la sexualité, Bd. 2, Paris 1984.
- „Qu'est-ce que les Lumières?" (1984), in: *Dits et écrits 1954-1988*, Bd. IV, Paris 1994.

Freud, S., *Die Traumdeutung* (1900), Frankfurt/M. 1982.

Friedell, E., *Kulturgeschichte der Neuzeit* (1927-31), 2. Bde., München 1976.

Frisby, D., *Fragments of Modernity in the Work of Simmel, Kracauer and Benjamin*, Cambridge 1985 (dt. Übers.: *Fragmente der Moderne*. Georg Simmel – Siegfried Kracauer – Walter Benjamin, Rheda-Wiedenbruck 1989).

Goethe, J.W., *Zur Farbenlehre*. Didaktischer Teil, in: *Goethes Werke* (Hamburger Ausgabe), Bd. XIII, München 1973.
- „Baukunst" (1795), in: *Goethes Werke*, Bd. XII, München 1973.

Goldmann, L., *Le Dieu caché*. Etude sur la vision tragique, Paris 1955.
- „Introduction aux premiers écrits de Lukács", in: G. Lukács, *La théorie du roman*, Paris 1975.

Grauer, M., *Die entzauberte Welt*. Tragik und Dialektik der Moderne im frühen Werk von Georg Lukács, Königstein 1985.

Hahn, B., *Unter falschem Namen*. Von der schwierigen Autorschaft der Frauen, Frankfurt/M. 1991.

Hanke, E., *Prophet des Unmodernen*. Leo N. Tolstoi als Kulturkritiker in der deutschen Diskussion der Jahrhundertwende, Tübingen 1993.

Harnack, A., *Marcion. Das Evangelium vom fremden Gott*, Leipzig 1921.

Hauptmann, G., *Vor Sonnenaufgang*, Berlin 1889.

Hauser, A., *Philosophie der Kunstgeschichte*, München 1958.
- *Der Manierismus*. Die Krise der Renaissance und der Ursprung der modernen Kunst, München 1964.
- *Soziologie der Kunst*, München 1974.

Heidegger, M., *Sein und Zeit* (1927) Tübingen ^{15}1979.

Heller, A., u.a., *Die Seele und das Leben*. Studien zum frühen Lukács, Frankfurt/M. 1977.
- „‚Von der Armut am Geiste'. Ein Dialog des jungen Lukács", in: J. Matzner (Hg.), *Lehrstück Lukács*, Frankfurt/M. 1974.

Hennis, W., *Max Webers Fragestellung*. Studien zur Biographie des Werks, Tübingen 1987.
- *Max Webers Wissenschaft vom Menschen*. Neue Studie zur Biographie des Werks, Tübingen 1996.

Heydorn, H.-J., „Gustav Landauer: Zwang und Befreiung", in: ders., *Konsequenzen der Geschichte*, Frankfurt/M. 1981.

Hofmannsthal, H., „Der Tod des Tizian" (1892), in: *Sämtliche Werke III, Dramen 1*, Frankfurt/M. 1982.
- „Die Bühne als Traumbild" (1903), in: *Reden und Aufsätze*, Bd. II, Frankfurt/M. 1979.
- *Elektra*, Berlin 1904.
- *Das gerettete Venedig*, Berlin 1905.
- *Ödipus und die Sphinx*, Berlin 1906.
- „Zeppelin" (1908), in: *Gesammelte Werke, Prosa I*, Frankfurt/M. 1959.

Holste, C., *Der Forte-Kreis (1910-1915)*. Rekonstruktion eines utopischen Versuchs, Stuttgart 1992.

Honigsheim, P., „Der Max Weber-Kreis in Heidelberg", in: *Kölner Vierteljahrshefte für Soziologie*, 1926, H. 3.
- „Erinnerungen an Max Weber", in: R. König, J. Winckelmann (Hg.), *Max Weber zum Gedächtnis*, Köln – Opladen 1963.

Horkheimer, M., *Gesammelte Schriften,* Bd. 18: Briefwechsel 1949-1973, Frankfurt/M. 1996.

Ingold, F.P., *Literatur und Aviatik*, Basel 1978.

Jauß, H.R., *Ästhetische Erfahrung und literarische Hermeneutik*, Frankfurt/M., 1982.

Jonas, H., *Gnosis und spätantiker Geist*. Teil 1. Die mythologische Gnosis (1934), Göttingen 1988.

Kafka, F., „Die Aeroplane in Brescia" (1909), in: M. Brod, *Über Franz Kafka*, Frankfurt/M. 1974.
– *Amerika*, Frankfurt/M., 1956.

Kaiser, G., *Die Bürger von Calais*, Berlin 1914.
– „Das Drama Platons" (1917), in: ders., *Werke in drei Bänden,* Bd. III, Berlin – Weimar 1979.
– *Das Frauenopfer* (1918), in: ders., *Gesammelte Werke,* Bd. III, Berlin 1931.
– *Gas*. Schauspiel in fünf Akten, Berlin 1918.
– *Gas. Zweiter Teil*, Potsdam 1920.
– *Nebeneinander*, Potsdam 1923.

Karádi, E., „Bloch und Lukács im Weber-Kreis", in: A. Münster, M. Löwy, N. Tertulian (Hg.), *Verdinglichung und Utopie*. Ernst Bloch und Georg Lukács zum 100. Geburtstag, Frankfurt/M. 1987.
– „Ernst Bloch und Georg Lukács im Max-Weber-Kreis", in: J. Mommsen, W. Schwentker (Hg.), *Max Weber und seine Zeitgenossen*, Göttingen – Zürich 1988.
– Vezér, E. (Hg.), *Georg Lukács, Karl Mannheim und der Sonntagskreis*, Frankfurt/M. 1985.

Kassner, R., *Die Mystik, die Künstler und das Leben* (1900), in: ders., *Sämtliche Werke I*, Pfullingen 1969.
– „Ethik der Teppiche" (1900), in: *Sämtliche Werke II*, Pfullingen 1974.

Keller, E., *Der junge Lukács*. Antibürger und wesentliches Leben, Frankfurt/M. 1984.

Kierkegaard, S., *Die Wiederholung. Gesamtwerk 5/6.*, Düsseldorf – Köln 1955.
– *Abschliessende unwissenschaftliche Nachschrift zu den philosophischen Brocken. Gesamtwerk 16*, Bd. II, Düsseldorf – Köln 1958.
– *Über den Begriff der Ironie mit ständiger Rücksicht auf Sokrates. Gesamtwerk 31*, Düsseldorf – Köln 1961.

Koszul, M., „Catholiques, orthodoxes et protestants: Mykhajlo Drahomanov et la question religieuse en Ukraine", in: D. Beauvois (éd.), *Les confins de l'ancienne Pologne*, Lille 1988.

Kracauer, S., *Soziologie als Wissenschaft*. Eine Erkenntnistheoretische Untersuchung (1922); *Der Detektiv-Roman*. Ein philosophischer Traktat

(1922/25), in: *Schriften* (Hg. K. Witte), Bd. 1, Frankfurt/M. 1971.
- „Abenteuer eines Zehnmarkscheins", in: *Frankfurter Zeitung*, 5. 12. 1926.
- *Ginster*. Vom ihm selbst geschrieben (1928), in: *Schriften*, Bd. 7, Frankfurt/M. 1973.
- „Französische Tonfilm-Reportage", in: *Frankfurter Zeitung*, 4. 7. 1930.
- *Die Angestellten*. Aus dem neuesten Deutschland (1930), in: *Schriften*, Bd. 1, Frankfurt/M. 1971.
- „An der Grenze des Gestern. Zur Berliner Film- und Photoschau", in: *Frankfurter Zeitung*, 12. 7. 1932.
- *Jacques Offenbach und das Paris seiner Zeit* (1937), in: *Schriften*, Bd. 8, Frankfurt/M. 1976.
- *From Caligari to Hitler*. A Psychological History of the German Film, Princeton 1947 (dt. Übers.: *Von Caligari zu Hitler*. Eine psychologische Geschichte des deutschen Films, in: *Schriften*, Bd. 2, Frankfurt/M. 1979).
- *Theory of Film*. The Redemption of Physical Reality, New York 1960 (dt. Übers.: *Theorie des Films*. Die Errettung der äußeren Wirklichkeit, *Schriften*, Bd. 3, Frankfurt/M. 1973).
- *Das Ornament der Masse*. Essays (1963), Frankfurt/M. 1977.
- *Straßen in Berlin und anderswo*, Frankfurt/M. 1964.
- *History. The Last Things Before The Last*, New York 1969, (dt. Übers.: *Geschichte – Vor den letzten Dingen*, *Schriften*, Bd. 4, Frankfurt/M. 1971).
- *Kino*. Essays, Studien, Glossen zum Film (Hg. K. Witte), Frankfurt/M. 1974.
- *Schriften*, Bd 5. Aufsätze (1915-1965), 3 Bde. (Hg. I. Mülder-Bach), Frankfurt/M. 1990.
- *Siegfried Kracauer – Erwin Panofsky. Briefwechsel 1941-1966* (Hg. V. Breideker), Berlin 1996.
- *Berliner Nebeneinander*. Ausgewählte Feuilletons 1930-33 (Hg. A. Volk), Zürich 1996.

Kraus, K., „Apokalypse" (1908), in: *Grimassen*. Ausgewählte Werke, Bd. I, München 1971.

Krech, V., Wagner, G., „Wissenschaft als Dämon im Pantheon der Moderne", in: G. Wagner, H. Zipprian (Hg.), *Max Webers Wissenschaftslehre*, Frankfurt/M. 1994.

La Boétie, E., *Discours de la servitude volontaire*, Paris 1983.

Landauer, G., „Über epische und dramatische Kunst", in: *Deutschland*, 1890, Nr. 14 und Nr. 15.
- „Das neue soziale Drama", in: *Deutschland*, 1890, Nr. 28.
- „Die Zukunft und die Kunst", in: *Die Neue Zeit*, 1891/92, Nr. 17.
- „Gerhart Hauptmann", in: *Die Neue Zeit*, 1891/92, Nr. 20.
- *Der Todesprediger.* Roman, Dresden – Leipzig 1893.
- „Durch Absonderung zur Gemeinschaft", in: H. Hart, J. Hart (Hg.), *Das Reich der Erfüllung*, Leipzig 1901.
- *Macht und Mächte.* Novellen (1903), Köln ^{2}1923.
- *Meister Eckharts Mystische Schriften*. In unsere Sprache übertragen von Gustav Landauer, Berlin 1903.
- *Skepsis und Mystik* (1903), Köln ^{2}1923.
- „Die Neue Freie Volksbühne", in: *Die Schaubühne*, 1905, Nr. 7.
- „Drei Dramen und ihre Richter", in: *Die Schaubühne*, 1906, Nr. 6.
- „Hofmannsthals ‚Ödipus'", in: *Das Blaubuch*, 1907, Nr. 28.
- *Die Revolution* (*Die Gesellschaft.* Sammlung sozialpsychologischer Monographien, Hg. M. Buber, Bd. 13), Frankfurt/M. 1907.
- (Hg.), *Der Sozialist.* Organ des Sozialistischen Bundes, Bern – Berlin 1909-1915; Nachdruck: 3 Bde. (Hg. A. Seiverth), Vaduz 1980.
- „Die Legende des Baalschem", in: *Das litterarische Echo*, 1.10.1910.
- *Aufruf zum Sozialismus.* Ein Vortrag, Berlin 1911.
- „Judentum und Sozialismus" (1912), in: *Die Arbeit. Hapoel-Hazaïr*, Juni 1920.
- „Vor fünfundzwanzig Jahren", in: *Der Sozialist*, 1913, Nr. 12.
- „Zur Poesie der Juden", in: *Die Freistatt*, 1913/14, Nr. 5.
- „Rabintranath Tagore", in: *Das Programm*, Blätter der Münchner Kammerspiele, 1916, Nr. 10.
- *Ein Weg deutschen Geistes*, München 1916.
- „Ostjuden und Deutsches Reich", in: *Der Jude*, 1916/17, H. 7.
- *Die vereinigten Republiken Deutschlands und ihre Verfassung* (*Das Flugblatt*, III), Frankfurt/M. 1918.
- „Zur Uraufführung von Georg Kaisers ‚Gas'", in: *Masken*, 1918/19, H. 6.
- „Kulturprogramm" (1919), in: *Das Forum*, 1920, H. 8.
- *Briefe aus der französischen Revolution.* Ausgewählt, übersetzt und erläutert von G. Landauer (1919), 2 Bde., Potsdam 1948.

- *Rechenschaft*, Berlin 1919.
- *Shakespeare*. Dargestellt in Vorträgen (Hg. M. Buber), Frankfurt/M. 1920, Potsdam ²1948.
- *Der werdende Mensch,* Aufsätze über Leben und Schrifttum, Potsdam 1921.
- *Friedrich Hölderlin in seinen Gedichten*. Ein Vortrag, Potsdam 1922.
- *Beginnen*. Aufsätze über Sozialismus (Hg. M. Buber), Köln 1924.
- *Erkenntnis und Befreiung*. Ausgewählte Reden und Aufsätze (Hg. R. Link-Salinger), Frankfurt/M. 1976.
- *Entstaatlichung*. Für eine herrschaftslose Gesellschaft (Hg. H.J. Valeske), Wetzlar ²1978.
- *Signatur: g. l.* Gustav Landauer im – „Sozialist" (1892-1899), (Hg. R. Link-Salinger) Frankfurt/M. 1986.
- *Gustav Landauer – Fritz Mauthner: Briefwechsel 1890-1919* (Hg. H. Delf, J. Schoeps), München 1994.
- *Gustav Landauer Werkausgabe* (Hg. G. Mattenklott, H. Delf), Bd. 3: *Dichter, Ketzer, Außenseiter*. Essays zu Literatur, Philosophie, Judentum, Berlin 1997.

Lask, E., *Die Logik der Philosophie und die Kategorienlehre*, Tübingen 1911.

Lethen, H., „Sichtbarkeit. Kracauers Liebeslehre", in: M. Kessler, T.Y. Levin, (Hg.), *Siegfried Kracauer. Neue Interpretationen*. Akten des internationalen Kracauer-Symposions Weingarten, Tübingen 1990.

Levin, T.Y., *Siegfried Kracauer*. Eine Bibliographie seiner Schriften, Marbach/N. 1989.

Lichtblau, K., *Kulturkrise und Soziologie um die Jahrhundertwende*. Zur Genealogie der Kultursoziologie in Deutschland, Frankfurt/M. 1996.

Liebersohn, H., *Fate and Utopia in German Sociology 1870-1923*, Cambridge (Mass.) – London 1988.

Link-Salinger, R. (Hyman), *Gustav Landauer – Philosopher of Utopia*, Indianapolis 1977.

Linke, M., *Gustav Lindemann*. Regie am Düsseldorfer Schauspielhaus, Düsseldorf 1969.

Loos, A., „Ornament und Verbrechen" (1910), in: ders., *Trotzdem*, Wien 1982.

Lotze, H., *Mikrokosmos*. Ideen zur Naturgeschichte und Geschichte der Menschheit, Bd. III, Leipzig 1888.

Löwenthal, L., "Die Auffassung Dostojewskis im Vorkriegsdeutschland" (1934), in: ders., *Schriften 1*, Frankfurt/M. 1980.

Löwith, K., "Wissen, Glaube und Skepsis" (1956), in: ders., *Sämtliche Schriften 3*, Stuttgart 1985.

- "Die Entzauberung der Welt durch Wissenschaft", in: *Merkur*, 1964, H. 6.

Löwy, M., *Pour une sociologie des intellectuels révolutionnaires*. L'évolution politique de Lukács 1909-1929, Paris 1976.

- *Rédemption et utopie*. Le judaïsme libertaire en Europe centrale, Paris 1988.
- "Le messianisme romantique de G. Landauer", in: *Archives de Sciences Sociales des Religions*, 1985, Nr. 60/1.

Lukács, G., "Zur Theorie der Literaturgeschichte" (1910), in: *Text + Kritik*, 1973, Nr. 39-40.

- *A modern drama fejlödésének törtenete*, 2 Bde., Budapest 1911.
- "Das Problem des untragischen Dramas", in: *Die Schaubühne*, 1911, Nr. 9.
- "Hauptmanns Weg", in: *Die Schaubühne*, 1911, Nr. 10.
- "Gedanken zu einer Ästhetik des Kinos", in: *Pester Lloyd*, 16.04.1911.
- "Brunhild. Zur Münchner Aufführung", in: *Die Schaubühne*, 1911, Nr. 20.
- *Die Seele und die Formen*. Essays (1911), Neuwied – Berlin [2]1966.
- *Die Ästhetik der ‚Romance'*. Versuch einer Grundlegung der Form des untragischen Dramas (Typoskript, 1911), *Lukács-Archiv*.
- "Leó Popper. Ein Nachruf", in: *Pester Lloyd*, 18.12.1911.
- "Zsidó miszticismus", in: *A Szellem*, 1911, Nr. 2.
- "Von der Armut am Geiste", in: *Neue Blätter*, 1912, H. 5-6.
- "Der Dramatiker des neuen Ungarns", in: *Pester Lloyd*, 2.03.1913.
- "Soziologie des modernen Dramas", in: *Archiv für Sozialwissenschaft und Sozialpolitik*, 1914, H. 2-3.
- "Ariadne auf Naxos", in: W. Mahrholz (Hg.), *Paul Ernst zu seinem 50. Geburtstag*, München 1916.
- *Die Theorie des Romans*. Ein geschichtsphilosophischer Versuch über die Formen der großen Epik (1916), Darmstadt – Neuwied [9]1984.
- "W. Solovjeff: Die Rechtfertigung des Guten", in: *Archiv für Sozialwissenschaft und Sozialpolitik*, 1916/17, H 3.
- "Béla Balázs: Tödliche Jugend" (1918), in: *Georg Lukács, Karl Mann-*

heim und der Sonntagskreis (Hg. E. Karádi, E. Vezér), Frankfurt/M. 1985.
- „A bolsevismus mint erkölcsi probléma", in: *Szabad Gondolat*, Dez. 1918.
- *Geschichte und Klassenbewußtsein* (1923), in: *Georg Lukács Werke*, Bd. 2 (Frühschriften II), Darmstadt – Neuwied 1968.
- *Heidelberger Philosophie der Kunst (1912-1914)*, Werke, Bd. 16, Darmstadt – Neuwied 1974.
- *Heidelberger Ästhetik (1916-18)*, Werke, Bd. 17, Darmstadt – Neuwied 1975.
- *Taktik und Ethik*. Politische Aufsätze I, Darmstadt – Neuwied 1975.
- *Ifjúkori művek* [Frühe Schriften], Budapest 1977.
- *Entwicklungsgeschichte des modernen Dramas*, Werke, Bd. 15, Darmstadt – Neuwied 1981.
- *Briefwechsel 1902-1917* (Hg. E. Karádi, E. Fekete), Stuttgart – Budapest 1982.
- *Dostojewski. Notizen und Entwürfe*, Budapest 1985.
- *Tagebuch 1910-1911*, Berlin 1991.

Lunn, E., *Prophet of Community*. The Romantic Socialism of Gustav Landauer, Berkeley 1973;

MacPherson, K., „Die Liebe der Jeanne Ney", in: *Close Up*, 1927, Nr. 6.

Mannheim, K., *Ideologie und Utopie* (1927), Frankfurt/M. [6]1978.

Márkus, G., „Lukács' ‚erste' Ästhetik", in: A. Heller u.a., *Die Seele und das Leben.*, Frankfurt/M. 1977.

Mattenklott, G., „Exkurs über Georg von Lukács", in: *Blindgänger*. Physiognomische Essays, Frankfurt/M. 1986.
- „Gustav Landauer. Ein Portrait", in: *Gustav Landauer Werkausgabe*, Bd. 3, Berlin 1997.

Matzigkeit, M. (Hg.), „*... die beste Sensation ist das Ewige"*. Gustav Landauer – Leben, Werk und Dichtung, Düsseldorf 1995.

Mauthner, F., *Beiträge zu einer Kritik der Sprache* (1901-02), 3 Bde., Berlin [2]1906.
- *Spinoza*. Ein Umriß seines Lebens und Wirkens (1906), Dresden [2]1921.
- „Zum Gedächtnis", in: *Masken,* 1918/19, H. 18/19.

Meier-Graefe, J., *Impressionisten*, München 1907.
- *Cézanne*, München 1910.

- *Kunstschreiberei*. Essays und Kunstkritik, Leipzig – Weimar 1987.

Meyer, A. G., *Eisenbauten*. Ihre Geschichte und Ästhetik, Esslingen 1907.

Meyer, H., *Bauen und Gesellschaft*, Dresden 1980.

Mommsen, W., *Max Weber. Gesellschaft, Politik und Geschichte*, Frankfurt/M. 1974.

Mühsam, E., „Die Flucht", in: *Der Sozialist,* 1910, Nr. 23-24.

Mülder, I., *Siegfried Kracauer – Grenzgänger zwischen Theorie und Literatur.* Seine frühen Schriften 1913-1933, Stuttgart 1985.

Mülder-Bach, I., „Mancherlei Fremde", in: *Juni*, 1989, Nr. 1.

Nietzsche, F., *Werke*, 3 Bde., München 1966.

Ovid, P.O., *Metamorphosen*, München – Zürich 1992.

Panofsky, E., „Style and Medium in the Motion Pictures" (1947), in: *Three Essays on Style*, Cambridge (Mass.) – London 1995.

Périvolaropoulou, N., „Cinéma, culture de masse et modernité: la vision kaléidoscopique de Siegfried Kracauer", in: *Soziographie*, 1994, Nr. 1/2.

Plotin, *Enneades*, Bd. V, Paris 1956.

Polányi, K., *The Great Transformation*. The Political and Economic Origins of our Time, New York 1944.

Polgar, A., Beitrag in: *Adolf Loos. Zum 60. Geburtstag*, Wien 1930.

Popper, L., „Peter Brueghel der Ältere", in: *Kunst und Künstler,* 1910, H. XII.
- „Zur Ästhetik des Aeroplans", in: *Die Neue Rundschau,* 1910, Nr. 10.
- Briefskizze an K. Kraus (undatiert, Ende 1910), in *Lukács-Archiv.*
- „Der Kitsch", in: *Die Fackel*, 1910, Nr. 313/14.
- „Die Bildhauerei, Rodin und Maillol", in: *Die Fackel*, 1911, Nr. 321/22.
- „Volkskunst und Formbeseelung", in: *Die Fackel*, 1911, Nr. 324/25.
- *Schwere und Abstraktion*. Versuche (Hg. P. Despoix, L. Müller, Übersetzungen aus dem Ungarischen: A. Gara-Bak), Berlin 1987.
- *Dialógus a müvészetröl* [Dialog über die Kunst], (Hg. O. Hévizi, A. Timár), Budapest 1993.

Pross, H., „Zur Einleitung", in: G. Landauer, *Revolution,* Berlin 1974.

Proust, M., *A la recherche du temps perdu*, 3 Bde., Paris 1987.

Radnóti, S., „Bloch und Lukács. Zwei radikale Kritiker in der ‚gottverlassenen Welt'", in: A. Heller u.a., *Die Seele und das Leben.*, Frankfurt/M. 1977.

Ranke-Graves, R., *The Greek Myths*, Baltimore 1955.

Raphael, M., *Von Monet bis Picasso*. Grundzüge einer Ästhetik und Entwicklung der modernen Malerei, München 1913.
- *Aufbruch in die Gegenwart*, Begegnungen mit der Kunst und den Künstlern des 20. Jahrhunderts, Frankfurt/M. – New York 1985.

Riegl, A., *Altorientalische Teppiche*, Leipzig 1891.
- *Volkskunst, Hausfleiß und Hausindustrie*, Berlin 1894.
- *Spätrömische Kunstindustrie* (1901), Darmstadt ⁴1973.

Rilke, R.M., *Auguste Rodin*, Berlin 1903.
- *Briefe über Cézanne* (1907), Frankfurt/M. 1983.
- *Der Neuen Gedichte anderer Teil*, Leipzig 1908.
- *Die Aufzeichnungen des Malte Laurids Brigge* (1910), in: ders., *Sämtliche Werke VI*, Frankfurt/M. 1966.

Rochlitz, R., *Le jeune Lukács*. Theorie de la forme et philosophie de l'histoire, Paris 1983.

Rosenzweig, F., *Der Stern der Erlösung* (1921), Dordrecht 1976.

Roth, G., „Marianne Weber und ihr Kreis", in: Marianne Weber, *Max Weber*. Ein Lebensbild, München 1989.

Roth, J., *Werke 2. Das journalistische Werk 1924-28*, Köln 1990.

Sawinkov, B., *Erinnerungen eines Terroristen*, Berlin 1930.

Scheerbart, P., *Glasarchitektur*, Berlin 1914.

Schelling, F.W.J., *Naturphilosophie an den Principien der Schwere und des Lichts* (1806), in: ders., *Ausgewählte Schriften*, Bd. 3, Frankfurt/M. 1985.
- *Über das Verhältnis der bildenden Künste zu der Natur* (1807), in: ders., *Ausgewählte Schriften*, Bd. 2, Frankfurt/M. 1985.

Schlegel, F., „Über die Unverständlichkeit", in: ders., *Schriften zur Literatur*, München 1970.

Schlüpmann, H., „Der Gang ins Kino ein ‚Ausgang aus selbstverschuldeter Unmündigkeit' ", in: *Frauen und Film*, 1989, Nr. 47.
- „Stellung zur Massenkultur. Barthes Bemerkungen zur Photographie mit Kracauer gelesen", in: S. Weigel (Hg.), *Flaschenpost und Postkarte*, Köln – Weimar – Wien 1995.
- „The Subject of Survival. On Kracauer's *Theory of Film*", in: *New German Critique*, 1991, Nr. 54.

Schmitt, C., *Politische Theologie*. Vier Kapitel zur Lehre von der Souveränität (1922), Berlin 1979.

- *Römischer Katholizismus und politische Form* (1923), Stuttgart 1984.
- *Die geistesgeschichtliche Lage des heutigen Parlamentarismus* (1923), Berlin 1969.
- „Über den barbarischen Charakter des Shakespeareschen Dramas" (1928), in: *Hamlet oder Hekuba*, Stuttgart 1985.

Scholem, G., *On the Kabbalah and its Symbolism*, New York 1965.
- *Judaica 3*. Studien zur jüdischen Mystik, Frankfurt/M. 1970.
- *The Messianic Idea in Judaism*, New York 1971.
- *Walter Benjamin*. Die Geschichte einer Freundschaft, Frankfurt/M. 1975.
- *Die jüdische Mystik in ihren Hauptströmungen*, Frankfurt/M. 1980.

Schönberg, A., „Das Verhältnis zum Text" (1912), in: ders., *Stil und Gedanke*, Frankfurt/M. 1992.

Shakespeare, W., *The Tempest*, in: *The Complete Work of William Shakespeare*, London 1983.

Simmel, G.: *Philosophie des Geldes* (1900), Berlin ⁶1977.
- „Ästhetik der Schwere" (1901), in: ders., *Gesamtausgabe. Bd. 7*, Aufsätze und Abhandlungen 1901-1908, Bd. 1, Frankfurt/M. 1995.
- „Die Kunst Rodins und das Bewegungsmotiv in der Plastik", in: *Nord und Süd*, Bd. 129, Mai 1909.
- „Rodins Plastik und die Geistesrichtung der Gegenwart" (1902), in: ders., *Gesamtausgabe. Bd 7*, Frankfurt/M. 1995.
- „Rodin" (1911), in: *Philosophische Kultur*, Berlin 1983.

Sombart W., u.a. (Hg. A. Landsberger), *Judentaufen*, München 1912.

Strindberg, A., *Ett drömspel*, Stockholm 1902 (dt. Übers.: *Ein Traumspiel*, München 1903).

Struve, P., *Loi fondamentale de l'Empire Russe*. Projet d'une constitution russe élaboré par un groupe de la Ligue de l'Affranchissement [constitutionalistes-démocrates russes]. Préface de Pierre Struve, Paris 1905.

Susman, M., „Gustav Landauer. Nachruf" (1919), in: ders., ‚*Das Nah- und Fernsein des Fremden*' (Hg. I. Nordmann), Frankfurt/M. 1992.

Szondi, P., *Theorie des modernen Dramas* (1956), in: *Schriften I*, Frankfurt/M. 1977.

Tagore, R., *Das Postamt* (Übers. H. Lachmann, G. Landauer), Leipzig 1918.
- *Der König der dunklen Kammer* (Übers. H. Lachmann, G. Landauer), Leipzig 1919.

Taubes, J., *Vom Kult zur Kultur*. Bausteine zu einer Kritik der historischen Vernunft, München 1996.
- (Hg.), *Gnosis und Politik*. Religionstheorie und politische Theologie 2, München – Paderborn 1984.
- „Die Rechtfertigung des Häßlichen in urchristlicher Tradition", in: *Poetik und Hermeneutik*, Bd. III, München 1972.

Toller, E., *Eine Jugend in Deutschland* (1933), Hamburg 1963.

Tolstoi, L., *Krieg und Frieden* (Übers. H. Röhl), Frankfurt/M. 1982.
- „Leo Tolstois Rede gegen den Krieg", in: *Der Sozialist*, 1909, Nr. 20.
- *Was ist Kunst?* (dt. Übers. 1911), in: ders., *Ästhetische Schriften*, Berlin 1968.

Treiber, H., „Die Geburt der Weberschen Rationalismus-These: Webers Bekanntschaft mit der russischen Geschichtsphilosophie in Heidelberg", in: *Leviathan*, 1991, H. 3.
- Sauerland, K. (Hg.), *Heidelberg im Schnittpunkt intellektueller Kreise*. Zur Topographie der geistigen ‚Geselligkeit' eines ‚Weltdorfes', Opladen 1995.

Tyrell, H., „Religion und ‚intellektuelle Redlichkeit'. Zur Tragödie der Religion bei Max Weber und Friedrich Nietzsche, in: *Sociologia Internationalis,* 1991, H. 2.

Vernant, J.P., „Figuration de l'invisible et catégorie psychologique du double: le colossos", in: *Mythe et pensée chez les Grecs*, Bd. 2., Paris 1965.

Wagner, N., „Zur Ästhetik der Moderne. Karl Kraus mit Leo Popper gegen G. Simmel", in: *Lettre International*, 1988, Nr. 2.

Weber, Marianne, *Max Weber*. Ein Lebensbild (1926), München 1989.

Weber, M., „Die protestantische Ethik und der ‚Geist' des Kapitalismus" (1904/05), in: *Gesammelte Aufsätze zur Religionssoziologie I* (1920), Tübingen [8]1986.
- „Diskussionsrede zu W. Sombarts Vortrag über Technik und Kultur" (1911), in: *Gesammelte Aufsätze zur Soziologie und Sozialpolitik*, Tübingen 1924.
- *Die rationalen und soziologischen Grundlagen der Musik* (1912/1921), Tübingen 1972.
- „Die Wirtschaftsethik der Weltreligionen. Hinduismus u. Buddhismus" (1916/17), in: *Gesammelte Aufsätze zur Religionssoziologie II* (1921), Tübingen [7]1988.
- „Die Wirtschaftsethik der Weltreligionen. Das Antike Judentum"

(1917/1920), in: *Gesammelte Aufsätze zur Religionssoziologie III* (1921), Tübingen [7]1983.
- *Wirtschaft und Gesellschaft*, Tübingen [3]1947.
- *Gesammelte Aufsätze zur Wissenschaftslehre*, Tübingen [3]1968.
- *Gesammelte Politische Schriften*, Tübingen [3]1971.
- *Max Weber Gesamtausgabe*, Abteilung. I, Bd. 15 (Zur Politik im Weltkrieg), Tübingen 1984.
- *Gesamtausgabe*, Abt. I, Bd. 10 (Zur Russischen Revolution von 1905), Tübingen 1989.
- *Gesamtausgabe*, Abt. II, Bd. 5 (Briefe 1906-1908), Tübingen 1990.
- *Gesamtausgabe*, Abt. I, Bd. 17 (Wissenschaft als Beruf 1917/1919), Tübingen 1992.

Weiler, E., *Max Weber und die literarische Moderne*. Ambivalente Begegnungen zweier Kulturen, Stuttgart – Weimar 1994.

Whewell, W., *Geschichte der inductiven Wissenschaften*, Bd. I, Stuttgart 1840.

Whitman, W., *Der Wundarzt* (Übers. I. Goll, G. Landauer), Zürich 1919.
- *Gesänge und Inschriften* (Übers. G. Landauer), München 1921.

Wilde, O., *Salomé*. Tragödie in einem Akt (Übers. H. Lachmann), Leipzig 1903.
- *Der Sozialismus und die Seele des Menschen* (Übers. H. Lachmann, G. Landauer), Berlin 1904.
- *Das Bildnis des Dorian Gray* (Übers. H. Lachmann, G. Landauer), Leipzig 1907.
- *Zwei Gespräche von der Kunst und vom Leben* (Übers. H. Lachmann, G. Landauer), Leipzig 1907.

Winckelmann, J., „Vorwort zur zweiten Auflage", in: M. Weber, *Politische Schriften*, Tübingen [3]1971.

Witte, K., „Light Sorrow: Siegfried Kracauer as Literary Critic", in: *New German Critique*, 1991, Nr. 54.

Wittgenstein, L., *Tractatus logico-philosophicus* (1921), Frankfurt/M. 1960.

Wölfflin, H., *Kunstgeschichtliche Grundbegriffe*, München 1915.

Worringer, W., *Abstraktion und Einfühlung* (1908), München 1976.
- *Formprobleme der Gotik*, München 1911.

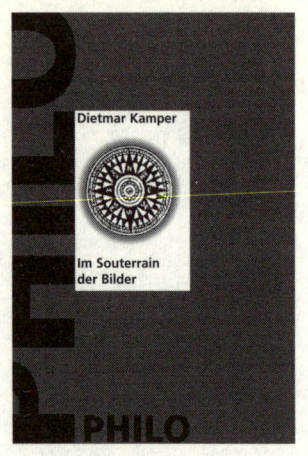

**Dietmar Kamper
Im Souterrain der Bilder:
Die schwarze Madonna**
115 S., brosch.,
ISBN 3-8257-0044-5

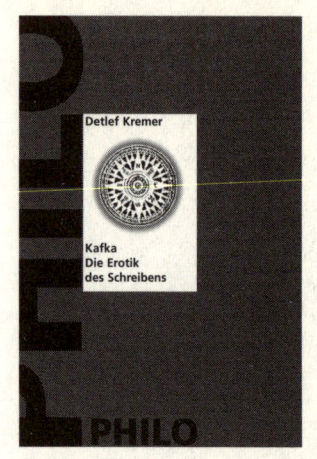

**Detlef Kremer
Kafka
Die Erotik des Schreibens**
2. verbesserte Aufl., 182 S., kt.,
ISBN 3-8257-0064-X

Inmitten der Logik des Sichtbaren erscheint uns im wahrsten Sinne des Wortes Hören und Sehen vergangen zu sein. Denn was bleibt eigentlich noch wahrnehmbar jenseits der technisch reproduzierten Bild-Welt? Diesen Fragen geht Dietmar Kamper in seinen Essays nach. Die Ablösung des menschlichen Körpers durch Bilder vom Körper erscheint als das „perfekte Verbrechen". Dieses führt zu einem notwendig falschen Unbewußten.

Aus dem Souterrain der Bilder steigt aber etwas auf, das nicht im Sichtbaren aufgeht und sich dennoch Gehör zu verschaffen vermag. Eine symbolische Lektüre der untergegangenen symbolischen Ordnung reicht nicht mehr aus. Orientierungen gehen deshalb daneben. Es wird eine andere Richtung des Verstehens notwendig, die die Kartographen landläufiger Weltaneignung nicht verzeichnen.

Für die Lektüre des Gesamtwerkes von Franz Kafka entwickelt Kremer in seinem Essay einen originellen, den Zusammenhang von Leben und Schrift herstellenden Leitfaden. Um sinnvoll zu werden, läßt Kafka dem Leben nur einen Ausweg: es muß durch seine Feder hindurch, es muß Schrift werden. In der Schrift verengt sich zwar das Leben, aber es ordnet sich auch. Der schreibende Körper nimmt sich so weit zurück, daß er durch das Nadelöhr der Imagination hindurch gelangt und als schriftgewordenes „Gespenst" weiterlebt. Die erotische Atmosphäre, die zur literarischen Verwandlung des Körpers notwendig ist, erzeugt Kafka, indem er sich die geliebten Frauen genau in der kalkulierten Balance von Nähe und Distanz hält. Das Schreiben als Lebensentzug bei Kafka meint nur zum kleineren Teil den beklagenswerten Verlust von Körperlichkeit: Es behandelt Kafkas Phantasie des Verschwindens in die Schrift als Ablehnung von Identifikation, als Verweigerung seines Namens.

Georg Simmel
Soziologische Ästhetik
Herausgegeben und eingeleitet
von Klaus Lichtblau
208 Seiten, kt.,
ISBN 3-8257-0069-0

Simmel war nicht nur in der Philosophie, Kunstgeschichte, Psychologie, Nationalökonomie und der Soziologie „zu Hause", sondern hat in einem erstmals 1896 erschienenen Essay zugleich das Programm einer *Soziologischen Ästhetik* skizziert, die in der Lage ist, den modernen „Streit zwischen den Fakultäten" durch ein sich im Schnittpunkt der einzelnen kulturwissenschaftlichen Disziplinen situierendes Denken zu überwinden. Denn gerade im Überschneidungsbereich zwischen ästhetischer Erfahrung und einer genuin soziologischen Beschreibung der Modernität sah er die Möglichkeit gegeben, der epochalen Eigenart des modernen Lebens mit all seinen Spannungen, Konflikten und Paradoxien auf die Spur zu kommen, ohne diese vorschnell auf einen einheitlichen Begriff zu reduzieren.

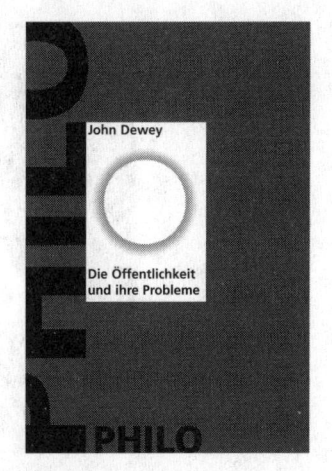

John Dewey
Die Öffenetlichkeit und ihre Probleme
Aus dem amerikanischen Englisch
von Wof-Dietrich Junghanns
216 Seiten, geb.,
ISBN 3-8257-0028-3

„Im Lichte wahrgenommener und antizipierter Handlungsfolgen den Sinn für unverwirklichte Handlungsmöglichkeiten zu schaffen, die verwirklicht werden können – eben darin zeigt sich, wie John Dewey eindrucksvoll dargelegt hat, der eigentliche Bedeutungsgehalt demokratischer Öffentlichkeit. Eine angemessene Rezeption sowie eine hinreichende Würdigung dieses kraftvollen Beitrags zur politischen Theorie stehen, zumindest hierzulande, bislang noch aus."

Gunnar Schmidt,
Deutsche Zeitschrift
für Philosophie

Heinrich Heine
Prinzessin Sabbat
Über Juden und Judentum

herausgegeben von Paul Peters
1997; 697 Seiten; gebunden mit Schutzumschlag
ISBN 3-8257-0035-6

„Was Reich-Ranicki unter stringenten Formeln als Problem eher verbirgt denn ausarbeitet, hat Paul Peters zum Gegenstand einer grandiosen Text-Anthologie gemacht: *Heinrich Heine: Prinzessin Sabbat. Über Juden und Judentum.*"

Harro Zimmermann, *Frankfurter Rundschau*

„Wer hingegen erst einmal wissen und erfahren möchte, was Heine wo und wann „über Juden und Judentum" geschrieben, wie ihn dieses Lebensthema begleitet hat, der lese in dem Buch nach, das von Paul Peters zusammengetragen wurde ..."

Benedict Erenz, *Die Zeit*

„... das schönste Buch, das ich zuletzt in der Hand hatte."

Jost Nolte, *Die Welt*

„Das umfangreiche Werk versammelt alle Texte, in denen der Bezug zum Jüdischen explizit ist; durch die Montage spricht ein Heine zu uns, wie er selbst nie über sein Judentum zu sprechen gewagt hat."

Börsenblatt für den deutschen Buchhandel

„Die Spannung zwischen dem Deutschen und dem Jüdischen läßt sich in der sorgfältig edierten und kommentierten Sammlung „Prinzessin Sabbat", die Heines Texte zum Judentum zusammenfaßt, nachempfinden. Die äußere Unterwerfung unter das christliche Gesetz macht bei Heine die Energie frei, sich auf die jüdische Geschichte einzulassen."

Ulrike Daureithel, *tageszeitung*